中华译学倡立信守与

以中华为根 译与学并重

弘扬优秀文化 促进中外交流

拓展精神疆域 驱动思想创新

丁酉年冬月许钧撰 罗卫东书

"十四五"时期国家重点出版物出版专项规划项目

中华译学馆·中华翻译研究文库

许 钧 ◎ 总主编

明清时期西传中国小说 英译研究

陈婷婷 ◎ 著

ZHEJIANG UNIVERSITY PRESS
浙江大学出版社

安徽省高校优秀青年人才培育重点项目

"明清时期西传中国小说研究"(gxyqZD2018002) 成果

国家社科基金项目

"明清时期西传中国小说的误释问题研究"(15CZW023)结题成果

总　序

改革开放前后的一个时期,中国译界学人对翻译的思考大多基于对中国历史上出现的数次翻译高潮的考量与探讨。简言之,主要是对佛学译介、西学东渐与文学译介的主体、活动及结果的探索。

20世纪80年代兴起的文化转向,让我们不断拓宽视野,对影响译介活动的诸要素及翻译之为有了更加深入的认识。考察一国以往翻译之活动,必与该国的文化语境、民族兴亡和社会发展等诸维度相联系。三十多年来,国内译学界对清末民初的西学东渐与"五四"前后的文学译介的研究已取得相当丰硕的成果。但进入21世纪以来,随着中国国力的增强,中国的影响力不断扩大,中西古今关系发生了变化,其态势从总体上看,可以说与"五四"前后的情形完全相反:中西古今关系之变化在一定意义上,可以说是根本性的变化。在民族复兴的语境中,新世纪的中西关系,出现了以"中国文化走向世界"诉求中的文化自觉与文化输出为特征的新态势;而古今之变,则在民族复兴的语境中对中华民族的五千年文化传统与精华有了新的认识,完全不同于"五四"前后与"旧世界"和文化传统的彻底决裂与革命。于是,就我们译学界而言,对翻译的思考语境发生了根本性的变化,我们对翻译思考的路径和维度也不可能不发生变化。

变化之一,涉及中西,便是由西学东渐转向中国文化"走出去",呈东学西传之趋势。变化之二,涉及古今,便是从与"旧世界"的根本决裂转向对中国传统文化、中华民族价值观的重新认识与发扬。这两个根本性的转变给译学界提出了新的大问题:翻译在此转变中应承担怎样的责任? 翻译在此转变中如何定位? 翻译研究者应持有怎样的翻译观念? 以研究"外译中"翻译历史与活动为基础的中国译学研究是否要与时俱进,把目光投向"中译外"的活动? 中国文化"走出去",中国要向世界展示的是什么样的"中国文化"? 当中国一改"五四"前后的"革命"与"决裂"态势,将中国传统文化推向世界,在世界各地创建孔子学院、推广中国文化之时,"翻译什么"与"如何翻译"这双重之问也是我们译学界必须思考与回答的。

综观中华文化发展史,翻译发挥了不可忽视的作用,一如季羡林先生所言,"中华文化之所以能永葆青春","翻译之为用大矣哉"。翻译的社会价值、文化价值、语言价值、创造价值和历史价值在中国文化的形成与发展中表现尤为突出。从文化角度来考察翻译,我们可以看到,翻译活动在人类历史上一直存在,其形式与内涵在不断丰富,且与社会、经济、文化发展相联系,这种联系不是被动的联系,而是一种互动的关系、一种建构性的力量。因此,从这个意义上来说,翻译是推动世界文化发展的一种重大力量,我们应站在跨文化交流的高度对翻译活动进行思考,以维护文化多样性为目标来考察翻译活动的丰富性、复杂性与创造性。

基于这样的认识,也基于对翻译的重新定位和思考,浙江大学于 2018 年正式设立了"浙江大学中华译学馆",旨在"传承文化之脉,发挥翻译之用,促进中外交流,拓展思想疆域,驱动思想创新"。中华译学馆的任务主要体现在三个层面:在译的层面,推出包括文学、历史、哲学、社会科学的系列译丛,"译入"与"译出"互动,积极参与国家战略性的出版工程;在学的层面,就翻译活动所涉及的重大问题展开思考与探索,出版系列翻译研究丛书,举办翻译学术会议;在中外文化交流层面,举办具有社会影响力的翻译家论坛,思想家、作家与翻译家对话等,以翻译与文学为核心开展系列活动。正是在这样的发展思路下,我们与浙江大学出版社合作,集合全国译学界的力量,推出具有学术性与开拓性的"中华翻译研究文库"。

积累与创新是学问之道,也将是本文库坚持的发展路径。本文库为开放性文库,不拘形式,以思想性与学术性为其衡量标准。我们对专著和论文(集)的遴选原则主要有四:一是研究的独创性,要有新意和价值,对整体翻译研究或翻译研究的某个领域有深入的思考,有自己的学术洞见;二是研究的系统性,围绕某一研究话题或领域,有强烈的问题意识、合理的研究方法、有说服力的研究结论以及较大的后续研究空间;三是研究的社会性,鼓励密切关注社会现实的选题与研究,如中国文学与文化"走出去"研究、语言服务行业与译者的职业发展研究、中国典籍对外译介与影响研究、翻译教育改革研究等;四是研究的(跨)学科性,鼓励深入系统地探索翻译学领域的任一分支领域,如元翻译理论研究、翻译史研究、翻译批评研究、翻译教学研究、翻译技术研究等,同时鼓励从跨学科视角探索翻译的规律与奥秘。

青年学者是学科发展的希望,我们特别欢迎青年翻译学者向本文库积极投稿,我们将及时遴选有价值的著作予以出版,集中展现青年学者的学术面貌。在青年学者和资深学者的共同支持下,我们有信心把"中华翻译研究文库"打造成翻译研究领域的精品丛书。

许 钧

2018 年春

前　言

明清之际,西方传教士来到古老的东方大国,一方面通过亲身经历了解中国文化、传统及习俗;另一方面通过翻译的手段不仅向西方介绍一些中国文化典籍,还重点介绍了一些中国小说。这些举措不仅加强了东西方文化的交流,还深刻影响了西方世界的文化格局,开阔了西方人的眼界,让西方人在汲取东方文化的同时,还深深体会到中西文化的互补性和一致性。尤其是明清小说的重点译介,不仅向西方社会打开了一个重新认知中国的窗口,也为西方文明和文学带去了一抹异域风情。

中西文化之间的深度交融,无论是"中学西传"与"西学东渐"互相影响,还是"中学西传"与"西学东渐"交相呼应,翻译作为沟通中西文化交流的桥梁始终发挥着重要作用。在当时,承担翻译任务的一些传教士及汉学家在对中国一些小说的翻译与传播中,往往采取"调适"与"会通"策略,一方面体现出对异域思想文化的吸取;另一方面对中国小说进行译介、改造与融合,使其更适合西方文化传统和人们的价值偏好。他们在翻译过程中有意识地从中西文化差异角度出发,采取灵活的文化适应策略,在翻译方法方面,采取更灵活的策略,进行直译、意译、改译与阐释等手法;同时,已经意识到要坚持以西方读者为中心,考虑西方人的生活习惯、文化喜好、伦理判断、审美要求和价值偏好等。我们知道,面对同一文本乃至同一文化,不同身份、素养和阅历的译者,必然会有不同的诠释,有的是随情任性,唯心所适;有的是曲意解之,牵强附会;有的是求真务实,依据文本原初样态;有的是根据自我文化和价值取向,进行丰富联想。可以说,受制于自身因素及时势因素,译者的诠释必然多种多样,也必然会对原初文本的内涵与意义造成很大影响。

学界围绕"中学西传"这个专题的研究从 20 世纪初期就已开始。后续专著、论文均以具体文本或具体翻译问题为切入口,在微观层面探讨了中国古典小说在西方的译介、流传情况。这使得针对中国古典小说西传的具体文本和翻译手法的研究取得了更加深入的进展。学界的研究主要着眼于资料整理、辑佚、版本考证、目录、异本搜罗、文本校勘等方面的系统梳理与整合;学界在中西文化交流的框架之下,对明清小说在英语世界的翻译、传播和接受,英译本的文学变异现象及其深层动因,以及由此产生的世界文学与民族文学之间的互动进行了深度描述与分析;一些较为系统的文献整理也能够为国内外学者提供比较完整的知识体系,为进一步研讨中国古典文学海外传播史和中外文学、文化关系提供文献支持;学界也从语言、文化、文学文本、文学形象、文学他国化等方面对明清话本小说在英语世界的译介史进行深描,并对异质文化在碰撞、交融中形成的文学对话做出了系统性阐释。

关于明清小说西传这个主题,近年来学界给予了充分的关注,把中国古典小说在西方的翻译和传播,看作中国古典文学在国外研究的重要组成部分,涌现出了不少学术成果。但是,对明清中国古典小说在西方翻译和传播的系统性成果不多,已有论述多局限于论文、编著说明、译本介绍和相关评论等,尤其缺乏对明清古典小说在西方翻译与评价的系统性分析和考证成果。当然,有些学术论文对这一领域进行了深入研究与挖掘,但因受到论文主题、篇幅结构等的限制,很难对明清期间中国古典小说的西传问题做整体性、系统性和宏观性的论述与阐释。

我在十多年的学术学习与训练中一直对这个主题很感兴趣,在学习、科研、教学中一直没有中断过思考,尤其是在博士学习阶段和进入博士后流动站研究期间,我进一步加大了对相关主题的研究。我于 2015 年主持并已完成国家社科基金项目"明清时期西传中国小说的误释问题研究"(15CZW023)。我在国家留学基金项目支持下前往美国访学期间,也一直关注着这方面的研究。在美期间,在继续推进相关项目研究的同时,我阅读和掌握了许多新的学术资料,这为我今后的研究工作提供了很好的支持。这本书就是这些年来对相关主题研究的总结与思考,尤其是在国家社科基金项目(15CZW023)的基础上进行了系统的整理与提升,这本书同时被选入"中华译学馆·中华翻译研究文库"。

本书的正文部分共有六章。第一章是整个书稿的起点,主要探讨"中学西传"的缘起、意义及研究现状。第二章主要探讨中国古典小说西传的"首译之功":《今古奇观》译本。本章通过翻译策略、路径及动因等维度,探究译者的一些偏好和价值取向及其与所处时代背景之间千丝万缕的联系。第三章以《好逑传》译本为例,探讨了西方浪漫主义时期的历史回眸和译本背景、译本探析、德庇时译者主体身份等内容。第四章以《玉娇梨》为例,介绍了译者及其背景、传译本举隅、对宗教用语的改编及处理、对女性的形塑及教化等内容。第五章介绍了西传中国古典小说译本的背景因素、《玉娇梨》等译本对西方浪漫主义精神的彰显等内容。第六章主要探讨明清时期中国古典小说西传的启示。书末的附录是笔者对美国研究中国明清时期文学、文化、宗教的专家艾利克教授的访谈录。

在研究方法方面,如归纳法、演绎法、定性定量法、共时研究、历时研究、比较研究和文本研究等在翻译研究中的应用,对本书的写作具有很大的启迪作用。本书根据选题的实际情况和行文逻辑,主要采取如下一些研究方法:

(1)文献法。该方法历史久远,且富有生命力,可以运用于多种学科的研究中。很多人文学科,甚至不少自然学科都需要大量的文献支持,没有文献支持,研究成果往往难以经受时间的检验。

(2)比较研究法。比较研究法和文献法一样具有悠久的历史。自20世纪中期以来,该方法越来越得到学界的普遍重视和运用。该方法相对简练、明快,一般只需把两个或两个以上事物进行比较研究即可,几乎任何学科都可以尝试使用。

(3)回译法。该方法是英语翻译研究经常运用的方法。在研究过程中,一般先把中文译成英文,再重新回译成中文,然后与原文进行对比,在对比中找出差异。该方法主要通过中文和外文的相互转换,探讨两者之间的差异;探讨不同语言句子结构的变化;探讨哪些词、句子表达被替换了,替换的缘由是什么;探讨哪些信息被隐藏,又有哪些信息被加上;等等。

(4)转换法。在翻译过程中,为了使译文符合目标语的表述方式、方法和习惯,译者必然会对原句中的词类、句型和语态等进行转换。转换法主要探讨转换的目的、转换的意义和转换的效果等内容。

(5)文本分析法。该方法主要从文本的表层开始,逐步对文本的深层进行探讨,进而把握平时不被人们阅读所把握的深层意义。文本分析法通过文本挖掘、信息检索等手段,从文本中抽取代表性的词语进行量化来表示文本信息,探讨文本背后的立场、观点、价值和利益。

本书在写作过程中,虽欲尽力把译本体现出的结构、风格与特征和当时中国古典小说西传的西方时代背景充分结合起来,尝试探讨使中国文学在西方得到广泛流传和产生重大影响的因素,并进一步探讨哪些是在特定文化语境中表现出的特殊性,哪些则表现出普适性,但仍然会有所遗漏;在尚未被学界充分利用的西传古典小说译本一手材料的挖掘与深入分析上有所创新,但仍然有浅尝辄止、尚待拓展之感。这些问题也是今后仍需深入研究的重点。

目 录

第一章　绪　论

噢，东是东，西是西，双方永不相期，

直到天地同现于上帝的审判席上；

但是当两个强者对面而立，尽管他们来自地球的两极，

可是既无东，亦无西，既没有边界，也没有血统出身！

——拉迪亚德·吉卜林《东西方民谣》

第一节　"中学西传"的缘起与意义

文化的交流大都是双向的，历史上既有我们所熟知的"西学东渐"，亦有持续不断的"中学西传"。明清时期(1368—1911)是中国古典小说最早被传入西方的时期。这些中国古典小说通过译介、改编之后传入西方，使得西方读者可读的中国西传译本不再限于儒家典籍，为西方读者阅读中国文学打开了一个新的窗口，而且成为"中学西传"的有机组成部分。在这些传到西方的中国古典小说中，一些在中国本土被认为是二三流的古典小说享受到了它在本土永远也不可能得到的极高评价和推崇；而有一些在中国本土被视为一流的古典小说，却至今难以得到西方读者的广泛接受和认同。除了文学翻译层面的原因，中国古典小说西传中的"本土经验"与"域外传播"间的不对等，以及中国古典小说西传译本所发生的一系列改编、增删等现象，体现出了中西文学、文化交流中哪些问题和规律？这其中是否存在这样的因素：中国本土一流的古典小说过于强烈的民族性和本土价值观，反而阻碍了它在世界范围内的传播？

第一位全面系统地阐述法国学派观点的学者梵第根（Paul van Tieghem，1871—1948）曾指出，一些大作家在域外"并不起一种断然的影响"①。这给前面提出的疑问提供了某种参考。

梵第根在其所著的《比较文学论》中列举了但丁的例子：

> 在近代文学的那些最高的声誉之间，但丁便是长久在外国最没有得到人们的认识的一个，而他的影响也是最微弱之中的一个。大部分是他的伟大的名字而不是他真实的那种影响，推动人们去研究他在德国、在荷兰的际遇。托安比（Toynbee）先生曾著了一部大书，研究在五个世纪之间的但丁之在英国。差不多在同一个时候，出版了比利时学者龚松（Counson）先生的《但丁在法国》、法里奈里先生的《但丁在法国至服尔泰的世纪》；这部《但丁在法国至服尔泰的世纪》，是一个广大的探讨的成绩；这探讨所获得的结果，在关于但丁在法国的成功这方面，往往是否定的……②

并且梵第根对这种"大作家在域外未必有大影响"的论述用了非常形象而优美的比喻：

> 在一个绝端相反的领域中，某一些并不常常是最伟大的作家，曾把可开垦的领域供给了想象而使想象丰饶：他们把那些一直到那时不为人所知的或不大有人用的新的"框范"——风物、背景、社会环境、时代等——流行出来。米尔敦把《圣经》和基督教的神奇之处打开来给克洛泊斯多克、夏都勃里昂、维尼、莪相唤起了一个暗云笼罩的加莱道尼——在那里，在那有祖先的幽灵经过的风暴的天空下面，在那些荒野上，英雄们和处女们斗争，恋爱而死去；杨格、海维（Hervey）和格雷邀人在夜里坟墓间去梦想世人的命运；拜伦引导那些浪漫主义者们到一个神秘而极乐的东方去，并把它的大胆的海盗，它的动人的女囚，它的可畏的长官，它的猛烈的热情以及它的阿岂贝

---

① 梵第根. 比较文学论. 戴望舒,译. 长春：吉林出版集团有限责任公司,2010：98.
② 梵第根. 比较文学论. 戴望舒,译. 长春：吉林出版集团有限责任公司,2010：101.

尔的碧天的背景给他们看；库伯(Cooper)把他的读者移到美洲的森林或大草原去，叫他们吸吸和平的长烟袋或叫他们走走战争的小路；狄更斯和都德用他们的魔杖点着小雇员和迷失在大都会中的穷孩子的庸俗而默默无闻的生活，使那里涌现出一种到处动人同情之心的诗来；左拉揭露出那单是兽人的本能所过度的工作，放荡和贫困的惊人卓越而粗蠢的世界。①

其实，关于中国的知识和传统文学、文化很早就已进入西方人的视阈。1585 年，罗马出版了西班牙神父胡安・冈萨雷斯・德・门多萨(Juan González de Mendoza，1545—1618)编撰的 *Historia del gran reino de la China*(《中华大帝国史》)。该书向西方介绍了中国的社会制度、风土人情、文化习俗等内容，后被转译成意大利语、法语、英语、德语等 7 种语言，46 种版本，将传教士所带去的中国知识和在此基础之上形成的"中国观"传遍了整个西方。而西方的"中国观"通常包含两个方面的内容：一是作为认识对象的中国是何模样；二是对这一认识对象的态度和评价。②

1590 年前后，西班牙多明我会士③高母羡(Juan Cobo，1546—1592)将《明心宝鉴》译成西班牙文，题为 *Ben Sim Po Cam*，是目前学界在没有新的文献证明的情况下，可考的最早翻译成西方文字的中国典籍。该书收录了孔子、孟子、荀子、老子、庄子等中国古代思想家的精髓。自此，译介中国古代典籍的"中学西传"的序幕被拉开。明清时期，中国古典小说是"中学西传"的重要内容和有机组成部分，这一时期不仅是中国古典小

---

① 梵第根. 比较文学论. 戴望舒，译. 长春：吉林出版集团有限责任公司,2010：111.
② 此处引自张国刚、吴莉苇对西方的"中国观"的界定. 详见：张国刚,吴莉苇. 中西文化关系史. 北京：高等教育出版社,2006：11.
③ 多明我会(Order of Preachers)：天主教托钵修会之一，也称"多米尼克会"，意为"布道兄弟会"。因多明我会士均要求戴黑色帽子，故又被称为"黑衣修士"。多明我会的守则比较接近奥古斯丁会和方济各会的守则，也曾设立女修会和世俗教徒"第三会"。多明我会主要在中上阶层中传教。在灵修方面，则秉持有圣母玛利亚亲手授予的《玫瑰经》。在这一口号之下，将《玫瑰经》广泛推广，使之已经成为全世界天主教徒最普遍传诵的经文之一。多明我会还兴办大学，注重和鼓励学术研究。

说传入西方的发端,而且流传小说的数量较多。据宋丽娟统计(以及笔者的进一步核实),中国古典小说的西传从 1735 年由出生于法国的耶稣会士殷宏绪(François Xavier d'Entrecolles,1662—1741)译介《今古奇观》中的三篇古典小说《庄子休鼓盆成大道》《怀私怨狠仆告主》和《吕大郎还金完骨肉》起,至 1911 年,翻译成西文的中国古典小说的数量如下:1735 年至 1799 年为 4 种(部),即《庄子休鼓盆成大道》《怀私怨狠仆告主》《吕大郎还金完骨肉》《好逑传》;1800 年至 1840 年增至 25 种(部);1841 年至 1911 年复增至 41 种(部)(其中,从"三言二拍"和《今古传奇》中选译的小说以单篇计数,转译、重译和重印的情况不纳入统计范围)。①

1735 年,巴黎勒梅尔西埃出版社(Chez P. G. Le Mercier)出版了由法国籍耶稣会士杜赫德(Jean-Baptiste DuHalde,1674—1743)编著的 *Description géographique*,*historique*,*chronologique*,*politique et physique de l'empire de la Chine et de la Tartarie chinoise*(《中华帝国全志》)。该书第三卷中收录了由耶稣会士殷宏绪从中国古典小说集《今古奇观》中选译的三篇古典小说《庄子休鼓盆成大道》《怀私怨狠仆告主》和《吕大郎还金完骨肉》。这是中国古典小说首次被西人翻译。之后,越来越多的中国古典小说被翻译成外文。从此,中国古典小说的西传译本便以其独特的民族性特征成了西方人了解中国传统文化和道德观念的一个窗口。作为"中学西传"的有机组成部分,中国古典小说在西传过程中,一直存在"大作家在域外未必有大影响""本土名著在域外未必有大影响"的现象。除了在西传过程中,译本较原本发生的一系列译介、删增、改编之

① 详见:王尔敏. 中国文献西译书目. 台北:台湾商务印书馆,1975;王丽娜. 中国古典小说戏曲名著在国外. 上海:学林出版社,1988;马祖毅,任荣珍. 汉籍外译史. 武汉:湖北教育出版社,1997;Davidson,Martha. *A List of Published Translations from Chinese into English*,*French*,*and German*. New Haven:Far Eastern Publications,1957;Cordier,Henri. *Bibliotheca sinica:Dictionnaire bibliographique des ouvrages relatifs à l'empire chinois*. Paris:E. Leroux,1878—1895;宋丽娟. "中学西传"与中国古典小说的早期翻译(1735—1911)——以英语世界为中心. 上海:上海师范大学博士论文,2009(该博士论文已于 2017 年由上海古籍出版社出版,题目未变。本人在书稿写作过程中引用了该博士论文的相关内容,特此说明).

外,早期被译者挑选译介传入西方并获得了广泛的传播和接受,产生了持续影响的中国古典小说往往是中国本土的二三流小说。它们在传入西方之后获得了在中国本土永远也享受不到的声誉和地位;而一些在中国本土享有盛誉的一流古典小说名著却没有获得这样的待遇,其传播效果、受西方译者和读者的欢迎程度、所产生的影响力也远不及这些二三流小说。这个耐人寻味的现象从一个侧面说明,如何实现中西文化间令人满意的交流和汇通,仍是一个值得思索和研究的问题。

当然,中国古典小说的西传是一个非常复杂的文化交流现象,并非仅仅是其"本土经验"与"域外传播"之间的不对等就可以一言以蔽之的。它以中国古典小说文本的直接传播为中心,涉及西方对中国古典小说的翻译、改编、评论,甚至传教士汉文小说的创作等方面。上述各个方面,已有或多或少的学者做过专门性的研究。而本书并不是对中国古典小说的西传做文献学上的编排、考证,而是主要通过对具体译本的深入剖析,从比较文学的视阈,对中国古典小说的西传中出现的一些普遍性问题进行综合性分析。由于中国古典小说在中国传统文化格局中的特殊地位与特点,其传播与经史及诗文的传播有所不同,带有一定的自发的甚至偶然的因素。这种传播情形即使不能代表中国的文学、文化如水银泻地般的渗透力,至少也从一个侧面反映了中国文化在西方被了解和接受的程度。尤其需要强调的是,叙事性文学作品的民族性特征较强,是窥探一个国家或民族的风俗人情的最佳窗口,而中国古典小说在域外被选择和改造的情形远较经典文献更为普遍。从这一意义上来说,中国古典小说的西传可能是中西文化交流、碰撞最有代表性的标本。

在中国古典小说"走出去"的时间源头,这段历史时期的"西传本"完全处于西方人的主体意识之下。西方译者究竟选取了哪些古典小说进行翻译和传播?他们为何更偏爱此类作品?"西传本"对中国古典小说做了怎样的翻译处理,为什么要这样处理?为何我们所认为的中国一流的古典小说没有在西方获得与本土相应的地位,而受到广泛传播和产生深远影响的反而是在中国本土被认为是二三流的小说?这些译本的"世界性"如何?译本所蕴含的"世界性""民族性""普适人文价值"之间是怎样的关系？本书旨在对上述问题进行分析和研究。

首先，在国家提出提高中国文化的软实力，让中国文学作品"走出去"的同时，学界亦提出一个问题：中国文化"走出去"的壁垒究竟何在？在这一形势下，国内学界有关中国文学翻译的大讨论也随之启动。2010 年年底，在杨宪益先生逝世一周年之际，甚至有学者提出："杨宪益之后谁来翻译中国？"近年来，有关"中学西传"以及明清时期中西文学、文化交流的研究可谓硕果累累，但以"明清时期西传中国古典小说"作为研究对象，去探讨影响中国民族文学能否真正有效地"走出去"的因素，还缺少相应的研究。而这正是本书的着眼点。

其次，由 20 世纪 80 年代关于"文学经典"讨论而引发的对"世界文学"的关注和研究也一直是国际比较文学界的热点。时至今日，对"世界文学"的热议延续了 40 余年，有大量的相关著作出版及论文发表。国内学界自 20 世纪 90 年代起开始关注经典解构与重建问题，并在此后的 10余年间，不断深化了"世界文学"这一颇富争议的理论话题。歌德（Johann Wolfgang von Goethe，1749—1832）、马克思（Karl Marx，1818—1883）和恩格斯（Friedrich Engels，1820—1895）提出的关于"世界文学"的观点，早已成为比较文学学界理论之滥觞，后世学者谈及何为世界文学，往往由此起始并不断地加以引用和再阐释。歌德的"世界文学"概念并没有对世界文学究竟会具有哪些品质和包含什么样的内容，即究竟什么样的文学可以被称为"世界文学"做出解释。达姆罗什（David Damrosch，1953—　）关于"世界文学"的观点在当今西方学界有着一定的代表性。他指出："世界文学存在于多维空间中，它与以下四个参照系相关：全球的、区域的、民族的、个人的。而且这些参照系会随着时间而不停地变迁，如此时间便成为第五个维度。在时间维度中，世界文学不断地被赋形，并不断地变形。"[1]所以，在比较文学领域，"世界文学"的特征亦是一个值得研究的问题。

一般而言，叙事类文学如小说，受制于一个民族的历史背景与现状，

---

[1]　达姆罗什. 世界文学是跨文化理解之桥. 李庆本，译. 山东社会科学，2012(3)：35.

所以其民族性特征往往比较明显。由于大部分西方人并没有真正到过中国,即使到过中国者也无法深入内室或者深闺中去探究中国的风土人情,所以自 18 世纪起,西人就常常通过由传教士带回西方的中国小说来认识或者说是以此为基础来想象中国人的风俗世态,在仔细琢磨和取舍中生成对"中国"认识的起点。因此可以说,中国小说的西传和流播对西方的"中国观"产生了深远的影响。本书希望以中国古典小说的西传与接受为个案,寻求"西传本"所具有的一些世界文学的特征。当然,文学的"世界性"不是消融了民族特性的"世界性"。笔者认为,"世界性"是由不同民族多元的经验特征构成的,也就是说,"世界性"是由所有不同的民族性有机组成的;然而这绝非简单的叠加,它们相互之间有随着时代变化而不断变化的相交集的部分,也有永远不会重合的部分。两种异质民族性在一定时代背景下的相互交融,是一种民族性对他者民族性的主动或被动选择和吸收;但这种选择和吸收亦不是一成不变的,而是处于随着时代背景变化而不断变化的过程中,并且异质民族性之间也不可能完全契合,这一不能契合的部分也恰好是各自民族文化中民族性最根深蒂固的部分。

再次,在"全球化"的今天,对"中学西传"以及明清时期中西文学、文化交流的研究渐渐升温。"西"与"中"表达了人类普遍存在的一种文化心理——文化本位心态和文化相对意识。明清时期中西交流最主要的中介是传教士(耶稣会士)群体。虽然这一时期传教士的言论大多沾染了"礼仪之争"的偏见,戴上了其特有的文化"有色眼镜",但是,他们所塑造的中国形象却是欧洲(西方)认识中国的起点和基础。17 世纪中叶至 18 世纪末叶是欧洲的"启蒙时代",而此时的中国文学所体现的道德人情观念犹如正在中世纪岔路口上彷徨不定的欧洲,它们的"邂逅"是一种怎样的相遇、碰撞与吸引呢? 这一时期,中国在"中学西传"中基本上是"输出方",传教士们对中国古典小说的筛选本身戴着有时代需求的文化"有色眼镜"——这本身就是一个值得研究的问题。而对于最初由传教士传出的中国古典小说的翻译、改编,以及在此基础上的创作和西方读者的误读是本研究的深层次延伸。本书选取的个案是在整个"中学西传"大背景下受到西方启蒙思想家青睐,并对西方文学、文化产生过深远影响的小说作品

《好逑传》《玉娇梨》等。笔者认为,只有在大背景的历史叙述中,一些中西交流的本质才能慢慢呈现出来。所以,"全球化"的一些问题很自然就集中到中西初遇的时期,很多历史问题的梳理对我们今天的研究仍然有启发意义;而且,这是比较文学研究中非常具有实证意义的一部分,也是以翻译问题为载体的中西方文学、文化关系研究的重要构成部分。

最后,关于中西文学、文化交流的研究,总体而言,学术界关注的重点在"西学东渐"。这自然有它的学理依据。当然,对中国的研究不能只局限于本土的传统。张西平曾指出,相较于佛教史与道教史的研究,中国基督教史的研究相对而言水平较低。但对"西学东渐"问题的研究绝不能归结为"基督教史"的研究,因为晚明以后,西学对中国社会、思想、文化影响之广泛,不仅应开拓出社会史和文化史等方面的研究,也应把中国基督教史本身纳入整个明清史的总框架中,只有如此,对明清以来的"西学东渐"才能有一个较为全面的说明和研究。① 同理,"中学西传"也不能完全归入中国学术史之内,对它的研究实际上已进入欧洲思想史研究、欧洲早期汉学研究的范畴,在学科分类上已经完全属于另一个学科。从学术本质而言,是否可以说它类似于西方的"东方学"呢?

对于"中学西传"的研究,中国学者目前主要的优势还是在中文文献。虽然近年来欧洲汉学家在研究上有一些所谓的"汉学转向",即从原来的以西方文献为主转向以中文文献为主,从以传教士为主的研究转到注重中国对基督教的接受与反应。这是一个重要的学术转变,但仍然是针对西方的学术传统而言的,并且很大程度上还未脱离西方的某些权力话语。中国的研究者,在对文献的理解、深掘和利用方面还是有优势的。

总之,笔者认为,中国学者偏重从理论上探讨"世界文学"的议题,而鲜有践行的实例;或者从文献学角度或历史学角度探讨中国古典文学的西传问题。围绕中国古典小说的西传,笔者试着提出并探讨以下问题:为什么一些在中国国内被认为是二三流的古典小说被传到西方去之后,享

---

① 详见:张西平. 欧洲早期汉学研究的奠基之作——写在《神奇的土地》出版之际. 中国图书评论,2009(10):81.

受了它在本土永远也不可能得到的高度评价,而一些我们认为是一流的古典小说却始终得不到西方世界的认同? 具有"世界文学"品质的小说的文本叙事形式和主题有怎样的特点? 具有"世界文学"品质的小说会呈现出人类哪些最本质的共性? 异域读者产生的"误读"是否增强了文学经典的"世界性"? 当我们期待着提高中国文化的软实力,让中国文学作品"走出去"时,一个民族特有的文学、文化是否仅依靠"推广"就可以"走向世界",并且中国难道不在世界之内吗? 对于这些问题的回答,既是本研究的意义,也是本研究的动力。本书试图对自身民族文学如何更有效地融入当代新的世界文学生态做一些有益的思考。

第二节 "中学西传"的研究现状

在"西学东渐"背景下,关于西方文学、文化的译介研究在国内学界已取得较多的成果,如:施蛰存主编的《中国近代文学大系·翻译文学集》(上海书店出版社,1990)、马祖毅撰写的《中国翻译简史——"五四"以前部分》(中国对外翻译出版公司,1998)、郭延礼撰写的《中国近代翻译文学概论》(湖北教育出版社,1998)、王宏志撰写的《重释"信达雅":二十世纪中国翻译研究》(东方出版中心,1999)、谢天振撰写的《译介学》(上海外语教育出版社,1999)、王宏志主编的《翻译与创作:中国近代翻译小说论》(北京大学出版社,2000)、谢天振撰写的《翻译的理论建构与文化透视》(上海外语教育出版社,2000)、王晓丹撰写的《翻译史话》(社会科学文献出版社,2000)、袁荻涌撰写的《二十世纪初期中外文学关系研究》(中国文史出版社,2002)、罗选民主编的《外国文学翻译在中国》(安徽文艺出版社,2003)、查建明和谢天振撰写的《中国20世纪外国文学翻译史》(湖北教育出版社,2007)、胡翠娥撰写的《文学翻译与文化参与——晚清小说翻译的文化研究》(上海外语教育出版社,2007)、何绍斌撰写的《越界与想象——晚清新教传教士译介史论》(上海三联书店,2008)、谢天振撰写的《中西翻译简史》(外语教学与研究出版社,2009)、任淑坤撰写的《五四时期外国文学翻译研究》(人民出版社,2009)、谢天振撰写的《比较文学与翻译研究》(复旦大学出版社,2011)等。研究"西学东渐"背景下西方文学、文化被译介和流传到中国的相关学术论文也数量巨大,近年的如:宋莉华撰写的《宾为霖与〈天路历程〉的汉译》[《上海师范大学学报(哲学社会科学版)》,2009 年第 5 期]、卢明玉撰写的《晚清传教士西学翻译与强国之策的探索——以 *Education in Japan* 及其中文译本为例》(《甘肃社会科学》,2012 年第 2 期)、段怀清撰写的《〈天路历程〉在晚清中国的六个译本》[《杭州师范大学学报(社会科学版)》,2012 年第 5 期]等。相比之下,在"中学西传"历史语境下,中国文学、文化被译介到西方的研究则相对较少。目前,国内学界已经出版或发表的关于中国古典小说在西方的译介、流传及其相关的西方背景的专著与论文,根据其内容和侧重点的不同,主要可以分为以下四种。

第一,专题研究。

(1)专著。早期的如:1940 年,长沙商务印书馆出版的、朱谦之撰写的《中国思想对于欧洲文化之影响》,主要探讨了中国哲学和文化对文艺复兴、启蒙时期西方文化的影响,亦列有少量传教士译介的中国古典文学的文本介绍。1977 年,该书更名为《中国哲学对于欧洲的影响》,由台北众文出版社再版,此后书名保持不变;1985 年,由福建人民出版社出版;1999年,收入河北人民出版社出版的、季羡林主编的"东学西渐丛书";2005 年,上海人民出版社又再版。1991 年,上海外语教育出版社出版的、范存忠撰写的《中国文化在启蒙时期的英国》,以具体文本的深入分析,论述了在启蒙时期特定的历史语境下,中国文化对英国文学、艺术的影响,其中第八章详细论述了托马斯·珀西(Thomas Percy,1729—1811)译介的《好逑传》(史称"珀西译本")的译本分析和翻译、改编等一系列问题。1996 年,上海外语教育出版社出版的、卫茂平撰写的《中国对德国文学影响史述》,按照德国文学历史上的不同流派受中国文学、文化的影响进行分类论述,其中亦有涉及《好逑传》等重要中国古典小说的译介和改编。在上文提及的,河北人民出版社出版的、季羡林主编的"东学西渐丛书"包括:王宁和钱林森撰写的《中国文化对欧洲的影响》(1970)、刘岩撰写的《中国文化对美国文学的影响》(1999)、史彤彪撰写的《中国法律文化对西方的影响》

(2001)、孙津撰写的《中国现代化对西方的影响》(1999)等。王宁和钱林森撰写的《中国文化对欧洲的影响》分为六章,按照国度探讨了中国文化对英、法、德、北欧国家文学、文化的影响,其中第三章第三节专述了中国古典小说在法国的影响,但涉及译本较多,限于篇幅没有对具体文本展开深入研究。又如2002年及其之后,宁夏人民出版社出版的"跨文化丛书:外国作家与中国文化",按照国度探讨了中国文化和重要的西传文学作品对传入国家作家及其创作的影响,包括钱林森撰写的《光自东方来——法国作家与中国文化》(2004)、张弘撰写的《跨越太平洋的雨虹——美国作家与中国文化》(2002)、葛桂录撰写的《雾外的远音——英国作家与中国文化》(2002)、王宁撰写的《神奇的想象——南北欧作家与中国文化》(2005)、孟昭毅撰写的《丝路驿花——阿拉伯波斯作家与中国文化》(2002)、汪介之和陈建华撰写的《悠远的回响——俄罗斯作家与中国文化》(2002)、刘顺利撰写的《半岛唐风——朝韩作家与中国文化》(2004)、王晓平撰写的《梅红樱粉——日本作家与中国文化》(2004)。例如,葛桂录撰写的《雾外的远音——英国作家与中国文化》,分六部分论述了英国作家对中国文化了解的开端、英国作家"中国观"的形成、启蒙时期中国热对英国作家的影响、浪漫主义时期中国文化对英国作家的影响等内容,从具体文本着手勾勒出了中国文学、文化对西方作家及其文学作品的影响,亦涉及如《赵氏孤儿》等在西方影响巨大的中国古典文学作品,①但对中国古典小说在西方的译介和流传的具体情况未做深入的研究。2002年,中国美术学院出版社出版的、严建强撰写的《18世纪中国文化在西欧的传播及其反应》,分上、下两编分别论述了中国文化在欧洲的传播与18世纪西欧的"中国热",英、法、德三国对中国文化的利用,其中第四章第四节探讨了中国古典戏剧和中国古典小说在欧洲的传播和影响,但介绍比较简略,仅提及《好逑传》和耶稣会士殷宏绪从中国古典小说集《今古奇观》中选译的古典小说,且误认为其底本是《今古奇观》中的四篇故事:《庄子休鼓盆

---

① 关于这一问题的全面梳理详见:陈婷婷,周仕德. 五十年来国内《赵氏孤儿》研究回眸与反思. 宁夏大学学报(人文社会科学版),2011(5):93-99.

成大道》《怀私怨狠仆告主》《念亲恩孝女藏儿》《吕大郎还金完骨肉》。①
2004年,上海教育出版社出版的、陈伟和杉木主编的"东方美学对西方的
影响丛书",探讨了中国的文化、文学、艺术对西方的影响,包括陈伟撰写
的《西方人眼中的东方戏剧艺术》、陈伟和周文姬撰写的《西方人眼中的东
方陶瓷艺术》、李平撰写的《西方人眼中的东方文学艺术》、童炜钢撰写的
《西方人眼中的东方绘画艺术》、马良撰写的《西方人眼中的东方丝绸艺
术》。其中,李平撰写的《西方人眼中的东方文学艺术》,从学术史的角度
论述了中国文学对西方总的影响,以及中国的先哲思想、诸子散文、中国
诗歌、中国古典小说在西方的传播及影响,但涉及中国古典小说西传的论
述不多。2006年,广东人民出版社出版的、段怀清和周俐玲编写的《〈中国
评论〉与晚清中英文学交流》,以《中国评论》这本晚清时期中英文学交流
的重要刊物为依据,记载了以《中国评论》为平台向西方译介的中国古典
小说、诗歌、戏曲、民间文学等,以及汉学家对中国文学作品的译介和研
究。2010年,上海古籍出版社出版的、宋莉华撰写的《传教士汉文小说研
究》,分专题论述了传教士所创作的汉文小说的版本流传与影响,其中第
五章"《中国丛报》译介的中国古典小说及其对传教士的影响"涉及了中国
古典小说的西传问题,但所着笔墨不多。2006—2010年,首都师范大学出
版社出版的、乐黛云主编的"中学西传丛书",包括孙小礼撰写的《莱布尼
茨与中国文化》(2006)、陶乃侃撰写的《庞德与中国文化》(2006)、钟玲撰
写的《史耐德与中国文化》(2006)、段怀清撰写的《白璧德与中国文化》
(2006)、曾艳兵撰写的《卡夫卡与中国文化》(2006)、钟玲撰写的《中国禅
与美国文学》(2009)、陈宣良撰写的《伏尔泰与中国文化》(2010)、马剑撰
写的《黑塞与中国文化》(2010),丛书深入描述了"中学西传"过程中重要
的代表性人物及其创作受中国文学、文化的影响。如钟玲撰写《史耐德与
中国文化》分五章探讨了中国禅诗的英译,以及中国禅文化、禅诗、公案、
佛教故事对美国文学的影响。

---

① 严建强. 18世纪中国文化在西欧的传播及其反应. 杭州:中国美术学院出版社,
2002:147. 实际上,殷宏绪并未翻译《念亲恩孝女藏儿》,详见本书第二章。

（2）学术论文。探讨"中学西传"的专题论文最早在 20 世纪初期就已出现。如：陈受颐 1928 年在芝加哥大学的博士学位论文《十八世纪中国对于英国文化的影响》，以及 1929—1931 年陆续在《岭南学报》发表的《18世纪欧洲文学里的赵氏孤儿》(1929 年第 1 期)、《〈好逑传〉之最早的欧译》(1930 年第 1 期)、《鲁滨孙的中国文化观》(1930 年第 1 期)等。1934 年，陈铨在德国克尔大学的博士学位论文《中德文学研究》，首次全面阐释了中国文学对德国文学的影响，此论文后于 1934—1935 年被译为中文论文《中国纯文学对德国文学的影响》，在《国立武汉大学文哲季刊》上分 4 期连载；1936 年，复名为《中德文学研究》，由上海商务印书馆出版；1997 年，由辽宁教育出版社再版。又如：宋莉华撰写的《插图与明清小说的阅读及传播》(《文学遗产》，2000 年第 4 期)，从插图的角度进行了探究，认为明清小说几乎无书不图，插图本的大量存在，是明清小说中一个殊可注意的现象。插图的形象性不仅可提高阅读的兴趣，帮助和引导读者理解文本内容，而且插图作为版画，其艺术性不断增强，逐渐具有独立的艺术欣赏价值，从而又进一步推动了明清小说的传播。宋丽娟和孙逊撰写的《中国古典小说的早期翻译和传播——以〈好逑传〉英译本为中心》(《文学评论》，2008 年第 4 期)，以《好逑传》珀西译本为中心，较为深入地论证了文学、文化传播过程中的种种问题。宋丽娟撰写的《自我投影与他者审视——论托马斯·塞尔比的〈中国小说中的中国人〉》[《上海师范大学学报(哲学社会科学版)》，2011 年第 4 期]，以西方译者对中国古典小说的翻译和改编为依据，从他者的角度解读了西人对中国文学、文化的认识。宋丽娟和孙逊撰写的《近代英文期刊与中国古典小说的早期翻译》(《文学遗产》，2011年第 4 期)，从近代英文期刊刊载中国古典小说情况的角度来探究，认为对中国文学的译介是这些英文期刊的重要主题和栏目，而中国古典小说的翻译则占据了相当大的比重，从而使近代英文期刊成为中国古典小说早期西译的重要载体，使小说翻译和评论上升到研究的层面，成为国际汉学的有机组成部分。孙轶旻和孙逊撰写的《来华新教传教士眼中的中国小说——以〈教务杂志〉刊载的评论为中心》(《学术研究》，2011 年第 10期)，从《教务杂志》刊载的对中国古典小说的评论为切入口，探讨了近代

在华的主流教会和传教士对中国古典小说的态度和意见。孙轶旻撰写的
《上海美华书馆与中国文学的英文传播》[《上海师范大学学报(哲学社会
科学版)》,2012年第3期],考证了美华书馆这样的英文读物出版机构在
"中学西传"及中西文学、文化交流中扮演的重要角色。

这些专著、论文均以具体文本或具体翻译问题为切入口,在微观层面
探讨了中国古典小说在西方的译介、流传情况。这使得中国古典小说西
传的具体文本和翻译手法的研究取得了更加深入的进展。

第二,从中学西传角度开展的传教士汉学研究。

2000年,中华书局出版的、吴孟雪撰写的《明清时期——欧洲人眼中
的中国》,按学科分类分别论述了"中学"对西方的影响,但仅第六章涉及
欧洲对中国文献的译介。2002年,上海古籍出版社出版的、计翔翔撰写的
《十七世纪中期汉学著作研究——以曾德昭〈大中国志〉和安文思〈中国新
志〉为中心》,虽没有直接涉及中国古典小说西传的翻译问题,但是通过具
体文本对国外汉学的发展、演变进行了非常深入而具体的研究,对于研究
中国古典小说西传的文化背景很有益。2004年,广西师范大学出版社出
版的"基督教传教士传记丛书",包括《花甲记忆》《卫三畏生平及书信》《马
礼逊回忆录》等,是研究早期来华传教士很好的一手材料。2005年,大象
出版社出版的、张西平撰写的《传教士汉学研究》,分三部分分别论述了传
教士人物与著作研究、传教士汉语研究、传教士汉学译著评述。2006年,
大象出版社出版的、莫东寅撰写的《汉学发达史》(成书于1943年),按时
间顺序论述了国外汉学研究的发展史。全书以时间为序,系统地介绍了
秦汉到鸦片战争以后欧洲汉学研究的演进史;全书的最后部分专门按国
别分别叙述了各国的汉学研究状况。这本书虽然已经是很多年前的旧
作,但仍是我们今天研究传教士汉学不得不借鉴的一本书。2009年,中华
书局出版的、张西平撰写的《欧洲早期汉学史:中西文化交流与西方汉学
的兴起》,涉及由早期来华传教士所产生的"西学东渐"和"中学西传"两大
部分的问题,其中第十四至十七章论述了标志性历史事件及传教士代表
人物与中国文化的西传。2007—2009年,外语教学与研究出版社出版的、
郝平和张西平主编的"国际汉学研究丛书"包括顾钧撰写的《卫三畏与美

国早期汉学》(2009)、许明龙撰写的《欧洲十八世纪"中国热"》(2007)、钱林森撰写的《法国汉学家论中国文学:古典戏剧和小说》(2007)、魏崇新撰写的《比较文学视阈中的中国古典文学》(2009)、李雪涛撰写的《日耳曼学术谱系中的汉学:德国汉学之研究》(2008)等,分专题从中国文学西传的角度探讨了传教士汉学的研究。如顾钧的《卫三畏与美国早期汉学》,其第二、三章分别论述了由卫三畏所著的域外汉语教科书及其所负责的《中国丛报》的研究;第四章客观而翔实地论述了卫三畏所著的《中国总论》,并得出一个重要的结论:"法国学者高第(即考狄)在《西人论中国书目》中将《中国总论》放在第一部分"中国总说"的第一类"综合著作"中,这是放入这一类别中的第一部美国著作,从这个意义上讲,将《中国总论》说成是美国汉学兴起的标志,应该是符合事实的。"①又如许明龙撰写的《欧洲十八世纪"中国热"》,按照欧洲"中国热"的起始、鼎盛、降温的脉络分五章探讨了在 18 世纪特殊历史语境下中国文学、文化对欧洲思想和文化的影响。2010 年,上海书店出版社出版的、王国强撰写的《〈中国评论〉(1872—1901)与西方汉学》,以《中国评论》为中心,通过对《中国评论》创立的时代背景、大致发展概况和内容的梳理,对 19 世纪至 20 世纪初的英国汉学进行了总结与评价。2010 年,山东大学出版社出版的、俞强撰写的《鸦片战争前传教士眼中的中国:两位早期来华新教传教士的浙江沿海之行》,以两位传教士郭实腊(Karl Friedrich August Gützlaff,1803—1851)、麦都思(Walter Henry Medhurst,1796—1857)为例,探讨了新教传教士来华传教的背景、传教活动及其本人形成的且向西方传递的"中国观"。2010年,大象出版社出版的、孟德卫(David E. Mungello,1943—)著、陈怡翻译的《奇异的国度:耶稣会适应政策及汉学的起源》(*Curious Land: Jesuit Accommodation and the Origins of Sinology*),论述了早期西方汉学在西方被研究和接受的西方文化背景。

第三,翻译史的研究。

1990 年前后,北京大学和南京大学的比较文学学者合力主编了一套

---

① 顾钧. 卫三畏与美国早期汉学. 北京:外语教学与研究出版社,2009:103.

由花城出版社等出版的"中国文学在国外丛书"。丛书包括钱林森撰写的《中国文学在法国》(1990)、严绍璗撰写的《中国文学在日本》(1990)、张弘撰写的《中国文学在英国》(1992)、曹卫东撰写的《中国文学在德国》(2002)、李明滨撰写的《中国文学在俄苏》(1990)、饶芃子等撰写的《中国文学在东南亚》(暨南大学出版社,1999),以及发行量极少的、韦旭升撰写的《中国文学在朝鲜》(1990)等。每本专著均由所属领域的专家在其前期研究成果的基础上,对中国文学在不同国度的译介和流传情况进行了专项论述。可以说,这是第一套全方位地根据中国文学在不同国度的流传、译介情况展开深入论述的丛书。如钱林森撰写的《中国文学在法国》,上编探讨了法国汉学的发展史与法国汉学对中国文学在法国的译介和流传的影响、中国古典诗歌在法国的译介和流传、中国古典戏剧在法国的译介和流传、中国古典小说在法国的译介与流传;下编探讨了中国现代文学和新时期文学在法国的译介和流传。上、下两编的每一个专题均从历史的角度深刻描述了中国文学在法国的流传状况。但是涉及中国古典小说在法国的译介和流传的第四章,除了学术史的梳理,仅探讨了《水浒传》《红楼梦》《金瓶梅》三部小说,而这三部小说在法国并不是流传最广、产生影响最大的。1993年,黄河出版社出版的、施建业撰写的《中国文学在世界的传播与影响》,对古代与近现代文学在域外的传播情况做了简单介绍:一是按照国别介绍中国文学的翻译情况;二是按照作家作品介绍其在域外的传播情况。1994年,北京语言学院出版社出版的、宋柏年主编的《中国古典文学在国外》,以中国古典文学作品的撰写时间为序,分六编叙述了先秦文学、两汉和魏晋南北朝文学、唐代文学、宋元文学、明代文学、清代文学在国外的流传和影响,分别涉及中国古典文学在日、法、德、英、美、苏联等国家和地区的译介及流传情况,但对中国古典小说西传的着墨不多,仅包括《三国演义》《水浒传》《西游记》《金瓶梅》《聊斋志异》《儒林外史》《红楼梦》等几部中国古典小说西传的记述。1997年,学林出版社出版的、黄鸣奋撰写的《英语世界中国古典文学之传播》,第一、二两章介绍了英语世界中国古典文学传播的背景和研究综述,第三、四、五、六章按照文体分类,探讨了英语世界中国古典散文、古典诗歌、古典小说、古典戏剧按时间顺序的译介、流传情况。涉及中国古典小说译介、流传的第五章，介绍的中国古典小说的西传书目及版本比较丰富，分为先秦至元朝、明代、清代小说的传播，介绍书目包括《水浒传》《三国演义》《金瓶梅》《西游记》《好逑传》《玉娇梨》等，但对具体译介情况的介绍不足。1997年，湖北教育出版社出版的、马祖毅和任荣珍编写的《汉籍外译史》，用三章论述了中国哲学、社会科学著作的外译，用一章论述了自然科学著作的外译。中国哲学、社会科学著作分为"四书""五经"和诸子及其哲学著作的翻译、毛泽东和邓小平等人著作的翻译、宗教文献的翻译、历史书籍的翻译、经济学著作的翻译、社会学著作的翻译、语言学著作的翻译、艺术作品和理论的翻译、文学作品的翻译、其他社科类著作的翻译等10部分。其中，本研究着重关注的文学作品的翻译，以28个国家的国别分类，涉及中国古典小说的西传部分仅讨论文本的译介、流传情况。2002年，上海外语教育出版社出版的、何寅和许光华主编的《国外汉学史》，按时间流变的顺序分为上、中、下三编，分别论述了从古代至18世纪、19世纪至20世纪初、20世纪20年代以来至该书出版时，国外汉学的确立和发展，并且每编按国别探讨了法、英、德、俄、美、日及欧洲其他国家的汉学发展情况，其中涉及一些在中国古典小说西传中影响巨大的译者，如雷慕沙（Jean-Pierre Abel-Rémusat, 1788—1832）、德庇时（John Francis Davis, 1795—1890）等人的汉学及翻译主张，但对西传译本本身并无太多涉及。2004年，上海三联书店出版社出版的、葛桂录撰写的《中英文学关系编年史》，按照时间顺序记述了1218—1976年中英之间文学交流的重大事件和重要译本，所讨论的文学交流事件和文学作品的译介与交流是双向的，且"西学东渐"的比重大于"中学西传"。2006年，山东大学出版社出版的、王平主编的《明清小说传播研究》，分别探讨了《三国志通俗演义》《水浒传》《东周列国志》《西游记》《封神演义》《金瓶梅》《聊斋志异》《儒林外史》，以及"杨家将系列小说""三言二拍"等的传播和影响，但对于译本文本本身和翻译方法的研究并不深入，且没有涉及如《好逑传》《玉娇梨》等重要的西传译本。

第四，以书目类编排的专著。

如1975年，台湾商务印书馆出版的、王尔敏撰写的《中国文献西译书目》,根据体裁的不同,记录了中国文献的西译书目,但并没有对西译书目的文本译介的具体问题进行更深入的研究。1988 年,学林出版社出版的、王丽娜编著的《中国古典小说戏曲名著在国外》,分两辑介绍了中国古典小说和中国古典戏曲在西方的译介和版本流传情况,对于每一部古典小说和戏曲又分为整体概述和外文翻译研究目录。如《好逑传》的外文翻译研究目录就包括翻译版本和相关研究论文两部分,翻译版本又按照语种分为英译文、法译文、德译文、荷兰译文、拉丁译文、日译文和俄译文七种。书目类编排的专著为"中学西传"的研究提供了基础的材料和指引。但是,根据宋丽娟撰写的博士论文《"中学西传"与中国古典小说的早期翻译(1735—1911)——以英语世界为中心》,王丽娜的《中国古典小说戏曲名著在国外》著录的翻译成西文的小说仍不完备,亦有部分著录错误的地方,须不断地补充和考订。

本书的研究对象是明清时期西传的中国小说,因此,首先必须明确,"明清"特指时间限定,即中国明清时期外译和传播到西方的中国小说,而非指明清时期创作的中国古典小说;其次,这一时间段内西传的中国小说,总的实际数量非常有限,以明清时期的才子佳人小说为主。

国外早期研究中国文学、文化对西方的影响方面的通论性作品与中国学术界存在相似的状况,即主要集中在 17、18 世纪中西文化交流中出现的、欧洲在艺术风格和生活趣味上的"中国热",重视启蒙时期思想家受到的中国的道德、文学、文化等的影响,并对中国西传的这些作品给予高度赞赏。这方面的代表作如:1923 年在德国柏林初版的、德国学者利奇温(Adolf Reichwein, 1898—1944)撰写的 *China und Europa, Geistiga und Kunstlerisch Ziehungen in 18 Jahrhundert*《十八世纪中国与欧洲文化的接触》),1931 年在英国伦敦初版的、赫德逊(G. F. Hudson,1903—1974)撰写的 *Europe & China: A Survey of Their Relations from the Earlist Times to 1800*《欧洲与中国——从古代到 1800 年的双方关系概述》)。利奇温的《十八世纪中国与欧洲文化的接触》分为八个部分,分专题论述了老子及他代表的"东方智慧"对欧洲人文艺术的影响、18 世纪前欧洲与中国文化的接触、深受中国艺术风格影响的洛可可艺术风格、启蒙时期中国文化对欧洲文学艺术的影响、魁奈(François Quesnay, 1694—1774)的重农学派与中国文化的关系、浪漫主义时期(早期中译本译为"感情主义时代")欧洲的艺术风格受中国的影响、歌德与中国文学和文化的渊源,最后部分是结语。赫德逊的《欧洲与中国——从古代到1800年的双方关系概述》则偏重通过一些"核心事件"对从古代至18世纪的中西关系史进行系统的勾勒和梳理。这两部著作均史料翔实,但亦有缺陷:一是20世纪早期西方学者对中西文化交流的研究尚不够深入,有待进一步加强与提升;二是按照吴莉苇所述,"当时的西方学者对'启蒙时代'这样一个属于他们自己的话题的认识有失单调片面,背后隐藏的是整个史学思维的时代特征——偏爱激动人心的变革,偏爱变革时代里尤为激动人心的事件"①。

类似的探讨17、18世纪欧洲的"中国热"及中西文化关系的西方专著还有:亨利·考狄②(Henri Cordier, 1849—1925)撰写的 La Chine en France au XVIIIe siècle(《18世纪法国视野里的中国》)。这本著作来源于考狄于1908年在巴黎举办的"铭文与纯文学学会"年会上的讲演稿,后列入法国的"珍奇爱好者图书"出版,2006年由唐玉清译为中文,由上海书店出版社出版。1999年在美国初版、孟德卫撰写的 The Great Encounter of China and the West, 1500—1800(《1500—1800:中西方的伟大相遇》),后由江文君、姚霏等翻译,于2007年由新星出版社出版。

20世纪上半叶起,国外研究中国文学、文化对西方的影响方面的著作开始有了变化,不再局限于围绕核心事件展开研究,而是出现了以西方的"中国观"或"中国形象"为研究视角的论述。这种论述在20世纪后期更为流行。为了下文论述方便,这里有必要对西方的"中国观"这个概念做必要的厘定。所谓"中国观",包含两个方面的内容:一是作为认识对象的中国在西方人眼中是什么样的形象;二是西方对这一形象所持的态度和

① 吴莉苇. 当诺亚方舟遭遇伏羲神农:启蒙时代欧洲的中国上古史论争. 北京:中国人民大学出版社,2005:13.

② Henri Cordier 的译名各有不同,有考狄、高第等,本书拟用"考狄"。唐玉清将其译为"亨利·柯蒂埃"。

评价。但是,无论西方人眼中的"中国形象"如何变化,其原则都是以西方的价值观和需求为基础的。① 因此,这类著作在论述启蒙时代西方的"中国观"时带有明显的"傲慢与偏见",依然是西方人眼中的中国道德观、中国哲学观、中国制度观,对中国历史的观念要么不去提及,要么仍是 19 世纪欧洲的中国历史观。他们以旁观者的心态对待中国历史,仿佛中国历史与己无关。但是,其间仍然产生了不少与西方思想文化相联系的著作,如:1939 年初版的、马森(Mary Gertrude Mason,1903—1999)撰写的 *Western Concepts of China and the Chinese,1840—1876*,后由杨德山于 1999 年译成中文,取书名为《西方的中华帝国观》,由时事出版社出版;2006 年,取书名为《西方的中国及中国人观念:1840—1876》,由中华书局出版。该书分为十三章,结合实例分专题论述了西方人对中国的文学、艺术、文化等的看法,其中第九章便是论述西方人眼中的中国语言和文学。1967 年初版的、雷蒙·道森(Raymond Dawson,1923—　　)撰写的 *The Chinese Chameleon:An Analysis of European Conceptions of Chinese Civilization*(《中国变色龙:对于欧洲中国文明观的分析》),后由常绍民和明毅译成中文,1999 年由时事出版社出版,2006 年又由中华书局出版。该书将欧洲人眼中的中国人称为"变色龙",意思是多变的;以中国传入西方并且流传的艺术品、绘画、文学作品以及被改编拍摄的戏剧、电影为切入口,讨论西方人眼中的中国世界及其所持的"中国观",并且分专题论述了耶稣会传教士、历史学家,以及西方的文化、艺术等方面与中国的关联。

其间,也有一些关于中国形象在特定的欧洲思想背景下的形成原因的探讨。如艾田蒲(René Étiemble,1909—2002)撰写的 *L'Europe chinoise*(《中国之欧洲》),分上、下两卷,于 1988 年和 1989 年先后在巴黎出版,后由国内学者许钧、钱林森翻译成中文,1992 年、1994 年由河南人民出版社出版,2008 年又由广西师范大学出版社出版。上卷分为两部:(1)契丹寻踪;(2)欧洲对由传教会从中国传来的消息之最初反应。下卷分为四部:(1)罗马教廷否认耶稣会士眼中的中国之欧洲;(2)17 和 18 世

---

① 张国刚,吴莉苇. 中西文化关系史. 北京:高等教育出版社,2006:1-12.

纪欧洲戏剧中的几个中国侧面;(3)仰慕中国的伏尔泰;(4)仰慕中国者和排斥中国者。该书以丰富而翔实的一手材料为基础,对中国的哲学思想、传统文化对西方文化的影响做了深入的探讨;以客观的视角,对中西文化的相互融合、碰撞的历史做了双向的研究,不仅反驳了西方"中心论",也为西方塑造了真实而客观的中国形象,同时阐明了中国思想、文化对于世界文化发展的影响和作用。又如 2002 年,山东画报出版社出版的、耿昇翻译的雅克·布罗斯(Jacques Brosse, 1922—2008)撰写的 *La découverte de la Chine*(《发现中国》),便把欧洲思想进程作为背景引入,比较偏重分析而不是单纯介绍"形象",但该书过于简略。法国华裔学者丁兆庆在 1928 年出版了 *Les descriptions de la Chine par les Français (1650—1750)*(《1650—1750 年法国人对中国的描述》)一书,并由当时法国有名的汉学家马伯乐写序。该书较系统地收集了这一时段法国各界人物谈论中国的言论以及当时法国人撰写、翻译的大量中国史著作。通过对这些材料文本的解读,我们可以窥视出法国人的某种"中国观"。这些是比较早的一批汉学研究成果。文学方面如:1990 年,北京大学出版社出版的、廖世奇和彭小樵根据史景迁(Jonathan Spence, 1936—   )在北京大学的讲演录译为中文而成的《文化类同与文化利用——世界文化总体对话中的中国形象》主要分为八讲,从文学作品和学术理论两个方面探讨了西方的中国形象,并在头尾分别附有乐黛云撰写的《世界文化总体对话中的中国形象》和张隆溪撰写的《非我的神话——西方人眼里的中国》。又如:1997 年,北京大学出版社出版的、曹卫东根据顾彬(Wolfgang Kubin, 1945—   )的北京大学讲演录编译为中文的《关于"异"的研究》,论述了从 17 世纪至 20 世纪末的德国文学作品中的中国形象。这两部著作都探讨了西方从"他者"的角度对中国形象的审视。

与上述问题类似,西方学者研究明清时期欧洲人的中国观,特别是研究对欧洲有重要影响的耶稣会士著作时,有一个明显的缺憾:对耶稣会士所描绘的中国形象是如何形成的、它的特点是什么、它的依据是什么等问题,无法给予追根究底的回答。这是问题的关键。具体来说:一是耶稣会士的宗教立场和在中国传教中的策略需要,这是决定塑造什么样的中国形象的主要因素;二是耶稣会士中国观的具体来源,也就是说,耶稣会士刻画中国形象所依据的材料是耶稣会士中国观形成的重要因素,进而又影响到欧洲学者对中国的想象和评价。

对后一个问题,即耶稣会士著作的中国文献依据,至今西方学者还显得力不从心,通常只能直接采纳耶稣会士的公开或私人文献中提到的材料来源。即便是一些有影响的著作,如意大利汉学家卫匡国(Martino Martini, 1614—1661)的 *Sinicæ historiæ decas prima*(《中国古代史》,1658)和法国汉学家杜赫德的《中华帝国全志》也不例外。当代西方学界关于该问题研究的一个新思路是日渐把眼光转向中国,直接面向这一时期有关天主教的中文原始资料,考察耶稣会士置身其中的中国社会环境,研究文人学士对待西学的态度,研究中国人对西学的回应模式。不过,西方学者无论是立足自身还是他者的视角,无论是借助西文原始材料还是中文原始材料,无论是从传教史的角度还是从文化交流史的角度,无论采用何种论述方法,对于耶稣会士中国观的具体中国来源这一重要问题尚未给出合理圆满的解答。

综上所述,以往的研究取得了一些高质量的成果,但总体来看,研究仍有待新的视野出现。具体而言:

首先,在研究领域方面,学术界关于中国古典小说在西方的翻译和传播的研究,往往作为中国古典文学在国外研究的一部分而存在,缺乏对中国古典小说在西方翻译和传播的专题论述;同时,已有论述多局限于书目的著录或译本的描述,对中国古典小说在西方翻译的具体研究鲜有系统深入的分析和考证;而针对中国古典小说西译的单篇学术论文,虽然将这一领域的研究深化,但因受篇幅所限,其论述角度比较单一,无法对中国古典小说的西传问题做整体的、宏观性的论述。

其次,在研究方法上,虽然还是以书目的著录或译本的描述为主,但已由简单的文献解读走向深入的背景分析,并注意到观察者与被观察者间的互动。存在的问题是:解读限于表面,实证研究太少。国内外现有的研究多是对某个文本的解读,而考察不同文献之间的知识关联、进行多视角对照的比较型论著则比较罕见。

再次,运用理论方面,现有的研究多建立在"欧洲中心论"或"中国中心论"基础上来审视历史上的"中国观",或在"后现代主义"或"后殖民主义"文化语境中进行讨论。

总之,未来研究,在视野上,应该拓展相关时空领域;在方法上,应该注重实证研究;在运用理论上,应该慎重,以免僵化套用;在研究材料上,应该深入挖掘海外尚未被国内学界充分利用的、新的西传中国古典小说译本。

第二章　中国古典小说西传的
"首译之功"：《今古奇观》译本

东西流水，终解两相逢。

——晏几道《少年游·离多最是》

第一节　《今古奇观》：中国古典小说西传之肇始

中国文化伴随着"中学西传"走出去，到 18 世纪以西方掀起的"中国热"达到顶峰。从传播影响角度上看，这一时期的"中学西传"基本上是一个由中向西的"单向"流动过程，在中西交流中发挥着桥梁和纽带作用的主要是传教士(耶稣会士)群体。虽然，耶稣会士群体在当时的中西"礼仪之争"中往往戴着"有色眼镜"看待中国，但他们所塑造的"中国形象"是欧洲乃至整个西方认识中国文化的基础。1735 年，杜赫德编著的《中华帝国全志》出版。该书第三卷中收录的由耶稣会士殷宏绪从中国古典小说集《今古奇观》中选译的三篇古典小说《吕大郎还金完骨肉》《庄子休鼓盆成大道》《怀私怨狠仆告主》是中国古典小说西译的源头。1736 年，约翰·瓦茨(John Watts，生卒年不详)根据《中华帝国全志》法文版转译的英文版则是这三篇古典小说最早的英译本。本书选择该版本作为研究的对象，以期真实有效地还原中国古典小说西传最初的实貌。

目前，世界上现存最早的西译汉语著作是 16 世纪中后期由西班牙多明我会士高母羡译成西班牙语的中国著作《明心宝鉴》。高母羡三个字，原来都应该加"口"字旁的，因不方便刻字，后被省去。这三个字都应当按闽南音读,"高母"是"Cobo"的译音,"羡"是"Juan"的译音。高母羡是西班牙的第一位汉学家,于 16 世纪在菲律宾的华侨中传教,明万历二十年(1592)阳历 11 月卒于中国台湾。高母羡曾撰写中文书两本,又将《明心宝鉴》译为西班牙文。1911 年,雷塔纳(W. E. Retana)在马德里以西班牙文发表的《菲律宾印刷术的起源》,已经提到 1593 年在马尼拉出版的中文版《天主教教义》(Doctrina Christiana)是高母羡所写。此外,方豪神父记载:"直到 1947 年 2 月,华盛顿国会图书馆将所有的一个藏本影印出来之前,全世界人士根本不知道有这本书的存在。可是到了 1951 年,在梵蒂冈教廷图书馆也发现了一册,共三十一叶,我也曾亲自见过,并有摄影。这本书比罗明坚的《圣教实录》只晚了八年,比利玛窦的《天主实义》在南昌刊刻,还要早三年。"①《天主教教义》这本书虽是用中文撰写的,但几乎都是用闽南音译的西班牙名词,而译成西班牙语的中国著作《明心宝鉴》曾在 1592 年前后的菲律宾刻印出版过,比《天主教教义》还要早一年。在没有新的文献资料发现之前,它是最早的中国著作的西译本。此后,才陆续又有一些儒家典籍的译介。

《今古奇观》是明代抱瓮老人从"三言二拍"中选编的中国古典小说集,被选译的这三篇古典小说是《吕大郎还金完骨肉》《庄子休鼓盆成大道》和《怀私怨狠仆告主》。这是迄今为止学界公认的中国古典小说西译的起点和源头。关于《中华帝国全志》中译的这三篇古典小说的出处和具体文本,学术界最初的意见是不一致的。王丽娜、黄鸣奋认为,这三篇译文是从"三言二拍"中选译的;②钱林森、马祖毅和任荣珍、张国刚、严建强、张国刚和吴莉苇、宋丽娟和孙逊等指出,其底本应是《今古奇观》而非

---

① 方豪. 中国天主教史人物传. 北京:宗教文化出版社,2007:60. 叶:旧时线装书一纸对折装订,一叶即现今两页折钉。方豪(1910—1980),历史学家,天主教神父。字杰人,笔名芳庐、绝尘、圣老,浙江杭县(今浙江杭州)人。罗明坚(Michele Ruggieri, 1543—1607),意大利传教士,"传教士汉学时期"西方汉学的真正奠基人之一。利玛窦(Matteo Ricci, 1552—1610),意大利耶稣会传教士、学者,是耶稣会在中国传教的最早传教士之一。

② 王丽娜. 中国古典小说戏曲名著在国外. 上海:学林出版社,1988:170;黄鸣奋. 英语世界中国古典文学之传播. 上海:学林出版社,1997:176.

"三言二拍";①但是张国刚和吴莉苇认为,其底本出自《今古奇观》中的四篇故事:《庄子休鼓盆成大道》《怀私怨狠仆告主》《念亲恩孝女藏儿》《吕大郎还金完骨肉》;②严建强、李平等亦持与张国刚和吴莉苇相同的观点。③钱林森虽然认同最早的底本是《今古奇观》中的三篇古典小说《吕大郎还金完骨肉》《庄子休鼓盆成大道》和《怀私怨狠仆告主》,但认为"最早把中国小说介绍到法国的可能是昂特尔科尔(Entrecolles,1662—1741)神父,他从《今古奇观》中选取了《庄子休鼓盆成大道》《吕大郎还金完骨肉》和《怀私怨狠仆告主》三个故事,以概述故事情节的形式,编译成法文,发表在杜赫德编著的《中华帝国全志》第三卷(1735)第 292—303 页、第 304—324 页、第 324—338 页"④;王宁亦持和钱林森相同的观点;⑤宋丽娟和孙逊认为,其底本出自《今古奇观》中的三篇故事《庄子休鼓盆成大道》《怀私怨狠仆告主》《吕大郎还金完骨肉》,并对此进行了具体的论证,认为"《今古奇观》作为根据'三言二拍'选编而成的小说集,编撰者在选编时,对作品也进行了再加工,在行文内容方面做了一定的增删和润色。殷宏绪译文在《今古奇观》的改动之处,也做出了相应的改动"⑥;而笔者在回译《中华帝国全志》过程中根据译文与原文细节对比,亦同意孙逊、宋丽娟的观点,此处不再累述。

---

① 钱林森. 中国文学在法国. 广州:花城出版社,1990:124;马祖毅,任荣珍. 汉籍外译史. 武汉:湖北教育出版社,1997:171;张国刚. 明清传教士与欧洲汉学. 北京:中国社会科学出版社,2001:132;严建强. 18 世纪中国文化在西欧的传播及其反应. 杭州:中国美术学院出版社,2002:147;张国刚,吴莉苇. 启蒙时代欧洲的中国观:一个历史的巡礼与反思. 上海:上海古籍出版社,2006:212;宋丽娟,孙逊."中学西传"与中国古典小说的早期翻译(1735—1911)——以英语世界为中心. 中国社会科学,2009(6):185.

② 张国刚,吴莉苇. 启蒙时代欧洲的中国观:一个历史的巡礼与反思. 上海:上海古籍出版社,2006:212.

③ 严建强. 18 世纪中国文化在西欧的传播及其反应. 杭州:中国美术学院出版社,2002:147;李平. 西方人眼中的东方文学艺术. 上海:上海教育出版社,2004:202.

④ 钱林森. 中国文学在法国. 广州:花城出版社,1990:124. 昂特尔科尔即殷宏绪。

⑤ 王宁. 中国文化对欧洲的影响. 石家庄:河北人民出版社,1999:70.

⑥ 宋丽娟,孙逊."中学西传"与中国古典小说的早期翻译(1735—1911)——以英语世界为中心. 中国社会科学,2009(6):185.

在法国汉学家杜赫德编著《中华帝国全志》的次年,也就是 1736 年,由英国人约翰·瓦茨主持编译的由法文版转译的英文版《中华帝国全志》(*The General History of China*)在伦敦书籍出版业公会会馆附近的圣母颂巷内,由"圣经与钥匙"书店负责出版并销售。① 此后,这三篇中国古典小说在 1774—1777 年仍不断地被译成德文和俄文,进入 19、20 世纪亦有新的西文译本面世。②

杜赫德编著的《中华帝国全志》第三卷封面及书名页见图 2-1。

图 2-1 《中华帝国全志》第三卷封面及书名页

此后,选译自《今古奇观》中的中国古典小说在世界范围内被一译再译,《今古奇观》具有代表性的西传译本,或其中小说译文举隅如下:

---

① 笔者译自英文版《中华帝国全志》(第三卷)[Watts,J. *The General History of China*(*Vol. 3*). London,1736]的封面,封面注明:Done from the French of P. DuHalde. Volume the Third. London:Printed for J. Watts. And Sold by B. Dod at the Bible and Key in Ave-Mary Lane,near Stationers-Hall.

② 文中所引译文均由笔者根据 Watts,J. *The General History of China*(*Vol. 3*). London,1736 的译文回译成中文。

1738—1742 年,在伦敦出版的、由爱德华·凯夫(Edward Cave, 1691—1754)主持的从法译本转译的英文全译本《中华帝国全志》(*A Description of the Empire of China and of Chinese-Tartary*)两卷大开本,亦包括从《今古奇观》中选译的《吕大郎还金完骨肉》("A novel, call'd Hi eul or virtue rewarded")、《怀私怨狠仆告主》("Two stories. The guilty punish'd by heaven. And oppressed innocence justified")和《庄子休鼓盆成大道》("Another story, called tyen, or the Chinese matron")三篇小说。

1747 年,德国罗斯托克的塔尔塔伦(Taltalen)出版社出版了德文版《中华帝国全志》(*Ausführliche Beschreibung des Chinesischen Reichs und der großen Tatarey*)四卷本,其中卷三收录了从《今古奇观》中选译的《庄子休鼓盆成大道》《怀私怨狠仆告主》和《吕大郎还金完骨肉》三篇译文。

1762 年,英国作家哥尔德斯密斯(Oliver Goldsmith, 1730—1774)创作的书信体小说《世界公民》(*The Citizen of the World: or, Letters from a Chinese Philosopher, Residing in London to His Friends in the East*)收录、改编了《今古奇观》中《庄子休鼓盆成大道》的故事。这部小说最初以连载的方式于 1760 年至 1761 年在《公共账册》(*Public Ledger*)杂志上发表,名为《中国人信札》,后刊印成册,名为《世界公民》。全书共由 120 封书信组成,《今古奇观》中《庄子休鼓盆成大道》的故事出现在其中第 18 封信中。①

1762 年,伦敦多兹利(R. & J. Dodsley)出版社出版的、珀西编译的《夫人的故事:六个短篇小说》(*The Matrons, Six Short Histories*)中有一篇是《中国夫人的故事》("The Chinese matron"),即《庄子休鼓盆成大道》,是珀西根据《中国帝国全志》的法译文转译而成的。

---

① Goldsmith, Oliver. *The Citizen of the World: or, Letters from a Chinese Philosopher, Residing in London to His Friends in the East*. Philadelphia: James B. Smith & Co., 1856.

1774—1777 年，根据考狄所撰的《西人论中国书目》①，北京俄国传教会翻译出版的俄译本《中华帝国全志》第二卷收录了《庄子休鼓盆成大道》《怀私怨狠仆告主》和《吕大郎还金完骨肉》三篇小说。

1803 年，巴黎出版的《国外杂志》（*Journal étranger*）刊载了署名 le citoyen Durand 翻译的《讽刺作品》（"Satire de Pétrone"），即《庄子休鼓盆成大道》的法译文。

1815 年，托马斯·斯当东（George Thomas Staunton，1781—1859）翻译的《范希周》（*Fan Hy Cheu*）在伦敦出版，亦为专门供外国人学习中文而用的汉语读本。

1820 年，伦敦布莱克（Black）印刷所出版了由托姆斯（Peter Perring Thoms，1790—1855）从《今古奇观》中选译的《宋金郎团圆破毡笠》（*The Affectionate Pairs, or the History of Sung-Kin: a Chinese Tale*）。

1827 年，巴黎蒙塔迪埃（Moutardier）出版社出版的、法国著名汉学家雷慕沙编辑的《中国小说选》（*Contes chinois*），内容为从明代拟话本小说《十二楼》《今古奇观》和《警世通言》中选译的十篇小说，其中选自《今古奇观》的有六篇：第一卷收有法国汉学家斯塔尼斯拉斯·儒莲（Stanislas Julien，1797—1873）翻译的《孝女的英雄故事》（"L'héroisme de la piété filiale"，即《蔡小姐忍辱报仇》）、《善心的丈夫》（"Les tendres époux"，即《宋金郎团圆破毡笠》）；第二卷收有《三兄弟》（"Les trois frères"，即《三孝廉让产立高名》）、《被惩处的罪人》（"Le crime puni"，即《怀私怨狠仆告主》）、《揭穿诽谤》（"La calomnie démasquée"，即《念亲恩孝女藏儿》）；第三卷收有《宋国的夫人》（"La matrone du pays de Soung"，即《庄子休鼓盆成大道》）。

1827 年，莱比锡庞帝奥米歇尔森（Pontio Michelson）出版社出版了德文版《中国小说选》（*Chinesische Erzählungen*）。此本根据法文本转译，收有《蔡小姐忍辱报仇》《宋金郎团圆破毡笠》《怀私怨狠仆告主》《念亲恩孝

---

① Cordier，Henri. *Bibliotheca sinica: Dictionnaire bibliographique des ouvrages relatifs à l'empire chinois*. Paris：E. Leroux，1878—1895.

女藏儿》《庄子休鼓盆成大道》等小说的译文。

1830 年,法国《文学报》刊登了儒莲翻译的《今古传奇》中的《滕大尹鬼断家私》("Le portrait de famille",《家庭图画》)的法译文。

1834 年,儒莲编译的《中国孤儿》(*L'Orphelin de la Chine*)收录了其翻译的《今古传奇》中的《滕大尹鬼断家私》("Le portrait de famille",《家庭图画》)等法译文。

1839 年,在巴黎出版的、泰奥多·帕维(Theodore Pavie)的译著《中国短篇小说选》(*Choix de contes et nouvelles*)中,收有《牡丹》("Les pivines",即《灌园叟晚逢仙女》)、《诗人李太白》("Le poète Ly-tai-pe, nouvelle",即《李谪仙醉草吓蛮书》)、《摔琴》("Le luth brisé, nouvelle historique",即《俞伯牙摔琴谢知音》)。

1839 年,广州 Canton Press Office 出版了斯洛斯(R. Sloth)从《今古奇观》中选译的小说《王娇鸾百年长恨》("Wang Keaou Lwän Pih Neen Chang Hän or The Lasting Resntment of Miss Keaou Lwän Wang, a Chinese Tale")。

1847 年,莱比锡尤拉尼(Yulani)出版社出版了阿道夫·伯特格尔(Adolf Böttger, 1815—1870)根据斯洛斯的英译本转译而成的、从《今古奇观》中选译的《王娇鸾百年长恨》("Wang Keaous Lwän Pih Nëen Chang Han, oder die Blutige Rache Einer Jungen Frau")。

1860 年,巴黎阿歇特(Hachette)出版社出版的、儒莲选译的《中国小说选》(*Nouvelles chinoises*),收有《今古奇观》中的《滕大尹鬼断家私》("Hing-lo-tou, ou la peinture mystérieuse")。

从 1870 年 7 月至 1873 年 6 月,伦敦国王大学詹姆斯·萨默斯(James Summers, 1828—1891)主编的《凤凰杂志》(*The Phoenix, a Monthly Magazine for China, Japan & Eastern Asia*)刊发了从《今古奇观》中选译的《蒋兴哥重会珍珠衫》《杜十娘怒沉百宝箱》《庄子休鼓盆成大道》三篇小说。

1873 年,维也纳勒斯纳(Roesner)出版社出版了格里泽巴赫(Eduard Grisebach, 1845—1906)从《今古奇观》中选译的《不忠实的寡妇:漫步世界文学》(*Die Treulose Witwe; Eine Chinesische Novelle und Ihre Wanderung Durch die Weltliteratur*),即《庄子休鼓盆成大道》的德译文。

英国人但尼士(Nicholas Belfield Dennys, 1839—1900)于 1872 年 7 月在香港创刊的《中国评论》(*China Review*),又称《远东释疑报》(*Notes and Queries on the Far East*),在 1880 年第 8 卷第 5 期,刊登了弗里德里克·贝尔福(Frederic H. Balfour, ?—1908)从《今古奇观》中选译的《花仙——中国神话故事》("The Flower-Fairies—a Chinese Fairy Tale"),即《灌园叟晚逢仙女》的译文。

1874 年,伦敦麦克米伦(McMillan)出版社出版了奥古斯塔·韦伯斯特(Augusta Webster, 1837—1894)从《今古奇观》中选译的《俞伯牙摔琴谢知音》(*YU-PE-YA' SLUTE, a Chinese Tale, in English Verse*,《俞伯牙的琴》)。

1877 年,(荷兰)莱顿的布里尔(E. J. Brill)出版社和巴黎梅松纳夫(Maisonneuve)出版社分别出版了施古德(Gustave Schlegel, 1840—1903)从《今古奇观》中选译的《卖油郎独占花魁》(*Le vendeur-d'huile qui seul possède la reine-de-beauté ou: Splendeurs et misères des courtisanes chinoises*)。

1880 年,斯图加特格布吕德尔克勒纳(Gerbruder Kleiner)出版社出版的《今古奇观:中国的一千零一夜》,收有《庄子休鼓盆成大道》("Geschichete tschuang-snges und seiner gattin tian-schi");次年由同一出版社出版的同名书中收有《转运汉巧遇洞庭红》("Das abenteuer des kauflnanns tschan-yi")和《王娇鸾百年长恨》("Die ewige rache des frauleins Wang kiau-luan")两篇译文。

根据宋柏年所撰的《中国古典文学在国外》,马约雷斯库(Titu Maiorescu, 1840—1917)在 1863 年从德文转译的《今古奇观》罗马尼亚语译本,选译了《今古奇观》中的《庄子休鼓盆成大道》。这也是迄今为止可证实的第一篇译成罗马尼亚语的中国文学作品。

1884 年,由莱比锡蒂尔(Til)出版社出版的《中国小说》(*Chinesische Romane*),收有《今古奇观》中的《女秀才移花接木》("Die seltsame geliebte des studiens Ming-I")和《杜十娘怒沉百宝箱》("Tu-schi-niang wirft entrusted das juwelenkästchen in die fluten")的译文。

1885 年,巴黎欧内斯特·勒鲁(Ernest Leroux)出版社出版的《三种中国小说》(*Trois nouvelles chinoises*),收录了从《今古奇观》中选译的《夸妙术丹客提金》("Les alchimistes")、《看财奴刁买冤家主》("Comment le ciel donne et reprend des richesses")和《钱秀才错占凤凰俦》("Mariage force")。

1886 年,《中国评论》第 15 卷第 2 期和第 15 卷第 4 期,分别刊登了赫斯特(R..W. Hurst)从《今古奇观》中选译的两篇小说:"Story of the three unselfish literati"(《三位无私士子的故事》,即《三孝廉让产立高名》)和"Story of Chinese Cinderella"(《中国灰姑娘的故事》,即《两县令竞义婚孤女》)。

1886 年,柏林勒曼(Leman)出版社出版的《中国小说》(*Chinesischer Roman*),收有《今古奇观》中《卖花郎独占花魁》的译文。

1889 年,巴黎 E. 当蒂(E. Dangti)出版社出版的《三种中国小说》(*Trois nouvelles chinoises*),收有从《今古奇观》中选译的《蒋兴哥重会珍珠衫》("La tunique de perles")、《徐老仆义愤成家》("Un serviteur méritant")和《唐解元玩世出奇》("Tang, le Kaiai-youen")。

1892 年,巴黎梅松纳夫出版社出版的、赫维·德·圣丹尼斯(Hervey de Saint-Denys,1822—1892)编译的《六种中国小说》(*Six nouvelles*),收有《赵县君乔送黄柑子》("Chantage")、《金玉奴棒打薄情郎》("Femme et marringrats")、《裴晋公义还原配》("Comment le mandarin Tan-pi perdit et retrouva sa fiancée")、《吴保安弃家赎友》("Véritable amitié")、《崔俊臣巧会芙蓉屏》("Paravent revelateur")和《陈御史巧勘金钗钿》("Chen Yushi a soigneusement sculpté la plume d'épingle à cheveux en or")六篇译文。

1893 年,由英国汉学家道格拉斯(Robert Kennaway Douglas,1838—1913)选译,在爱丁堡和伦敦由威廉·布莱克伍德父子出版公司(William Blackwood and Sons)出版的中国小说集《中国故事集》

(*Chinese Stories*),收录了《今古奇观》中的《怀私怨狠仆告主》("Within his danger",《处于危境》)、《金玉奴棒打薄情郎》("A twice married couple",《再婚的夫妇》)、《庄子休鼓盆成大道》("A fickle widow",《薄情的寡妇》)、《女秀才移花接木》("A Chinese girl graduate",《中国女秀才》)、《夸妙术丹客提金》("Lore and alchemy",《道术与炼金术》)。

1905 年,别发洋行(Kelly & Walsh Ltd.)分别在中国的上海、香港,以及新加坡出版的《今古奇观:不坚定的庄夫人及其他故事》(*Modern and Ancient Wonders: Mrs. Zhuang and Other Stories*),收有从《今古奇观》中选译的《庄子休鼓盆成大道》("The inconstancy of madam Chuang")、《俞伯牙摔琴谢知音》("The minister, the lute and the wood-cutter")、《李谪仙醉草吓蛮书》("The diplomacy of Li t'ai-po")、《李汧公穷邸遇侠客》("The wonderful adventure of Li, duke Ch'ien")、《滕大尹鬼断家私》("The judgment of magistrate T'eng")、《钱秀才错占凤凰俦》("Marriage by proxy")。

1911 年,那不勒斯卢布拉诺与费拉拉出版社(Lubrano and Ferrara Press)出版了《庄子休鼓盆成大道》的意大利译本 *La Vedova del Paese di Sung. Novelle Cinesi*(《宋国的寡妇:中国小说》)。

《今古奇观》在匈牙利也有译本。1958 年,布达佩斯欧罗巴(Europa)出版社出版了卡拉斯·马尔顿(Kalász Márton, 1934—)翻译的《今古奇观》的选译本。

此外,在西方以《今古奇观》中的小说为原型进行改编的例子也屡见不鲜。其中,最著名的是伏尔泰在 1748 年发表的哲理小说《查第格》(*Zadig*),其第二章就采用了《今古奇观》中《庄子休鼓盆成大道》的故事作为小说的创作原型和依据。哲理小说《查第格》以古代东方为故事背景,通过一个善良而充满智慧的青年的遭遇表明,表面上看来智慧有时候会给他带来厄运,但最终它总会帮助人摆脱困境。伏尔泰借这个故事来表达对理性和智慧的赞美。这也说明,在启蒙时代,人们十分重视对理性和智慧的赞同和追求。

上述实例可证,从杜赫德编著的《中华帝国全志》中收录由耶稣会士殷宏绪译自中国古典小说集《今古奇观》中的三篇古典小说《吕大郎还金完骨肉》《庄子休鼓盆成大道》和《怀私怨狠仆告主》起,这部中国古典小说集的译本及其中小说的译文,在世界范围内获得了广泛的流传和接受,产生了持续而重要的影响。①

第二节　译者及其所处时代背景

《中华帝国全志》的编著者杜赫德一生从未到过中国,但对中国传教史和欧洲的汉学研究,都有重大贡献。杜赫德曾主管耶稣会档案室,专司编纂。杜赫德在职时,正值耶稣会士在中国的传教事业处于巅峰的时期。在耶稣会士测绘中国全国地图前后,在华会士也对中国的研究产生了浓厚的兴趣,开始撰写关于中国的文献并传入西方,引起了西人的重视。在杜赫德之前,另一位耶稣会士郭弼恩(Charles Le Gobien, 1653—1708)曾将海外传教耶稣会士之通信,辑成书简集,取名为《中国及东印度耶稣会传教士可法可惊书翰集》(*Lettres édifiantes et curieuses, écrites des Missions étrangères, par quelques missionnaires de la Compagnie de Jésus. Écrites de la Chine et des Indes orientales*),简称《耶稣会士书翰集》。此书于1702年在巴黎始印,并有"郭弼恩致法国耶稣会士书"代序。书札来自中国、印度、日本等处。此书有节本、选本及再版本多种,考狄所撰《西人论中国书目》曾详细列举。《耶稣会士书翰集》1702年初版第一册已极罕见,仅巴黎法国国家图书馆、伦敦大英博物馆各藏有一册。以1780年巴黎梅里戈特勒琼(J. G. Mérigot le jeune)书店所印行的为例,《耶稣会士书翰集》一至五册为中东书翰集,六至九册为美洲书翰集,十至十五册为印度书翰集,十六至二十四册为中国书翰集;二十五、二十六两册为印度及中国书翰集。

---

① 文献资料部分参考和转引自:宋丽娟."中学西传"与中国古典小说的早期翻译(1735—1911)——以英语世界为中心.上海:上海师范大学博士论文,2009;宋柏年.中国古典文学在国外.北京:北京语言学院出版社,1994:467-473;王丽娜.中国古典小说戏曲名著在国外.上海:学林出版社,1988:317-323.

郭弼恩去世后,杜赫德继续编纂。九至十六册即由杜赫德校订付梓。后经过重印,并续编至第三十四册,时已 1776 年。杜赫德在纂辑时,发现其中的中国材料非常丰富,遂产生编著《中华帝国全志》的决心。此书原名很长,译为《中华帝国及中国属领鞑靼之地理、历史、纪年、政治与自然界全志》(*Description géographique, historique, chronologique, politique, et physique de l'empire de la Chine et de la Tartarie chinoise*)。此书庞然四巨册,1735 年在巴黎出版,所利用之手稿即涉 27 人,除少数外,均已为之立传,如卫匡国、南怀仁 (Ferdinand Verbiest, 1623—1688)、柏应理 (Philippe Couplet, 1623—1693)、安文思 (Gabriel de Magalhães, 1609—1677)、卫方济 (François Noël, 1651—1729)、刘应 (Claudus de Visdelou, 1656—1737)、李明 (Louis Daniel Le Comte, 1655—1728)、白晋 (Joachim Bouvet, 1656—1730)、雷孝思 (Jean Baptiste Regis, 1663—1738)、马若瑟 (Joseph de Prémare, 1666—1736)、殷宏绪、龚当信 (Cyrile Contancin, 1670—1732)、戈维理 (Pierre de Goville, 1668—1758)、巴多明 (Dominique Parrenin, 1663—1741)、杜德美 (Pierre Jartoux, 1669—1720)、汤尚贤 (Pierre Vincent de Tartre, 1669—1724)、冯秉正 (Joseph-Anna-Marie de Moyriac de Mailla, 1669—1748)、沙守信 (Emeric de Chavagnac, 1670—1717)、宋君荣 (Antoine Gaubil, 1689—1759)、郭忠传 (Jean-Alexis de Gollet, 1664—1741)、卜文起 (Louis Porquet, 1671—1752)等。《中华帝国全志》面世后,欧洲学术界、政治界与宗教界开始对中国有了系统的认识,虽然有失偏颇,但是《中华帝国全志》是欧洲汉学的基础。[①]

至于三篇古典小说的译者殷宏绪,费赖之 (Louis Pfister, 1833—1891)所著的《在华耶稣会士列传及书目》记载:"殷宏绪,一说出生于里昂,一说出生于里摩日;1681 年四月五日入会,1699 年六月二十四日至华,1698 年八月十五日发愿,1741 年七月二日殁于北京。(上录年月与其墓志相吻合,但吉勒尔梅神甫在罗马抄录之年月与此异:1663 年二月二十

---

① 方豪. 中国天主教史人物传. 北京:宗教文化出版社,2007:527-528.

五日生,1682 年九月十六日入阿维尼翁修院。)"①

白晋神甫在选派来华传教士时,殷宏绪、巴多明、马若瑟、雷孝思等被共同选中,但殷宏绪比其他几位传教士晚一年抵华。殷宏绪到达中国后,首先在江西饶州传教,据记载,他性情比较温和,和当地居民相处和睦。其间,殷宏绪曾经以信函的形式向欧洲寄回有关中国制造陶瓷、种痘、制造假花与假珠等技术;同时,他还为杜赫德摘录、编译了很多汉文载记,使得欧洲人首次了解了中国的很多技艺。因为殷宏绪谙悉中文,所以曾任法国传教会道长 13 年之久。殷宏绪在京传教时,就有不少中国人入教,他还负责在教妇女的教义指导工作。

殷宏绪生命的最后 20 年在中国属于秘密传教,最后 4 年"得废疾,只能坐卧,然传布教义,至死不辍"②。殷宏绪的译著丰厚,根据考狄《西人论中国书目》(北京文殿阁书庄,1938)的详细列举,其遗著除了被杜赫德编著的《中华帝国全志》第三卷收录的从《今古奇观》中选编的中国古典小说《吕大郎还金完骨肉》《庄子休鼓盆成大道》和《怀私怨狠仆告主》外,还有关于中国某古书所志养蚕方法(第二卷第 250 页),中国某哲学家关于世界起源与状况之问答(第三卷第 50 页),长生术(第三卷第 631 页),近代中国某哲学家所撰《中国人之性格和风俗》译文(关于五伦及齐家、治学、处世、立身之法,第四卷第 158 页),以及 1726 年五月十二日自北京致杜赫德有关中国人鼻中种痘事的书信,1726 年七月二十六日自北京致杜赫德有关京师教民热忱奉教事的书信,1727 年七月七日自北京致杜赫德有关中国人制造假花的书信,1734 年十一月四日自北京致杜赫德有关考证中国书籍、列举中国人在科学和艺术方面之发明、译某方士传、述瓷器、珍珠、丹药的书信,1736 年十月八日自北京致杜赫德有关节译中国《本草》的书信,等等。另有撰于 1737 年五月十二日,现藏于巴黎法国国民议会图书馆(编 17237 号)的《竹笋说》法文本,以及有关中国文人讲学、翰林院章

---

① 费赖之. 在华耶稣会士列传及书目. 冯承钧,译. 北京:中华书局,1995:548-549.
② 费赖之. 在华耶稣会士列传及书目. 冯承钧,译. 北京:中华书局,1995:550.

程等的《使民安乐术》译文,等等。①

中国古典小说首次被西译的时期正好处于启蒙时期,在法语中,启蒙写作"La lumière",按字面意思直译,是"光明的时代"或"光明的世纪"。"启蒙"这个由西文翻译而来的词汇,恰到好处地表达了启蒙运动"照亮"了西方中世纪一千年"黑暗"的意思。18世纪的法国人在塞纳河畔创建了一种"艺术的生活",而这种艺术的生活方式为全欧洲所仿效,这便是在18世纪统治了整个欧洲近三分之二时间的洛可可艺术。洛可可一词"Rococo"从法文单词"rocaille"(用贝壳、石子堆砌的假山)而来,它最早以优雅、细巧为特点的建筑风格著称,而后迅速影响至绘画、音乐等领域。恰在此时传入欧洲的中国园林艺术,也以"宛自天开"的异域情调配合着中国精巧、典雅的工艺品在欧洲掀起了强劲的"中国热"。②

18世纪西方的文学与这一时期的艺术风格也是相通的。18世纪的文学与建筑、音乐、绘画一样,着力于表现人的情感,尤其是爱情的魅力,注意环境的描写和性格的刻画。这一时期最能体现时代精神的文学作品是启蒙文学和英国现实小说。一方面,长篇小说的主人公不再仅仅是国王和贵族,而是普通人,特别是社会中下层人物,作品注重描写普通人的英雄行为和崇高感情;文学作品关心社会问题,为了达到鲜明的政治倾向性和民主性,启蒙文学家把文学创作看成宣传教育的有力工具,即便是那些处理重大社会题材的作品,也会流露出对于真挚情感、纯朴人性和永久幸福这些具有普遍人类共性的诉求的向往。另一方面,文学追求异国情调,有时这种异域情调成为文学大胆抨击时弊的"面具"。西方人不仅对中国的异国情调具有猎奇心理,还视中国古典小说的西传译本为窥探"中国人的文学趣味和习俗"的窗口。对此,法国汉学家儒莲生动地描绘道:

> 中国人对培养文学兴趣和模仿优秀作家的这种不知疲倦的热忱
> 构成了他们的性格特征,同时也是中国文化中最强有力的因素。但

---

① 费赖之.在华耶稣会士列传及书目.冯承钧,译.北京:中华书局,1995:552-554.
② 陈婷婷.《今古奇观》:中国文学走向世界最早的典范与启示.安徽大学学报(哲学社会科学版),2013(4):45.

是,为了很好地理解和评价这一点,必须把这种热忱置于活生生的、热闹的舞台上以考察其发展变化。每个作家,我是说每个文人,都带着他的优点或怪癖、博学或无知、睿智明达或学究式的自负出现在这个舞台上。这样就演出了一幕活剧。它引起我们的强烈兴趣,这是我们无论在历史书中还是在有关中国的游记里都无法感受到的。仅仅研究中国人在社会关系中的表现是不够的,我们还渴望熟悉他们的文学作品,渴望正确地了解他们喜爱涉猎的主题,了解他们受什么精神支配,哪方面的想象力特别出众。另外还有一些引人注目的特点值得我们留心。传教士们向我们揭示了有关这个勤劳而智慧的民族的历史、地理、科学、艺术和工业等诸方面的情况。若没有这些传教士,我们对汉语言的了解恐怕要向后推迟一个世纪。前不久,中国各港口才减少对外商开放的条件限制和障碍。但是这些外商从未深入到中国社会的内部。他们不能让我们窥探中国人家庭生活的真貌,不能让我们亲睹那些尊贵的夫人、小姐所从事的高雅活动,聆听她们温柔或风趣的言谈。严格的礼教把这些贵夫人和贵小姐幽禁在深闺之中,外人概不得入内。不仅我们这些好奇冒失的西方人休想一睹尊容,即便是中国人也难一见俏颜,除非她们的近亲。何处去探寻这么珍贵的细节呢? 难道不是只有从小说中去发现么? ……

中国人拥有大量的小说,其中有些是宣扬和普及民族的历史,有些是描摹社会风情和家庭习俗,有些是颂扬英雄的美德,有些是鞭笞坏人的罪恶,也有一些是讥讽无知者和傻瓜。①

这部译作不仅供上流社会的人阅读——他们可以希望借此探讨中国风俗中不太为人熟知的一个方面(即普遍的文学兴趣以及所达到的热烈程度),而且也供那些想深入研究这篇优美而令人费解的文章的人参考。②

---

① 儒莲.《平山冷燕》法译本序. 邱海婴,译//钱林森. 法国汉学家论中国文学:古典戏剧和小说. 北京:外语教学与研究出版社,2007:92-93.
② 儒莲.《平山冷燕》法译本序. 邱海婴,译//钱林森. 法国汉学家论中国文学:古典戏剧和小说. 北京:外语教学与研究出版社,2007:98-99.

这种将中国的小说视为西方读者窥探"中国人的文学趣味和习俗"的窗口的观点，直至 20 世纪，在西方学者中间也屡见不鲜。如美国学者罗溥洛（Paul S. Ropp）在其所撰的《中国小说的艺术特色》一文中写道："想要理解一个文明，可以有很多方法，其中的某一个不一定非得比另一个高明，但读小说则无疑是探究中国文明丰富内涵的最有趣的方法之一。小说作为中国的一种大众艺术形式，可以使我们了解关于平民百姓的信仰、价值观以及风俗习惯等许多情况。至迟从公元 15 世纪以来，中国的小说作家们就开始描述日常生活的细节，这给了我们关于中国人实际生活内容的最为广泛的资料。这些生活内容就是莱昂内尔·特里林（Lionel Trilling，1905—1975）所说的'富有蕴意的鸡零狗碎'。"小说是"两个文明之间进行比较的极有启发性的载体"，因为"不同的文明关于人类生活、社会和政治组织、道德的和宗教的说教，以及娱乐模式的观念，不可避免地决定着各自小说的形成的种种迹象。这些小说都是为他们各自的需要和所关心的问题服务的"。阅读中国小说"不再仅仅给予人们以娱乐，而是成了他们研究深刻的社会、伦理、哲学和心理学问题的手段"。①

首先，这一时期的西人是希望能够从文学作品中猎奇的。中国古典小说极丰富有效地承载了中国人的思想和行为，被西人视为了解中国风俗人情的一个窗口。

其次，西方人包括传教士在内是不可能进入中国的深宅大院中一探究竟的，中国小说就成了西方读者包括一些西方著名的思想家、作家对中国异域情调猎奇的主要途径，所以这是 18 世纪的西人开始选译中国古典小说的原因。如歌德就曾读过杜赫德编著的《中华帝国全志》，并对其中的来自异域的内容感慨不已："1781 年 1 月 10 日歌德《日记》里有一句奇特的叹句：'呵！文王！'"这亦是歌德读过"《中华帝国全志》第二卷的最好佐证，因在那里论到文王有十余处之多"。②

---

① 罗溥洛. 中国小说的艺术特色//罗溥洛. 美国学者论中国文化. 包伟民，陈晓燕，译. 北京：中国广播电视出版社，1994：295-297.
② 朱谦之. 中国哲学对欧洲的影响. 上海：上海人民出版社，2005：336-337.

第三节　《今古奇观》译本对 18 世纪
西方启蒙时代精神的回应

如果用一句话来总括启蒙思想最核心的本质,那就是思想自由。康德说过:"自由诚然是道德法则的存在理由,道德法则却是自由的认识理由。因为如果道德法则不是预先在我们的理性中被明白地思想到,那么我们就决不会认为我们有正当理由去认定某种像自由一样的东西(尽管这并不矛盾)。但是,假使没有自由,那么道德法则就不会在我们内心找到。"①启蒙精神的核心是人道主义或者说人本主义,其最根本的诉求就是个性的解放,"解放"和"自由"在西语中是同义词;而启蒙运动将人的存在的核心理解为意识的或思想的,因此,个性解放首先就是思想的解放与自由。除了康德,法国启蒙思想家狄德罗、卢梭等也认为自由和道德一样重要。"由此可见,对人的思想自由与解放的追求在启蒙时期始终是非常重要的。"②

自由,英文为"liberty",源于拉丁文"libertas",拉丁文"libertas"又出自希腊文"eleuthros"。在希腊文"eleuthros"出现以前,该词在原始部落氏族语言中已经有一些呈现的端倪。部分学者认为,"自由原本指自由人或自由生产者的地位或身份,与奴隶状态适成对照","自由乃指有保障且有权利的人"。③ 之后,在漫长的词汇语义演变过程中,"自由"一词被赋予了愈来愈丰富的含义,也始终没有最终的定义。历代西方哲人面对这一无法确定的哲学(包括美学)范畴生发出许多感慨,如法国启蒙思想家孟德斯鸠(Montesquieu, 1689—1755)曾说过:"没有一个词比自由有更多的

①　康德. 实践理性批判. 韩水法,译. 北京:商务印书馆,1999:2(序言注释).

②　陈婷婷.《今古奇观》:中国文学走向世界最早的典范与启示. 安徽大学学报(哲学社会科学版),2013(4):48.

③　转引自:哈耶克. 自由秩序原理. 邓正来,译. 北京:生活·读书·新知三联书店,1997:319.

含义,并在人们意识中留下更多不同的印象了。"①黑格尔也发出如此感触:"一般所谓'自由'这个名词,本身还是一个不确定的、笼统的、含混的名词,并且它虽然代表至高无上的成熟,但也可以引起无限的误解、混淆、错误,并且造成一切想象得到的越轨行动。"②英国当代自由主义思想家以赛亚·伯林(Isaiah Berlin,1909—1997)也曾说:"人类历史上的几乎所有道德家都称赞自由。同幸福与善、自然与实在一样,自由是一个意义漏洞百出以至于没有任何解释能够站得住脚的词。"③"但是,无论自由的语义有多么纷繁复杂,都有一个绝对的前提在,那就是:自由总是对人而言的,总是对人的存在状态的陈述。世间一切存在着存在物中,只有人才拥有自由,才配谈自由。"④从这个意义上说,自由的核心主旨是人的存在的自由状态。

自由在哲学中也是一个极其重要的范畴,在不同的历史时期,自由具有不同的特征、内涵和所指。在古希腊人那里,特定的地理环境、城邦制度、民主政治和相对频仍的海上贸易,形塑了他们独特的生活方式和生存形态,唤醒了他们的自由意识。如柏拉图认为,自由与真、善、美的追求是彼此相关的,他坚决不赞同随心所欲的"自由",认为"极端的自由,其结果不可能变为别的东西,只能变成极端的奴役"⑤。亚里士多德的自由观是和人生在世以及人的伦理、政治生活联系在一起的,他认为自由中包含着与人类理想的生活方式和目的相关的社会内容,具有鲜明的实践哲学意味。中世纪自由概念的主要理论特征表现在以下两个方面:一为平等与自由的结合,一为信仰与自由的结合。中世纪的自由观主要体现于经院哲学,代表人物是托马斯·阿奎那(Thomas Aquinas,约1225—1274)。他的自由观的核心要旨是和宗教信仰密切联系在一起的,上帝是最终的自由因。文艺复兴时期的自由观念,具有鲜明的人文主义、个人主义和科

---

① 孟德斯鸠. 论法的精神. 张雁深,译. 北京:商务印书馆,1995:153.

② 黑格尔. 历史哲学. 王造时,译. 北京:生活·读书·新知三联书店,1956:58.

③ 伯林. 自由论. 胡传胜,译. 南京:译林出版社,2003:170.

④ 朱立元. 西方美学范畴史(第一卷). 太原:山西教育出版社,2006:157.

⑤ 柏拉图. 理想国. 郭斌和,张竹明,译. 北京:商务印书馆,1985:342.

学主义特色。如意大利诗人但丁(Dante Alighieri，1265—1321)对自由做了人文主义的定位，把自由从神秘的天国引回到现实人间。此外，这一时期一大批著名的文学家、艺术家、思想家，以各类文体展示和赞美了个人的丰富性，表达了个人主义的自由观。文艺复兴之后，近代哲学对自由的沉思大体表现出两种新的转向：首先是从理性中寻找自由的根据，其次是从与必然性的关系中探寻自由的内涵。近代哲学认定必然性问题的解决可以获得真正的自由，弗朗西斯·培根(Francis Bacon，1561—1626)、托马斯·霍布斯(Thomas Hobbes，1588—1679)、约翰·洛克(John Locke，1632—1704)、巴鲁赫·斯宾诺莎(Baruch de Spinoza，1632—1677)等人对此都有不同角度的阐发。进入德国古典哲学时期，康德的自由观颇具代表性，这是康德思想大厦的基石，也是康德哲学体系中最富有原创性的范畴之一。康德关于自由的论断，对"物自体"做了重新定位，颠覆了传统哲学的基本信念，开启了本体论的现代转向。黑格尔的自由观念主要体现在《精神现象学》一书中，用马克思的话来讲，这是整个黑格尔哲学的"真正诞生地"①。

此外，在谢林(Friedrich Wilhelm Joseph Schelling，1775—1854)、费尔巴哈(Ludwig Andreas Feuerbach，1804—1872)等人那里也有一些关于自由的相对集中的论述。德国古典哲学真正以人自身为本体和主体对自由范畴做出了全面而完整的论述，把人提升到了自由的主体地位和本体地位，这就为自由进入美学，并成为德国古典美学的核心范畴之一创造了条件。马克思和恩格斯的自由观在美学理论上的应用，集中体现在《1844 年经济学哲学手稿》(也称《巴黎手稿》)中。该文提到，动物只是按照它所属的那个种的尺度和需要来建造，而人却懂得按照任何一个种的尺度来进行生产，并且懂得处处都把内在的尺度运用到对象上去，尤其体现在其中关于人能够把自己的尺度运用到对象上去。他们把实践理解为人的社会存在方式，把自由理解为人和实践活动的本质，从而把自由的本体之根深植于历史现实的实践中。进入 20 世纪以来，西方哲学有关自由

---

① 马克思. 1844 年经济学哲学手稿. 刘丕坤，译. 北京：人民出版社，1979：112.

理论的探讨突破了康德、黑格尔关于自由的原有理论框架,开始了新的理论转向,主要体现在以下几个方面:其一,从理性自由观转向非理性自由观;其二,类的自由转向个人自由;其三,乐观的自由转向悲观的自由。其中,尤以叔本华、法兰克福学派(尤其是弗洛姆的自由理论)、海德格尔、萨特等人的自由理论最具代表性。20世纪西方哲学中有关自由的探讨异彩纷呈,但总体思路不再走传统哲学的纯心灵方向,而是走向感性人生的领地;不再囿于自由与必然的认识论框架内探究自由,而是在人的感性的当下生存中探求自由。

通过简单梳理有关"自由"范畴发展的历史脉络,可以初步认定,哲学上的"自由"范畴绝非某一种固定模式所能包容,不同的哲学分支和层面都进行着对"自由"范畴的思考,得出的结论也不尽相同,但有一点是可以肯定的,本体(ontology)是自由的根基,唯有"自由"的本体论思考才能确定"自由"的本体内涵。对于研究和思考"自由"范畴而言,本体论的方法视野远比认识论的方法视野重要,认识论和必然性框架内的"自由"内涵并非"自由"的全部和完整内涵。

中国明清之际的文艺,历经了明代中后期带有浓郁人文主义色彩的个性解放思潮和清代初期尊儒谈经、经世致用等实学思潮。与之相对应的是,在文艺上出现了肯定个人私欲和追求个性自由的文学运动,代表人物有李贽、徐渭和"公安三袁"(袁宗道、袁宏道和袁中道)等。他们主张追求个性解放、追求自由人格等。这种对自由人格的追求在文艺作品的人物形象塑造上最主要的表现如下:

一是人物形象的率真。这是人的自然本性不加掩饰的流露,是一种没有受到任何社会伦理束缚的本性。赞许这种观点的文人们提出文学要写"童心"和"真人"。如黄宗羲、王夫之等人的一些观点都与抒写"童心"和"真人"的文学理想相一致,体现出提倡自由、主张个性解放的人格理想。明清文学史的画廊里,留下了诸如爱好尚美的杜丽娘、嗜花喜笑的婴宁、洁身自好的王冕、冲破封建闺范的林黛玉等一系列具有率性而为的风度、自然恬淡的韵致,反对理学束缚,追求个性自由的人物形象。①

二是秉承魏晋风度并更多地融入时代风貌的"狂放",敢于冒险、善于开拓、热衷于逐利的"进取性"。这些都是明清之际市井文学作品的人物形象中常见而典型的自由人格体现。

例如,《庄子休鼓盆成大道》讲述的就是庄子抛开世俗烦恼、追求逍遥与自在的故事。这也极可能是译者在众多古典小说中对它青睐有加的原因。在中国古典小说西传最早的译本中,也可以窥见对于自由、理性精神的追求。杜赫德《中华帝国全志》中选译的《今古奇观》三篇小说的译文,对于诗词的译介十分罕见。笔者发现,这与19世纪的一系列中国古典小说译本往往省略小说入话部分的做法明显不同。所以,在18世纪最早期的中国小说译本中,如果译者将诗词努力地翻译出来,则往往具有特别的研究价值。"在《庄子休鼓盆成大道》里译者将入话部分的诗词——要人割断迷情、追求逍遥自在的劝世之言《西江月》用增译法全部译出。"②

《庄子休鼓盆成大道》译文开头将这篇小说列为"Another Novel"③,并随后增加了说明:Tchoang tse, after the Funeral Obsequies of his Wife, wholly addicts himself to his beloved Philosophy, and becomes famous among the Sect of Tao. The Chinese Author's Preface.④(【回译】庄子在他妻子的葬礼之后,全身心地投入到他所热爱的哲学中去,并且成为道教的著名人物。下面是中国作者的前言。)而这些说明是原文没有的。

《庄子休鼓盆成大道》开头的词为:

---

① 王忠阁. 明清之际文学中的自由人格理想. 信阳师范学院学报(哲学社会科学版),1988(3):37.
② 陈婷婷.《今古奇观》:中国文学走向世界最早的典范与启示. 安徽大学学报(哲学社会科学版),2013(4):48.
③ Watts, J. *The General History of China* (*Vol. 3*). London,1736:134.
④ Watts, J. *The General History of China* (*Vol. 3*). London,1736:134.

【原文】富贵五更春梦，功名一片浮云。

眼前骨肉亦非真，恩爱翻成仇恨。

莫把金枷套颈，休将玉锁缠身。

清心寡欲脱凡尘，快乐风光本分。

这首《西江月》词，是个劝世之言，要人割断迷情，逍遥自在。且如父子天性，兄弟手足，这是一本连枝，割不断的。①

【译文】The Riches and Advantages of this World are like an agreeable Dream of a few Moments；Honour and Reputation are like a bright Cloud that is soon dissipated；even the Affection of those who are united by the Ties of Blood is often nothing but a vain Shadow；the most tender Friendship often changes to a deadly Hatred；let us not be pleased with a Yoke because it is Gold，and with Chains because they consist of Jewels；let our Desires be reasonable，but especially let them be moderate；let us free our selves from too great an Attachment to the Creatures，for it is like taking up a handful of Sand；let us look upon it as the principal Point to preserve our selves in a State of Liberty and Joy，which is independent. ②

【回译③】这世上的富贵好比宜人的美梦。名利似薄云瞬间即散，甚至用血缘连接的感情也空空如也，最深厚的友谊也常转变为生死对头。让我们不要为了枷锁而高兴，即使它是金子铸成的；也不要为了锁链而雀跃，即使它是由珠宝所装饰的。让我们的欲望理性一点，欲望尤其要适度，让我们从对金钱的依附中解脱出来吧，它就似从指

---

① 抱瓮老人. 今古奇观. 上海：上海古籍出版社，2005：230. 为节约篇幅，本章后文引用时将在引文后括注页码，不再另加脚注。

② Watts, J. *The General History of China*（*Vol. 3*）. London，1736：134. 引文照录原文，对一些拼写及大小写均不做改动，下同。为节约篇幅，本章后文引用时将在引文后以"（卷. 页码）"的形式括注，不再另加脚注。

③ 本书的所有回译均由笔者完成。

缝流走的黄沙,最重要的一点是要保持自由和快乐。

在同篇故事的结尾,译本将"庄子鼓盆倚棺作歌"以及烧毁棺木与房屋的结尾删去不译,仅强调了他云游四海的大结局。

【原文】这倒是真死了。庄生见田氏已死,解将下来,就将劈破棺木盛放了她,把瓦盆为乐器,鼓之成韵,倚棺而作歌。歌曰:

大块无心兮,生我与伊。我非伊夫兮,伊非我妻?偶然邂逅兮,一室同居。大限既终兮,有合有离。人之无良兮,生死情移。真情既见兮,不死何为?伊生兮拣择去取,伊死兮还返空虚。伊吊我兮,赠我以巨斧;我吊伊兮,慰伊以歌词。斧声起兮我复活,歌声发兮伊可知?噫嘻,敲碎瓦盆不再鼓,伊是何人我是谁!

庄生歌罢,又吟诗四句:

你死我必埋,我死你必嫁。我若真个死,一场大笑话!

庄生大笑一声,将瓦盆打碎。取火从草堂放起,屋宇俱焚,连棺木化为灰烬。只有《道德经》《南华经》不毁。山中有人检取,传流至今。庄生遨游四方,终身不娶。或云遇老子于函谷关,相随而去,已得大道成仙矣。诗云:

杀妻吴起太无知,荀令伤神亦可嗤。

请看庄生鼓盆事,逍遥无碍是吾师。(236)

【译文】Tchouang tse finding her in that condition cut her down, and without farther trouble mended his old Coffin and laid her in it, from whence she had not the good Luck, like her Husband, to return.

After this Tchouang tse took a Resolution to travel, determining never to marry again; in his Travels he met with his Master Lao tse, to whom he was attach'd the rest of his Life, which he spent agreeably in his Company. (3.154-155)

【回译】庄子发现田氏已死,便将她从绳子上解下来,没有再费心为她好好入殓整理,直接把她放进了他原先躺过(却被田氏

劈开的)旧棺材之内。田氏没有那么好的运气,能像她的丈夫庄
子那样复活。

  这之后庄子下决心去游山玩水,而没有再婚;在云游途中遇
到他的导师老子,于是追随其终生。

  首先,此处译文的内容易于让西方读者产生追求思想自由的联想,引
起共鸣。实际上,在中国小说中不会有西方文学的命运悲剧观,甚至可以
说中国没有悲剧,只有"苦情",所谓的"tragedy"(悲剧)只是西方译者的一
种"调适"理想。对于中国古典小说体现出来的儒家和道家的思想,西方
学者认为:"儒家和道家都把客观世界看成是和谐的、均衡的和周而复始
的,这一点也阻碍了悲剧文学的发展。儒家强调万物中庸,而道家认为凡
事物极必反,盛极必败,富极必穷,任何德行如果走向极端也会变成邪
恶。"①死亡是生命自然的一部分,不必为之哀痛。对儒家来说,死亡使人
悲伤,但为的是永别,而不是恐惧和痛惜;而哀痛死亡恰恰是希腊悲剧的
特点。一些史学著作成为中国小说乐观主义和道德说教主义的重要来
源,这些史学著作也表现出中国早期文明中鲜明的乐观主义态度。现代
西方批评家们认为:"这一深刻的哲学乐观主义态度对于西方读者而言是
中国小说传统中最不受欢迎的东西。"②

  其次,考察中文小说底本中对庄子和妻子田氏的刻画,我们可以发
现,小说人物的身上并不是非此即彼的善与恶,而是有一定的善恶交织现
象,正确与错误、好与坏、善与恶皆而有之的人物才具有普遍的人性,也只
有这样的角色才更容易在西方世界得到读者广泛的接受和认同。虽然早
期被传教士带到西方的中国小说都被赋予一种道德目的,但如果想要吸
引并保持西方读者的兴趣,恰需要"与儒家的伦理乐观主义背道而驰。就
如托尔斯泰在《安娜·卡列尼娜》开头所说的:'幸福的家庭都是相似的,
不幸的家庭则各有各的不幸。'美德因其使人一看就知道结局而不幸地很

---

① 罗溥洛.中国小说的艺术特色//罗溥洛.美国学者论中国文化.包伟民,陈晓燕,
  译.北京:中国广播电视出版社,1994:299.
② 罗溥洛.中国小说的艺术特色//罗溥洛.美国学者论中国文化.包伟民,陈晓燕,
  译.北京:中国广播电视出版社,1994:298-299.

乏味,邪恶则有千变万化,使人着迷。因此,中国的小说作家从未把自己束缚于正经体面的围篱之内。对性、暴力、阴谋和冒险故事,在中国与在其他所有地方一样有着广泛的一睹为快的读者"①。

最后,译文并没有像原文一样处理,译介并没有体现出类似庄子"以牙还牙"的行为,将"庄子鼓盆倚棺作歌"以及烧毁棺木与房屋作为故事的结尾。因为这样的结局并不符合 18 世纪译介中国小说所追求的道德教化功能,如同伏尔泰对中国文化的极端赞美,首先就是赞美孔子的"己所不欲,勿施于人",也很赞同儒家的"子不语怪力乱神""有教无类"等观点。伏尔泰曾说:"我读孔子的许多书籍,并作笔记,我觉着他所说的只是极纯粹的道德,既不谈奇迹,也不涉及虚玄。"(I have read his books with attention; I have made extracts from them, I found that they spoke only of the purest morality. He appeals only to virtue, he preaches no miracles, there is nothing in them of ridiculous allegory.)②所谓不以牙还牙,不抱怨命运,这与《圣经》宣传的顺从与坚忍别无二致;而舍财济人的自我牺牲精神也是基督教称颂的美德。"庄子鼓盆倚棺作歌"以及烧毁棺木与房屋的结尾,不仅没有体现出西方人心目中儒家道德的"以直报怨,以德报德"的品质,而且译文也没有强调庄子得道成仙等情节,这也是与此时西方人所推崇的"子不语怪力乱神""有教无类"等儒家观点相吻合的。

译文也体现出了启蒙时期对"理性"精神的追求,而理性正是启蒙时期所提倡的精神。康德曾宣称:"我们的时代是真正的批判时代,一切都必须经受批判。通常,宗教凭借其神圣性,而立法凭借其权威,想要逃脱批判。但这样一来,它们就激起了对自身的正当的怀疑,并无法要求别人不加伪饰的敬重,理性只会把这种敬重给予那经受得住它的自由而公开的检验的事物。"③用康德对启蒙的定义是:"启蒙就是人从他咎由自取的

---

① 罗溥洛. 中国小说的艺术特色//罗溥洛. 美国学者论中国文化. 包伟民,陈晓燕,译. 北京:中国广播电视出版社,1994:298.

② 转引自:朱谦之. 中国哲学对欧洲的影响. 上海:上海人民出版社,2005:290-291.

③ 康德. 纯粹理性批判. 邓晓芒,译. 北京:人民出版社,2004:3(序言注释).

受监护状态走出。受监护状态就是没有他人的指导就不能使用自己的理智的状态。"①此处仅举两例即可论证。在《庄子休鼓盆成大道》译文中,译者将原文劝人追求"理智"的入话部分进行了修改:

【原文】若论到夫妻,虽说是红线缠腰、赤绳系足,到底是剜肉粘肤,可离可合。常言又说得好:"夫妻本是同林鸟,巴到天明各自飞。"近世人情恶薄,父子兄弟倒也平常,儿孙虽是疼痛,总比不得夫妇之情。他溺的是闺中之爱,听的是枕上之言。多少人被妇人迷惑,做出不孝不弟的事来。这断不是高明之辈。(230)

【译文】As for what relates to Man and Wife they are united together by Sacred Ties, and a Divorce or Death often dissolve this Union: This we are taught by the Proverb which says, *Husband and Wife are like Birds of the Field, in the Evening they meet in the same Bush, and separate in the Morning*: Yet it must be own'd there is much less to be fear'd from the Excess of Paternal Affection than Conjugal Love; the latter is nourish'd and grows secretly by mutual Endearments and reciprocal Confidence, insomuch that it is no uncommon thing for a young Wife to become Master of her Husband, from whence proceeds the Coldness of the Son to the Father: These are gross Faults, from which Men of Sense know how to preserve themselves. (3.134-135)

【回译】如果说丈夫与妻子是由神圣的关系联系在一起的,可是离婚或者是死亡还是可以将这种结合分开,就如同俗语说的那样:丈夫和妻子如同林中的鸟儿,傍晚在同一树丛中相遇,天明便会分开,父子之间的情谊往往敌不过夫妻之间的感情。后者是在相互的爱慕和相互尊重的基础之上滋养和生长的,因此并不少见年轻的妻子能够驾驭丈夫,使他们淡漠了对儿子或父亲的感情,这是非常不对的,有判断力的人都要防止这一点。

---

① 康德. 康德著作全集(第8卷). 北京:中国人民大学出版社,2010:40.

【原文】如今说这庄生鼓盆的故事,不是唆人夫妻不睦,只要人辨出贤愚,参破真假,从第一着迷处,把这念头放淡下来,渐渐六根清净,道念滋生,自有受用。昔人看田夫插秧,咏诗四句,大有见解。诗曰:"手把青秧插野田,低头便见水中天。六根清净方为稻,退步原来是向前。"(230-231)

【译文】Upon this Subject I shall give a Sketch of the Life of the famous Tchouang tse, but I solemnly declare that it is with no Intention to weaken the Union between Man and Wife, my only Design is to shew that we ought to be careful in distinguishing between true and false Merit, in order to regulate our Affections; and as it is very dangerous to be a Slave to a blind Passion, it is likewise of great consequence to our Repose to keep within the Bounds of Moderation; generally speaking those who constantly strive to subdue their Passions will at length become Masters; then Wisdom will be their Portion, and a calm and serene Life will be the Fruit of their Labour: But let us come to the History. (3.135)

【回译】下面我将讲述著名的庄子的生平故事,我郑重地宣布我并无意破坏别人夫妻间的感情,我仅是想表明,我们应该仔细区分真的和假的美德,以管理好自己的情感,成为盲目的感情的奴隶是很危险的。让心态平静,保持在一个适度的范围之内也是同样重要的。通常而言,能够始终如一努力克制激情的人最终会成为自己的主人,智慧将会变成他们的一部分,平静的生活将成为他们丰勤劳动的果实,下面让我们进入这段历史故事。

译文将"诗曰"之后的诗词内容省略了,并称其为"history novel",其他则全部译出。译文从异域视角的思考如同阿根廷文学家博尔赫斯(Jorge Luis Borges,1899—1986)在解读《红楼梦》时把它归为幻想小说一样,提供了一种对中国本土文化而言完全"陌生化"①的解读,给出了一些完全有

---

① 陈众议. "陌生化"与经典之路. 中国比较文学,2006(4): 12.

别于本土读者的观点。但是,中国的小说最初正是在"夺他人之酒杯,浇自己之块垒"的"误读"行为中走出去的。这种"误读"正是巴赫金(Mikhail Bakhtin, 1895—1975)对文学理解的"外位性习惯":"在文化领域中,外位性是理解的最强大的推动力。别人的文化只有在他人文化的眼中才能较为深刻地揭示自己。"①不同含义之间仿佛开始了对话,方能显现出自己的深层底蕴。在《怀私怨狠仆告主》中,一些人物展现了理性和智慧。如在衙门里:

【原文】胡阿虎叩头道:"青天爷爷,不要听这一面之词。"(347)

【译文】Hou the Tiger, striking his Forehead against the Ground, said, Sir, as you act in Heaven's stead, I conjure you not to regard what this Learned Person has said, who has an excellent Talent at counterfeiting. (3.176)

【回译】胡阿虎不停地跪在地上叩头说道:"大人您是代表着'天'行事,我恳求你不要被这饱学之士骗了,他非常聪明,最擅长欺骗。"

对原文人物对话的增译,使得人物性格展现得非常详细,并且通过反面人物胡阿虎的话凸显了王生的饱学与聪慧。

当吕客人出面为王生作证时,

【原文】知县道:"莫非你是刘氏买出来的?"(350)

【译文】But, said the Mandarin, has not this Woman prevailed upon you by Mony to give this Evidence? (3.184)

【回译】知县说道:"难道这个女人用钱收买了你让你做伪证?"

一语就体现了人物的理性,不为一面之词所迷惑。

【原文】此时知县心里已有几分明白了,即便批准诉状,叫起这一干人分付道:"你们出去,切不可张扬。若违我言,拿来重责。"众人唯唯而退。知县随即唤几个应捕分付道:"你们分密访着船家周四,用

---

① 钱中文,译. 巴赫金答《新世界》编辑部问//巴赫金. 巴赫金全集(第四卷). 石家庄:河北教育出版社,1998:410.

甘言美语唤他到此,不可说出实情。那原首人阿虎自有保家,俱到明日午后带齐听审。"(350-351)

【译文】The Mandarin began to perceive how the Matter really was, and determined to take the Examination in a judicial manner; after which he commanded them to withdraw, charging them not to say a Word of what had passed under severe Penalties; upon which they promised to obey him, and left the Audience.

The Mandarin gave orders to some of the Officers to inform themselves secretly where the Waterman Tcheou se lived, and to amuse him with false hopes that he might come directly to the Tribunal without having the least Suspicion at the Business in hand; As for Hou the Tiger, who had given in the Accusation, as he had a Person bound for him he was easy to be found; the Order was that they should both be brought into Court in the Afternoon. (3. 185)

【回译】知县开始察觉到事情的真相是怎样的,并且打算用审判的方式来处理这件事,并且吩咐众人离开且不得说出刚刚发生的事的一个字,否则即要遭受严厉的处罚。众人表示服从才都离开了衙门。

知县命令几名捕快,秘密地去探访船家周四,把他哄骗到衙门里来,并让他不起半点疑心,至于胡阿虎,他是原告而且又有人为他担保,找到他并不难。这两个人都要确保在今天下午带至衙门。

这段描写充分体现出人物角色的理性和机智。

当真相大白时,

【原文】知县将两人光景,一一看在肚里了,指着胡阿虎大骂道:"你这个狼心狗行的奴才! 家主有何负你? 直得便与船家同谋,觅这假尸,诬陷人命?"(351)

【译文】The Mandarin, perceiving the Embarassment and

Concern of these two Villains，took about a moment for Consideration，then holding his Hand towards Hou the Tiger，Thou Dog of a Slave，said he to him，what has thy Master done to thee that thou should'st contrive his Ruin with the Waterman，and invent so black a Calumny? (3. 187)

【回译】知县把周四与胡阿虎这两个罪人的窘迫与担心全都看在眼里，想了一会，用手指着胡阿虎喝道："你这个狗奴才，你的主人对你怎么了，你竟然与船家周四合伙设计想置他于死地，而且想出这么恶毒的诽谤？"

译文一方面体现出县令的理性；另一方面，把"你这个狼心狗行的奴才"译为"Thou Dog of a Slave"，更符合西方的理解习惯，因为"狗"的意义在西方文化中与中国文化中的寓意并不相同。"狗"在西方文化中更多的是代表忠诚和友善；在西方文化中，当某人交了好运，人们在庆贺他时会说"You are a lucky dog"(你真是一条幸运的狗!)，又如当感到很疲惫时，会说"as dog-tired"(像狗一样累坏了)，等等。①

【原文】知县大喝道："你这没天理的狠贼! 你自己贪他银子，便几乎害得他家破人亡。似此诡计凶谋，不知陷过多少人了，我今日也为永嘉县中除了一害! 那胡阿虎身为王家奴，拿着影响之事，背恩噬主，情实可恨! 合当重行责罚。"当时喝教："把两人扯下，胡阿虎重打四十；周四不计其数，以气绝为止!"(352)

【译文】The Mandarin raising his Voice, How, audacious Wretch! said he, canst thou expect Favour when thy Passion for another Person's Wealth has brought him within a Hair's breadth of his Destruction? this Design was laid too deep to be the first Trial of your Skill, 'tis not unlikely that many others may have perished by such-like Contrivances; it is my Duty to free the City from so

---

① 谢天振. 译介学. 上海：上海外语教育出版社,1999：182-183.

dangerous a Plague.

As for Hou the Tiger, that unnatural Slave, who forgetting the Benefits he received from his Master, has contrived his Destruction, he deserves to be severely punished; at the same time he ordered the Executioners to take the two Villains, and laying them on the Ground, to give Hou the Tiger forty blows with the Battoon, and to bastinadoe Tcheou se till he expired under the Blows. (3.190)

【回译】知县提高了嗓门,说道:"你这个胆大妄为的恶棍,你怎么可以为了贪图他人的财产而将他人置于死地? 你的计谋如此之深,不知道还有多少人因为诸如此类的诡计而丧命。为城中除此一害,我义不容辞。"

"至于胡阿虎你这个违背人伦的奴才,忘了你主人曾经给过你的恩惠,而设计陷害于他,理应受到最严厉的惩罚。"同时吩咐行刑人将两个罪人拖到地上,判胡阿虎四十板,而判周四杖责致死。

这里县官对案情和人物的分析,与同一时期启蒙文学的哲理小说有相似之处,体现了小说人物的理性精神。

关于文学的功用和功能,古希腊的柏拉图、亚里士多德,以及古典主义时期的康德、黑格尔都做过明确的论证,并如上文所述,道德在启蒙时代是一个备受强调的词汇。康德的《纯粹理性批判》标志着启蒙运动所达到的最高成就,其"道德宗教论"就曾经论证了道德与上帝信仰之间密不可分的联系:"现在,对于我们来说,促进至善本就是义务,因而预设这种至善的可能性就不仅仅是权限,而且也是与作为需要的义务相结合的必然性;既然至善唯有在上帝存在的条件下才是成立的,所以上帝存在的预设就与义务不可分割地结合在一起,也就是说,假定上帝的存在,在道德上必然的。"[1]其论证简言之就是,人的道德与幸福应当是统一的,德性会带来幸福,幸福也源于道德。德性完美的人,本身也是幸福的。只有这

---

[1] 康德.康德著作全集(第5卷).北京:中国人民大学出版社,2005:132-133.

样,"造成幸福"与"配享幸福"才可以一致。正如狄德罗喜欢用"乐善好施"来概括人的本性、予道德以标准一样,狄德罗对主动助人者高度称赞,认为其具有善良之心;他还主张人们要自觉按照道德标准约束自我,不道德的行为必将受到谴责和惩罚,同时对他人要保持应有的尊重。他反复强调尊重他人的重要性,而他人的谴责则是所有人都会感受到的制约力量。

在对待中国典籍和小说的译介和西传方面,道德教化功能也是最受强调的一点,甚至可以说,18世纪的西方人对中国人的道德观要比对文学更敏感。早在17世纪,最早来华的耶稣会士就在寄回西方的信件中对儒家的道德大加赞扬。18世纪,西方正值社会转型时期,其面临的基本问题之一就是社会道德问题。从前的道德体系是以神权的绝对权威为基石的,但是当神权期望被颠覆时,建立一套"独立于宗教体系之外又能有效维系社会秩序的社会道德体系"①,是启蒙思想家们冥思苦想的重要问题。当时西方的战争频仍、社会的动荡起伏使解答这一问题显得更加急切。而来自中国的道德有着非宗教性的特征,而且这些有着非宗教性特征的道德"在反映社会生活的文学作品中得到生动展现,比教条式的儒学经典更通俗明白和富有感染力"②。

中国文学作品,尤其是小说和戏曲中的道德因素引起了西方启蒙思想家的关注。这些来自中国的文学作品的"道德因素"被西方学者用来针砭欧洲社会道德的凋敝。例如,除了《今古奇观》中的几篇小说译文,还有《赵氏孤儿》和《好逑传》等,对西方人而言有点像中国的儒家那样起着道德教化的作用。伏尔泰对中国小说在道德方面的教化作用就十分推崇。关于道德教化的目的与功能——这种西方人从自身需求出发对中国古典小说的"误读",在本书研究的译本中几乎随处可见。

如《吕大郎还金完骨肉》的译文省去了第一个小故事"金员外行恶拆散一家骨肉",直接译介主体故事部分,并且将《吕大郎还金完骨肉》主体

① 王立新. 美国传教士与晚清中国近代化. 天津:天津人民出版社,2008:214.
② 张国刚,吴莉苇. 启蒙时代欧洲的中国观:一个历史的巡礼与反思. 上海:上海古籍出版社,2006:215.

故事的入话部分译出。

【原文】如今再说一个人，单为行善上周全了一家骨肉。正是：

善恶相形，祸福自见。戒人作恶，劝人为善。(365)

【译文】The following Example shews that the Practice of Virtue renders a Family Illustrious. (3. 114)

【回译】下面的例子说明了行善使得一个家庭变得杰出。

但接下来的文字出现了误译，将原文的"小户人家"(365)译成了"A Family in a moderate Condition"(3. 114)(【回译】中等条件的家庭)。

而这种以精辟的主题句或警句、格言的形式开篇的方式与 18 世纪的小说比较相似，并且这段译文也强调了启蒙时代对中国古典小说译本中道德教化功能的要求。

在《吕大郎还金完骨肉》中谈到吕玉延期不归的原因时，

【原文】及至到了山西，发货之后，遇着连岁荒歉，讨赊账不起，不得脱身。吕玉少年久旷，也不免行户中走了一两遍，走出一身风流疮。服药调治，无面回家。挨到三年，疮才痊好，讨清了账目。那布商因为稽迟了吕玉的归期，加倍酬谢。吕玉得了些利物，等不得布商收货完备，自己贩了些粗细绒褐，相别先回。(365)

【译文】Hardly were they arrived in the Province of Chang Si but every thing succeeded to their Wishes; they had a quick Sale for their Merchandizes, and the Profit was considerable; The Payment, which was deferred on account of two Years Famine that afflicted the Country, and a tedious Distemper wherewith Liu was seiz'd, kept him three Years in that Province; after he had recovered his Health and his Mony he set out in order to return to his own Country. (3. 115)

【回译】他们刚刚到山西省，一切都顺利如愿；他们很快卖掉了货物，并且利润可观，但是由于山西已两年都发生饥荒，所以货款一直延期未付。而吕玉又不幸感染上瘟热，治了很久。一直到第三年身体才完全康复,钱也拿到,才返回家乡。

原文中的"行户"即古代的"妓院","风流疮"即古代的"花柳病""杨梅疮"。这与 18 世纪译介中国古典小说以达到道德教化的功能是格格不入的,亦与西方的基督教信仰相违背,故而采用改译,将吕玉逛"行户"染上了"一身风流疮"改为"染上瘟热"。同样,在后文亦将"疮毒"一词进行了改译。

【原文】吕珍道:"一言难尽。自从哥哥出门之后,一去三年。有人传说哥哥在山西害了疮毒身故。"(368)

【译文】When you had been three Years absent from your House we had News that you died of a Disease in the Province of Chan Si.(3.125)

【回译】你三年未归,我们听说你在山西省染病病故了。

在《怀私怨狠仆告主》中,译者将原文的入话部分译为"The Preface"(3.155-158),将两个独立的小说译为"The History"(158-166)与"Another History"(167-192),并将故事开头符合中国古典小说的习惯用语"话说杀人偿命""说话的,你差了""看官不知"(341)等都删去了。

在第一个小故事,即译文的"The History"中:

【原文】却说王甲得放归家,欢欢喜喜,摇摆进门。方才到得门首,忽然一阵冷风,大叫一声,道:"不好了! 李乙哥在这里了!"蓦然倒地,叫唤不醒。霎时气绝,呜呼哀哉。有诗为证:

胡脸阎王本认真,杀人偿命在当身。

暗中假换天难骗,堪笑多谋邹老人。(343)

【译文】One may judge how great the Joy of Ouang kia was; he returned to his House, as it were in Triumph, in the midst of the Acclamations of his Relations and Friends, walking along in a proud and haughty manner; but as he was ready to enter his own House he was all on a sudden struck with a blast of cold Wind and cried out with all his might, I am lost! I perceive Li y, he threatens me, he falls upon me! as he uttered these last Words he fell senseless on the Ground，and expired in an instant：A dreadful an terrible Example！a great Lesson！there is no deceiving Tien. （3.166）

【回译】可以想象王甲是多么欢天喜地,他回到家里,像胜利了一般,在亲戚和朋友们的欢呼声中,以一种桀骜不驯的方式走进家门。不过,王甲前脚才跨进家门,就有一阵冷风向他袭来,他用尽力气哭喊起来:"我迷路了,我发现李乙了! 他正在威胁我,他正扑向我!"当他发出最后一个字的时候,已经倒地失去了知觉,即刻便断了气。这是一个极严重的生死的教训! 多么好的一课呀,没有人能骗得了天!

译文将原文的诗文完全省略了,但是对王甲"恶有恶报"而死的情景叙述得十分细致,强化了小说的道德教化功能;并且如上文所述,这与同期西方传统小说结局的基本模式"好人得报,坏人受罚"相似。

译文将《怀私怨狠仆告主》的主体故事拆开,将第二个历史故事译为"Another History",并将此故事前的入话部分完全译出,但是诗文部分删去。

【原文】前边说的人命是将真做假的了。如今再说一个将假作真的。只为些些的小事,被奸人暗算,弄出天大一场祸来。若非天道昭昭,险些儿死于非命。正是:

福善祸淫,昭彰天理。欲害他人,先伤自己。(343)

【译文】You have just seen how a guilty Person pass'd for innocent；the following Example will be an innocent Person treated as guilty：In this second History the Craft and Artifices of a wicked Man bring a poor Scholar into a dreadful Series of Misfortunes and doubtless without the Providence of Tien，who at last cleared up the Truth，the innocent Person would have lost his Life.（3.167）

【回译】你在前面已经读到有罪之人如何装作无罪蒙混过关,下面一个例子则是讲述无罪的人被认为有罪的故事:在这第二个历史故事中,一个恶人用欺骗的手段和诡计把一个可怜的读书人卷入一场涉及生死的不幸中,并且毫无疑问如果最后不是上天替他澄明了真相,他必死无疑。

又如同篇译文中的:

【原文】大抵为人最不可使性,况且这小人买卖,不过争得一二个钱,有何大事?常见大人家强梁僮仆,每每借着势力动不动欺打小民,到得做出事来,又是家主失了体面。所以有正经的,必然严行惩戒。(344-345)

【译文】To say the truth one ought never to be in Passion, especially with People who get their Livelyhood by dealing in Trifles, a Mite or two can never be worth hagling about; and yet it is very common to see Servants sheltering themselves under their Master's Authority, affront and abuse People to the discredit of their Masters, who are often brought into Trouble by that means; but prudent Persons give such strict Orders that all Inconveniencies of this kind are prevented. (3.168)

【回译】这里有个真理:人不应该冲动,尤其是和那些做点小生意讨生活的人,为了一点两点的小利不应大动干戈。常见那些仆人依仗着主人权威的庇护,就当众羞辱和辱骂别人,不仅会令主人蒙羞,更会给主人带来麻烦。而谨慎的人总是对诸如此类的事十分小心和警惕,这样一来诸多不便便可以避免。

此处译文明显强调了中国古典小说的道德教化功能。同篇小说中,刘氏从狱中探望丈夫归来后,

【原文】僮仆们自在厅前,斗牌耍子。(349)

【译文】Mean while the Servants were in a lower Room in the forepart of the House, where they were endeavouring to dispel their Melancholy. (3.181)

【回译】此时,仆人们正在堂屋前的矮房子内娱乐,以驱散心中的忧郁。

译文将"斗牌耍子"仅译为"娱乐",和上文《吕大郎还金完骨肉》的译文中删去"娼妓""行户"等词汇的处理方法一样,赌博的词汇也在中国古典小说西传译本中被删除了。

而译文谈到胡阿虎"恶有恶报",受到应有的惩罚之后:

【原文】不想那阿虎前日伤寒病未痊,受刑不起。也只为奴才背主,天理难容,打不上四十,死于堂前。周四直至七十板后,方才昏绝。(352)

【译文】They did not know that Hou the Tiger had just got over a dangerous Disease, and consequently was not in a condition to undergo the Punishment; but the Justice of Heaven would no longer suffer this treacherous Slave, for he expired on the Pavement before he had received his number of Blows; Tcheou se did not die till he had received seventy. (3.190)

【回译】他们并不知道胡阿虎才刚刚得了一场很危险的病,并未痊愈,所以经不起四十板的杖责,公平的上天难容这般背信弃义的恶人,所以他趴在地上不到四十板杖责就气绝身亡了;而周四一直挨了七十板才死。

这里强化了"善有善报,恶有恶报"的道德教化功能,胡、周两人都在作者巧妙的安排之下,受到了应有的处罚。而在此之后:

【原文】王生自此戒了好些气性,就是遇着乞儿,也只是一团和气。感愤前情,思想荣身雪耻,闭户读书,不交宾客,十年之中,遂成进士。(352)

【译文】From this time forward Ouang learnt to moderate the Heat of his Temper, and to restrain his natural Impetuosity; if he met a poor Man who asked an Alms, or desired any Service, he received him with an Air of Affability, and shew'd his readiness to assist him；in short he came to a Resolution to labour in good earnest to attain his Degrees，and to obliterate the remembrance of this fatal Accident；he applied himself constantly to his Books，had little Commerce with the World，and lived in this manner for the space of ten Years，after which he was raised to the Degree of Doctor.（3.191）

【回译】从此以后，王生学会了调和他脾气中的火爆，并且克制他与生俱来的急躁，如果遇到一个穷人向他要救济或者寻求帮助，他会一团和气地接待他。很快地也下决心要用功苦读以考取功名，以抹除那段灾难性意外给他留下的记忆。他从此不断用功读书，很少与外界联系，花费了十年的时间，终于取得了博士学位。

这里，译文将原文的内容细化，强调了道德教化。中国古典小说的西传译本很早就意识到"科举"在中国社会中的重要性，上例中将"遂成进士"译为"was raised to the Degree of Doctor"（【回译】取得了博士学位）。早期的西方人对中国的"科举制度"的重要性已有一定的认识，如雷慕沙曾在法文版《玉娇梨》序言中对中国的科举制度做过高度评价。他认为，通过科举制度进行人才选拔，既在一定程度上做到比较客观和公正，也有利于从社会层面选拔寒门子弟，显然会对欧洲的人才选拔制度等产生很大影响。

在《怀私怨狠仆告主》的结尾，译文将诗文省略后，不仅把"为官要为民做主"的部分全部译出，还增添了适当的议论，再次强调了小说译本的道德教化功能。

【原文】所以说为官做吏的人，千万不可草菅人命，视同儿戏。假如王生这一桩公案，惟有船家心里明白。不是姜客重到温州，家人也不知家主受屈，妻也不知丈夫受屈，本人也不知自己受屈，何况公庭之上，岂能尽照覆盆？慈祥君子，须当以此为戒。（352）

【译文】There is a great deal of reason to say，that Magistrates and Officers of Justice are obliged to regard the Life of a Man more than that of a contemptible Plant, and that they are highly culpable when they are as careless in examining a Process as if they assisted at the Disputes of a Company of Children that are at play: Nothing ought to be done precipitately; as for example in the Cause of Ouang, the main point was to penetrate into the Fetches and Artifices of the Waterman; if the Dealer in Ginger had not happily arrived at Ouen tcheou, and if thro' too much Precipitation they had not waited for his Arrival, the Slave who had accused his Master would not have thought he had slandered him; the Wife would not have imagined her Husband had been innocent of the Murder, and the accused Person himself would not have known he had been unjustly oppressed; much less could the Judge have had the least Knowledge of the matter, for it was impossible for him to penetrate into things concealed with so great care: Let benevolent Magistrates, as they ought, have the same Compassion for the People as the Father has of his Children, and they may learn from the Story both in what manner they ought to conduct themselves, and what Faults they should avoid. (3. 191-192)

【回译】总之，无论是做官还是做吏，都不能轻率地草菅人命，要重视每一个个体生命。断案如果像调解小孩玩闹时产生的口角一样的话，当难辞其咎，因为任何事都不能轻率处之。在王生这件公案里面，只有当时的船家亲身经历，心里明白，如果不是卖姜的客人重新到温州说起，人们在他到来前就草率下结论，仆人根本不知道主人蒙受的遭遇，妻子也根本不知道自己丈夫遭受的冤屈，即使主人本人也不清楚，更不用说法官对这件事一无所知了，因为他看不到被精心隐藏的东西。仁慈的官吏们要想拥有同情人民的好名声，就要像父亲对待他的儿子一样。希望他们可以从这个故事中学到如何行事，避免昏庸。

启蒙运动最显著的特征之一就是重新审视基督教,尤其是天主教所代表的基督教。因为这一时期的教会诠释着一套关于基督教偏执的、不容置疑的准则。对于持不同政见者进行囚禁乃至烧死的残酷行为,在某种程度上,是与建立在人道主义基础之上的启蒙主义精神相悖的。但是启蒙运动所要攻击的仅仅是教会所象征的束缚与专制,并不是基督教的本质即上帝本身。启蒙时期的自然神论试图在基督教会狭隘的权力主义和无神论者的唯物主义两端之间提出折中的方案。18 世纪的自然神论最典型的代表就是对中国文化推崇备至的伏尔泰。在伏尔泰看来,中国的儒学思想所奉的"天"或者"天帝",与西方所信仰的上帝就是同一神。

《今古奇观》的译者殷宏绪是法国启蒙时期在中国传教的耶稣会士。耶稣会士从利玛窦开始就一直努力将天主教和西方文化融入中国儒学和文化之中,寻找儒学与天主教信仰的相通之处。很有力的一个佐证是,利玛窦用中文所著的《天主实义》(1603)受到广泛赞誉。冯应京(1555—1606)在为其所写的序言中称该书"历引吾六经之语,以证其(天主)实"。利玛窦用儒学所习称之"天"与"上帝"两词翻译拉丁文之 Deus(陡斯,意为天主),故利玛窦初著《天主实义》本名《天学实义》。后来为避免中国人把天想成苍苍之天,便改用"天主"的名称。这一名称也符合儒学把天视为万物主宰的传统。① 虽然早期耶稣会士对天主和上帝的辨异不足,只注重以儒学对天道的阐释为中介以宣扬天主,不免流为比附,但从最早的中国古典小说译文中亦可明显地窥探出译者试图通过小说找到中国人的信仰与基督教的信仰之间的可调适之处。

在翻译过程中如何解决跨文化问题的障碍?王佐良先生曾形容严复的翻译方法是翻译时在译入语读者难以接受处裹了一层"糖衣",使读者可以接受。② 在中国近代翻译史上,严复对西方科技文化类的"西学"的译介是为了吸引中国官僚阶层和上层知识分子的注意,让这些他心目中的

---

① Venturi, Pietro Tacchi. *Opere storiche del P. Matteo Ricci S. I.* Macerata: Premiato Stab. tip. F. Giorgetti, 1911—1913: 507-508.

② 王佐良. 严复的用心//商务印书馆编辑部. 论严复与严译名著. 北京:商务印书馆,1982: 27.

特定读者群来看他的译作;并且其翻译的目的和出发点是对西方先进科技文化的优越性的认同和一种企图借鉴的态度,并非出于政治意识形态目的而采取的"归化"翻译。严复采用桐城派古文笔法翻译西方社会科学理论著作,主要是因为"实则精理微言,用汉以前字法、句法,则为达易;用近世利俗文字,则求达难"①。"汉以前字法、句法"就是他包裹西方先进思想的"糖衣"。同理,最早的西方传教士为了让西方读者能够接受来自中国的异域文化,在挑选中国古典小说原作上有着特定的标准,因此也可以说是在原著上裹上了宗教与文化调适的"糖衣",这样方能让西方读者接受西传中国古典小说的韵味。

作为译介主体的基督教传教士,他们基于所从事的传教事业,在选择和使用中国文典时无法避免自己的基督教及西方文化本位立场,一直想要证明上帝三位一体的信条在中国经典中早已存在,这便会催使中西文化的各种隔膜产生。传教士对待这种隔膜,"并未一味妥协,而是对其中的重要范畴与命题进行了直接或间接、婉转或直白的辩论、重释,以西方的内涵对其加以置换,直至做出完全的否定"②。但是到了来华传教的后期,为避免强烈的中西方文化的冲突,传教士采取了更为隐秘的方法来应对文化冲击,他们在看似平等的文本解读中,借助修辞表达塞进了属于基督教的异质的东西。这种宗教与文化的调适在译本中体现在从思想内容到语言表达等各个方面。

如在《吕大郎还金完骨肉》中,将吕玉之子喜儿丢失前"跟邻舍家儿童出去看神会"(365)译为"to behold a solemn Procession"(3.114)(【回译】和邻居家的孩子们一道去观看迎神赛会)的处理方式就是十分典型的宗教同化,企图用基督教词汇去同化中国的宗教现象,便于西方读者接受。再如后文吕玉想道:

【原文】"救人一命,胜造七级浮屠。比如我要去斋僧,何不舍这

---

① 严复. 天演论·译例言//徐雪英. 中华译学馆·中华翻译家代表性译文库·严复卷. 杭州:浙江大学出版社,2020:30.

② 刘耘华. 诠释的圆环——明末清初传教士对儒家经典的解释及其本土回应. 北京:北京大学出版社,2005:119.

二十两银子做赏钱,教他捞救,见在功德。"(368)

【译文】To save a Man's Life is much more meritorious than to adorn Temples and maintain Bonzes; let us consecrate the twenty Taëls to this good Work, and succour these poor Wretches that are like to perish. (3.124)

【回译】救一个人的性命比装饰寺庙和修缮铜像还更加值得赞扬,不如让我宣布把这二十两银子作为做这件好事的赏金,去救救那些快要淹死的可怜人。

原文中"救人一命,胜造七级浮屠"这样的佛教意味强烈的用语并未译出,因为在此时期,西方的传教士遵循的是以利玛窦为首制定的传教方针——"易佛补儒",对儒学思想进行部分利用,排斥道教和佛教,尤其仇视佛教的"偶像崇拜"和"异端"。但是在后世的西方,他们也渐渐认识到:"佛教的传世以及来世再生、因果报应和善有善报等观念的传播,强化了中国小说对儒家式伦理道德观与乐观主义的重视。……儒释两家都看到了小说有助风化的首要作用,这是它们共同的信仰天地道德性的一个表现。我们甚至可以这么认为,儒教的史学与佛教的说经给予了中国小说发展的第一推动力。儒教的史学家们发展出了一种为小说家原样照搬的叙事模式,佛教的说经人也发现,一个生动的故事远比对经书干巴巴的解释更能引诱人信奉宗教。尽管儒释双方对生活的意义看法截然不同,但对小说的道德说教目的意见却很合拍,两者都确定了一个宗教伦理式的秩序,使得悲剧和绝望无立足之地。"①

小说《吕大郎还金完骨肉》中,吕宝以三十两银子将嫂嫂王氏卖给江西丧偶客人为妻,并与他定好暗号:"今夜黄昏时分,唤了人轿,悄地到我家来。只看戴孝髻的便是家嫂,更不须言语,扶他上轿,连夜开船去便了。"(368-369)却没有说明嫂子戴孝髻的缘故。这也为下文里下了伏笔,以致其妻杨氏错戴王氏的孝髻而被抢走,吕宝反误将自己的妻子卖掉。

---

① 罗溥洛. 中国小说的艺术特色//罗溥洛. 美国学者论中国文化. 包伟民,陈晓燕,译. 北京:中国广播电视出版社,1994:299.

这是推动故事发展的重要线索,将其归功于"天"(Heaven),显示出译者在积极寻找中国儒学的"天"与"上帝"在称呼上的调和。译文并没有延续上文将"皇天"译为"Heaven",而是译为"Supreme Tien",因为"复仇"行为与天主教所指的"爱人如己"包括爱仇敌,以及化恶为善的教义不符。

同篇小说的结尾中采取如下描述:

【原文】"……皇天报应,的然不爽!"自此益修善行,家道日隆。后来喜儿与陈员外之女做亲,子孙繁衍,多有出仕贵显者。诗云:

本意还金兼得子,立心卖嫂反输妻。

世间惟有天工巧,善恶分明不可欺。(370)

【译文】The Almighty Tien treats Mankind as they deserve, let them not therefore think to escape his Justice.

Let us learn from hence how advantageous it is to practise Virtue, which renders a Family more flourishing every Day. (3.133)

【回译】全能的天会按照人们的所作所为来对待他,因此不会让他逃脱公正的审判。

从中我们也学到了行善是多么重要,可以让一个家庭从此每天都兴旺。

"The Almighty God"/"Father"或"God"/"Christ Almighty"是西方基督教中对"全能的上帝、天父"的称呼方法。在小说译文的结尾,译者肯定了"天"的惩恶扬善的作用,并将其与基督教的"上帝"进行了翻译上的调适;同时,又在一定程度上强化了译文的道德教化功能。

在《庄子休鼓盆成大道》中首次提及了"儒、释、道三教"。

【原文】儒、释、道三教虽殊,总抹不得"孝""弟"二字。至于生子生孙,就是下一辈事,十分周全不得了。常言道得好:"儿孙自有儿孙福,莫与儿孙作马牛。"(230)

【译文】The sects of Tao and Fo, tho' greatly different from the Sect of the Learned, agree with them in the Principal Duties,

without attempting to oppose or weaken them; however it is true
that the Love of Fathers to Children ought not to make them over
and above anxious when they are about to be settled in the World;
on which account it is commonly said, *The Fortune of Children
ought to be procur'd by themselves*. (3.134)

【回译】道、佛两教和儒学是十分不同的,但是它们对于人们主要
的看法是一致的(那就是"孝"),这点无可攻击。但无论父亲怎么爱
孩子,也不要为他们未来在世上的生活过度担忧。就像有句广为流
传的话说的那样:孩子的好运应该由他们自己创造。

在这段译文中,"易佛补儒"的意图非常明确,译文并没有完整解释清楚儒
家观点中有关"孝"与"弟(悌)"的内容,仅简单地描述了"孝",而无"弟
(悌)"的内容。从这一段译文可以分析出,译者似乎有意在撇清儒学
(Learned)与佛、道二教的关联。

下文中,对老子回答的"天一生水,二生木"(231)是这样处理的:

【译文】This reply'd the wonderful Man, who was well
acquainted with the Secrets of Nature, The Cause of this Dream
ought to be fought in the Times preceding those in which you live;
you must know that at the Time that the Chaos began to be
unravell'd, and the World to be formed, you was then a fine white
Butterfly: The Waters were the first Production of Heaven, the
second was the Trees and Plants, wherewith the Earth was
adorned, for every thing flourished and looked gay in an Instant:
This fine white Butterfly wander'd at pleasure, and went and
enjoyed the Scent of the most excellent Flowers; he knew how
even to derive from the Sun and Moon an infinite Delight,
insomuch that at length he procured himself the Gift of
Immortality; his Wings were large and almost round, and his
Flight was swift. (3.136)

【回译】老子——这位通晓自然秘密的大圣人回答道:"做这个梦的原因来自你的前世,你应该知道(在天地未形成前的)宇宙的混沌状态正在慢慢散开,世界正在形成之时,你(庄子)就是一只白色的蝴蝶。上天最早创造了水,再创造了树木和植被去装饰大地,万物立刻看起来充满生气和快乐。这只白蝴蝶欣喜地飞舞,享受着最美丽花儿的芬芳;他懂得如何汲取日月无限的光芒,最终获得永生之躯。他的双翅又大又圆,飞舞迅速。"

这里将原文的描述改译得如同《圣经·创世纪》中的类似内容。

《庄子休鼓盆成大道》中提及庄周梦蝶的典故时曾如是描述:"庄生一日在老子座间讲《易》之眼,将此梦诉之于师。他是个大圣人,晓得三生来历,向庄生指出夙世因由:那庄生原是混沌初分时一个白蝴蝶。天一生水,二生木,木荣花茂,那白蝴蝶采百花之精,夺日月之秀,得了气候,长生不死,翅如车轮。"(231)这里涉及一个典故、一个词和一段简短的文字,均值得注意。这个典故就是"庄周梦蝶",这个词就是"混沌",这段简短的文字就是"天一生水,二生木,木荣花茂"。对上述内容做出进一步解释,有助于我们深化对道家齐物思想的认识,也是我们探究中西艺术体验方式的差异、中西创世神话思想的差异以及中西思维方式的差异等一系列问题的关键所在。

首先,我们了解一下"庄周梦蝶"这个故事。它在《庄子·齐物论》中的原文是:"昔者庄周梦为胡蝶,栩栩然胡蝶也,自喻适志与! 不知周也。俄然觉,则蘧蘧然周也。不知周之梦为胡蝶与,胡蝶之梦为周与? 周与胡蝶则必有分矣。此之谓物化。"阅读此文本,我们大概可以知晓,庄子梦见自己变成了蝴蝶,到后来竟然搞不清是自己变成了蝴蝶,还是蝴蝶化成了自己。这种感觉很迷离也很超脱,是道家齐物思想的重要来源之一。"庄周梦蝶"这个故事寓意着人与物之间不再有任何隔阂甚至分野,人和物融为一体,即所谓"自然造化和自由人身真谛的完美结合"。从艺术角度来看,这属于一种浑然忘我的体验状态。但是,从西方哲学认识论角度来看,"庄周梦蝶"是不可思议的,因为西方的认识论是建立在明显的主客二分的基础上的,主体认识客体,主体不会忘记自己的身份存在,客体也不会丧失自己的特有存在形式。可见,"庄周梦蝶"这一中国先秦道家故事所蕴含的认知模式迥异于西方基于经验的一般认识论传统,但是,却与西方美学史上赫赫有名的"移情说"存在高度的契合。

如德国美学家"移情说"的创立者里普斯(Theodor Lipps,1851—1914)在《论移情作用》一文中就曾明确指出:"这种向我们周围的现实灌注生命的一切活动之所以发生而且能以独特的方式发生,都因为我们把亲身经历的东西,我们的力量感觉,我们的努力,其意志,主动或被动的感觉,移置到外在于我们的事物里去,移置到这种事物身上发生的或和它一起发生的事件里去。"①所谓"移情"就是我们把自己的认知与感情移到事物里去,其结果是使事物更接近我们,更加亲切,更容易被我们理解;反之,由于我们也沉醉于相关的事物中,把自己也想象成事物或索性变幻成事物,那么事物也会像我们一样富有感情,充满情趣。在中国文学史上,李白的那首《独坐敬亭山》可谓将"移情"艺术手法运用得出神入化的神来之笔,尤其最后一句——"相看两不厌,只有敬亭山",历来为人所称道。当然,李白在赋诗时,不可能知道比他晚生了1100多年的这位德国美学家关于移情的艺术理论,但中西古今诗心之攸同,于此可现一斑。

其次,我们从典籍中挖掘"混沌"的含义,并由此展开对中西创世神话思想的初步比较。《庄子·应帝王》中有一个近乎神话的寓言。这个故事很耐人寻味,寓言中提到"南海之帝为儵,北海之帝为忽,中央之帝为浑(混)沌"。"混沌"到底是什么呢?为什么好朋友"儵"与"忽"为了感谢"待之甚善"所做的事情不仅没有使"混沌"开心愉快,获得收益,反而帮了倒忙,甚至最终导致"混沌"死亡呢?这里问题的关键是:"儵"与"忽"都没能准确把握和认识"混沌"的独特之处,只是简单地、想当然地按照人类的特点去报德,殊不知这些报德之举(尝试像人一样,给"混沌"凿出七窍,以视听食息)恰恰违背和扰乱了"混沌"所特有的存在方式和生

---

① 里普斯. 论移情作用//朱光潜. 西方美学史资料选编(下卷). 上海:上海人民出版社,1987:841-842.

命轨迹,"混沌"的脑袋本来似乎是个肉球,没有眼鼻口耳等五官七窍,"混沌"就是按照这种独特的方式生存的,其主要的特点就是含混性、不确定性以及未开化性。这是一种弥散在宇宙间的以黑暗形态存在的浑然一体的蒙昧之气,其对立面是明晰性、条理性、层次性和令人炫目的光明。由是观之,违背"混沌"的特点并打破其内在稳定性,必然导致"混沌"的解体。

世界许多民族和地区的上古典籍中不乏"混沌"状态的描述与阐发,如中国《庄子·应帝王》《山海经·西次三经》《楚辞·天问》《列子·天瑞篇》,印度《梨俱吠陀》《摩诃婆罗多》,巴比伦《埃奴玛·艾利希》,以色列《圣经·创世纪》,等等。值得一提的是,在《圣经·创世纪》(Genesis)中是这样描绘"混沌"的原初状态的——"In the beginning when God created the heavens and the earth, the earth was a formless void and darkness covered the face of the deep"。《圣经》中这段关于"混沌"的描述内容还是比较丰富的,其中既有中国上古典籍神话中关于"混沌"的"黑暗""圆浑"等评价,也包含了古巴比伦神话中与"水"有关的"混沌"释义,似是两者的杂糅综合。综览世界许多地区和民族的创世神话,从远古初民对宇宙起源的认知来看,还是比较趋同的,如大多创世神话把最初的状态想象成黑暗的、圆浑的气体、液体或者固体,中间是虚空的,大而为宇宙(中国的乾坤),小而为葫芦(伊斯兰教的母腹),也可以泛化为各种具有人格的神祇,但在这一神祇世界里还没有等级划分,呈现出一种"原初状态"的和谐与美妙。

再次,就"天一生水,二生木,木荣花茂"这段文字进行辨析,并探究其内涵。这段文字整体并非出自老庄元典,也不是其他典籍的原文照录,而是一段杂糅的文本,主要出自冯梦龙纂辑的《警世通言》中《庄子休鼓盆成大道》的故事。主要表达天地间万物之所以生生不息,皆因于情之所由,情是天地万物最初样态。关于"天一生水,二生木,木荣花茂"这句话的来源,大致有二:

一是"天一生水"。此语源自《易传系辞》(不是《易经》原文,而是对《易经》进行诠释的文本,成书于战国时期),原文为"天一生水,地六成之",可直译为"天是万物的本原,它创造了水,在地上得以实现"。这里需要解释的是,为什么天是一,地是六?众所周知,《易经》是用八卦及六十四卦以占筮解辞的方式来阐述宇宙原理的书,而八卦符号体系又受到《河图》等上古神秘图案的影响,详见图2-2。

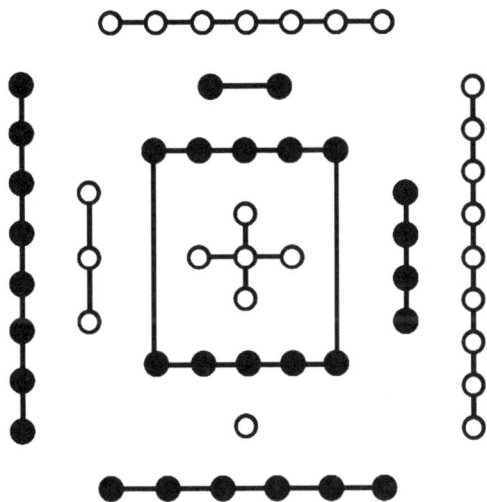

图 2-2 《河图》图案

注:按古人坐北朝南的方位为正位就是:前朱雀(南方),后玄武(北方),左青龙(东方),右白虎(西方)。在正北方(也就是前方):一个白点在内,六个黑点在外,表示玄武星象,五行为水。此外,根据五星(金木水火土)出没的时间和规律,"天一生水,地六成之"也表示水星与日月会聚。

二是对于"二生木"的解释。此语源自《尚书·洪范》。根据阴阳五行学说,阴阳两仪分为四象,即太阳(火)、少阳(木)、太阴(月亮,水)、少阴(金),分别对应1、3、2、4四个数字,按照正常的数字顺序应该是1234,那么很显然2之后是3,按照五行原理则是太阴(水)之后为少阳(木),所谓"水生木"即是。①既然"天一生水"了,那么接下来当然是"水生木"(二生木)了,这后半句话,其实就是五行学说的一个翻版。有了水,有了木,当

---

① 阴阳五行学说,做出如下解释:金生水,水生木,木生火,火生土,土生金。

然就"木荣华茂"了。在这里,用此句主要描绘"混沌"被打破以后自然初成、欣欣向荣的状态。这也是冯梦龙版"庄周梦蝶"故事中自然场景的生动描绘。这里简简单单一句"天一生水,二生木",把周易哲学和阴阳五行学说都糅合在一起了。由此可见,中国传统文人的心态和写作风格历来不是某种单一文化元素影响的产物,我们常说中国传统文化是儒释道并举,不过里面没有明显的释(佛)家思想。

译文此处对于庄子前生是白蝶,所以今生梦白蝶的故事叙述得非常详细,从另一个角度也满足了异域读者的猎奇心理。

又如同篇下文中:

【原文】庄子心下不平,回到家中,坐于草堂,看了纨扇,口中叹出四句:

不是冤家不聚头,冤家相聚几时休?

早知死后无情义,索把生前恩爱勾。(231-232)

【译文】(Tchouang tse)... and then fetching a deep Sigh repeated the following Verses.

Do not they say that two Persons join themselves together only on account of an inveterate Hatred they bore each other in a precedent Life,[*] and seek each other in Marriage?

[*] This relates to the Opinion of the Transmigration of Souls. (3.141)

【回译】(庄子)……然后深叹一声,重复了下面的诗句。

他们不是说过,两个人聚在一起只是因为一种根深蒂固的恨意,他们在过去的日子[*]里互相厌烦,要在婚姻中寻求彼此吗?

[*] 这里指的是(死后灵魂的)轮回、转世。

并且将后文的"田氏道:'先生休要多心!'"(232)译为"For Heaven's sake, Sir, cry'd the Lady."(3.143)(【回译】"看上上帝的份上!"田氏哭喊道。)这些处理均体现了在词汇和表达方式上将原文与西方的基督教思想进行"调适"的意愿。

在《怀私怨狠仆告主》中,

【原文】看官不知。那冤屈死的,与那杀人逃脱的,大概都是前世的事,若不是前世缘故,杀人竟不偿命,不杀人倒要偿命,死者生者,怨气冲天,纵然官府不明,皇天自然鉴察,千奇百怪的巧生出机会来了此公案。所以说道:"人恶人怕天不怕,人善人欺天不欺。"又道是:"天网恢恢,疏而不漏。"(341)

【译文】The Complaints that People under Oppression make in this Life, and after Death rise to Heaven and call for Vengeance; Truth is sometimes so perplexed that the Mandarins cannot discover it, but Heaven examines and sees every thing distinctly; tho' Artifice and Knavery are multiplied without end, they only serve to bring on the favourable Opportunity, when its just and immutable Decrees shine out with the greatest Lustre.

It is commonly said that we fear the Wicked, but not Heaven; that honest People are deceived, but Heaven is never imposed upon; it is also said that the Net in which Heaven confines all Mankind is exceeding large; it seems not to observe their Actions, nevertheless there is no way to escape. (3.156)

【回译】有人抱怨道,有的人在活着的时候饱受压迫,(含冤而死)死后升到天堂才能要求复仇;真相有时候扑朔迷离,以致官府难辨是非,可是上天却能够查得清清楚楚;欺骗和不诚实的事天天增加而永无止境,但是这些事情恰恰创造了最好的机会,让公正和经得起时间考验的审判散发出最美的光泽。

这也就是我们常说的,我们害怕恶人,可是上天并不怕;诚实的人往往被欺骗,但上天不会欺骗他。又有种说法,上天限制所有人的网非常大,看上去有时无法察觉人们的行为,然而绝对让人无法逃脱。

这段话把佛教关于"今生""前世"的问题改译为基督教的上天堂的问题。

再如后文:

【原文】我不知他肚肠阁落里边也思想积些阴德与儿孙么？(342)

【译文】But a Judge should penetrate their Thoughts, laying small stress on such Accusations, and by saving those that are pointed out for Destruction make himself rich in good Actions, for which his Children and Grandchildren shall one Day receive a thousand Blessings. (3.157)

【回译】但审判官应该充分了解他们的想法,对指控稍加压制,对被指控者伸出援手,使自己因良好的行为获得更多善意支持,其子孙后代有朝一日也会得到更多的祝福。

其译文将原文中的佛教用语"积些阴德与儿孙"改译为"祝福",并未深究佛教用语之意,而是将佛教与基督教调适。

当刘氏去监狱中探望王生时,

【原文】王生道:"愚夫不肖,误伤人命,以致身陷缧绁,辱我贤妻。今病势有增无减了,得见贤妻一面,死也甘心。但只是胡阿虎这个逆奴,我就到阴司地府,决不饶过他的。"(349)

【译文】then Ouang, recollecting his Strength, said, Alas! My dear Spouse, how wretched is thy unfortunate Husband to bring upon himself such a Train of Miseries, wherewith he overwhelms his prudent and virtuous Wife! my Disease gets ground every moment; but, my dear and amiable Companion, since I have the Consolation of seeing thee I die content; it is my last Request that you will not leave the Treachery of my perfidious Slave unpunish'd. (3.180)

【回译】那王生又积攒了点力气喊道:"天啊! 我亲爱的妻子,你那不幸的丈夫给自己招来一连串的痛苦,以至于让我的勤俭持家、一身美德的妻子不知所措。我的病一直都在加重。看到我亲爱的妻子,我就是死也得到安慰了。我最后一个要求就是你一定不要让那个背信弃义的小人逃脱应有的惩罚。"

译者对原文中"胡阿虎这个逆奴,我就到阴司地府,决不饶过他的"进行了改译,因为原文的佛教意味太强烈,译文进行了调适。同样,紧接着的刘氏所言的"阿虎逆奴,天理不容"(349)也做了调适,被译为"As for your unfaithful Slave the Justice of Heaven will overtake him"(3.180)【回译】你那不忠诚的仆人,上天的审判不会放过他的)。

第四节 译本的翻译策略、路径及动因

译者在选择作品、翻译作品的过程中,往往会存在一种"误读"。这种"误读"的产生,或因作品本身的问题,或因译者自身的素养与认知问题,或因中西文化差异问题,等等。严绍璗曾利用马克思《致拉萨尔信》中提出的关于"文化传递不正确理解的形式"的命题,推导出中国儒学与启蒙时期欧洲文化的关系。他指出:"法国批判宗教神学的理性主义思想,使用了中国儒学的思想材料,但不能因此而认为批判欧洲宗教的理性主义思想,就是中国的儒学文化。……同样也不能认为法国批判神学的理性主义思想,是一种'不正确理解'的中国儒学文化。……法国的启蒙主义的思想家,依据当时他们的总体形势(包括文化形势)的需要,对中国儒学文化作了一个'不正确的理解',从而使儒学文化中的相关的成分,成了他们批判宗教神学的理性主义的材料。……所以,在相同的历史年代中,中国的儒学文化,既可以参与批判宗教神学、倡导资产阶级革命的思想文化活动;又可以参与维护封建意识、倡导极权统治、张扬宗教神道的思想文化活动。"①不同文化的会通,向来都必须经历辨异、差异、冲突与认同等阶段。从接受心理学的角度来看,如果两者全然相异,即一种文化对于译者来说是完全陌生的、毫无关联的,往往会引发其排斥,这样会通的可能性极微;如果两种文化全然一致,就无法让译者和读者引起猎奇的兴趣,实无会通的必要。不同文化进行会通时,外来者必须经历本土化,以便将与

---

① 严绍璗. 文化的传递与不正确理解的形态——18 世纪中国儒学与欧亚文化关系的解析. 中国比较文学,1998(4):7-8.

本土文化相似的部分传播出去,然后相异的部分才能浸濡到本土文化中产生作用。

《今古奇观》等收录的小说虽不是当时中国的一流小说,但表现出了广为人们所追求和接受的人文精神与人文情怀。例如,《今古奇观》中有些小说在被"误读"基础之上体现的儒学思想和"理性精神",对"自由的追求"恰好契合了启蒙主义思想的目的;小说对于其中人物角色的善良、同情、忠贞等美德的诉求亦具备普遍的人文情怀。这些中国古典小说虽然在某种程度上受到了"误读",但呈现出的风俗和时代背景与欧洲十分相似,小说所展现的思想和时代精神与当时欧洲的启蒙追求也比较契合。

杜赫德编著的《中华帝国全志》将这三篇小说中的《怀私怨狠仆告主》中独立的两个故事拆为两篇,形成四篇小说,分别为:

(1)"Histoire où l'on voit qu'en pratiquant la vertu on illustre sa famille"(《吕大郎还金完骨肉》);

(2)"Trait d'histoire où le crime ètant d'abord absous, le Ciel, au moment qu'il triomphe, le confond, & le punit avec éclat"(《怀私怨狠仆告主》中的故事一);

(3)"Trait d'histoire où l'innocence accablée est prête à succomber, vient tout à coup à être reconnue, & vengée par une protection particulière du Ciel"(《怀私怨狠仆告主》中的故事二);

(4)"Autre Histoire:Tchoang tse après les bizarres obsèques de sa femme, s'adonne entièrement à sa chère philosophie, & devient célèbre dans la secte de Tao"(《庄子休鼓盆成大道》)。

这三篇小说的插图参见图 2-3、图 2-4、图 2-5。

图 2-3 《吕大郎还金完骨肉》插图①

图 2-4 《怀私怨狠仆告主》插图

---

① 图 2-3—图 2-5 这三幅插图源自抱瓮老人《今古奇观》,清光绪戊子(1888)茂苑萃珍书屋版。

图 2-5 《庄子休鼓盆成大道》插图

　　而由英国出版商约翰·瓦茨于 1736 年在伦敦出版的《中华帝国全志》沿用了这一拆分法,将这三个故事拆译为四个故事(3.114-192):

　　(1)Novel the First. The following Example shews that the Practice of Virtue renders a Family Illustrious (3.114)(《吕大郎还金完骨肉》);

　　(2)Another Novel. Tchoang tse, after the Funeral Obsequies of his Wife, wholly addicts himself to his beloved Philosophy, and becomes famous among the Sect of Tao (3.134)(《庄子休鼓盆成大道》);

　　(3)The History (3.158)(《怀私怨狠仆告主》中的故事一);

　　(4)Another History (3.167)(《怀私怨狠仆告主》中的故事二)。

并将《怀私怨狠仆告主》的部分内容译出作为前言(The Preface,3.155),置于(3)和(4)两则 History 之前。

　　从整体上看,译文在结构方面与同期的西方小说有相似点:

　　第一,18 世纪的小说中,有些作品也以精辟的主题句或警句、格言开局,并逐渐形成一种模式。这种开局方式主要采用对现实生活中某些现象进行高度概括的句子揭示出小说的主题,反映出作者对现实生活的密切关注,展示出作品的时代性与现实性。如简·奥斯汀的《傲慢与偏见》、亨利·詹姆斯的小说都惯用这种开局方式。

第二,同时期西方传统小说的结局往往也采取一种固定模式,即"好人得报,坏人受罚"。如英国小说《约瑟夫·安德鲁斯传》《阿米丽亚》《傲慢与偏见》《名利场》《简·爱》等的结局都比较类似。该类小说比较明显地展现出道德教化功能。

第三,这个时候,一些文学作品显露出对"自然"的追求与热爱,可以说"自然"是这时期文学的基本审美原则和理想,只有自然的东西才是合乎理性的,因而也是真、善、美的。"自然"不仅指文学创作的真实,还要求作品"模仿自然",秉承"未经雕琢"的本真精神,如实地反映社会与人生的本来面貌。因此,这个时候的西方小说的笔触涉及更富自然本色的民间市井和普通的下层民众,塑造了一大批比较生动、活泼的"自然人"形象。《中华帝国全志》中被译介的三篇小说中的主要人物也是除了普通的市井民众,就是追求逍遥自在的"隐士"。

学界讨论"归化"(domesticating translation)和"异化"(foreignizing translation)的译法,一般都会将源头回溯至直译与意译。在东方主要从佛经汉译以来,在西方主要从西塞罗开始,翻译理论史便围绕着直译与意译、忠实与不忠实、死译与活译、准确与不准确等问题不断地发展演变。直译与意译虽可作为归化译法和异化译法的源头,但是,从文化翻译的角度来看,它们却具有完全不同的内容。有学者指出:"归化和异化可看作直译和意译的概念延伸,但并不完全等同于直译和意译。作为文化转向的产物,归化和异化必然包含了深刻的文化、文学乃至政治的内涵。如果说直译和意译只是语言层次的讨论,那么归化和异化则是将语言层次的讨论延续升格至文化、诗学和政治层面。也就是说,直译和意译之争的靶心是意义和形式的得失问题,而归化和异化之争的靶心则是处在意义和形式得失旋涡中的文化身份、文学性乃至话语权力的得失问题。"①中国古

---

① 王东风. 归化与异化:矛与盾的交锋?. 中国翻译,2002(5):25.

典小说早期的西传译本中也涉及"归化"与"异化"的问题,主要是采取大量的"归化"译法。

为何在中国古典小说早期的西译中"归化"的翻译会远远多于"异化"的翻译?这正如美国解构主义翻译的倡导者劳伦斯·韦努蒂(Lawrence Venuti, 1953—   )在其所撰的《译者的隐身》一书中提出的论点。他指出,"英美文化长期以来一直被'通顺的翻译'的归化理论所支配着"①。因为西方以自己的意识形态对来自异域的文学作品在思想和内容上进行着双重控制,重塑异域文学中的形象,形成自我中心主义的思维模式和价值观。这种翻译方法,对异域文学作品的歪曲和篡改是不可避免的,就西方的文化而言,是一种文化殖民主义的外在体现。"通过透明的假象,以'通顺的翻译'伪装成真正的语义对等,而实际上它给异域文本刻上了一部分偏向于英语语言价值观的解释,减少甚至抹除了翻译被要求传达的差异性。"②

但是,"异化"的方法在中国古典小说早期的西传译本中也有体现,由于其出现的次数远少于"归化"的翻译方法,所以从另一个侧面而言,这些采用"异化"翻译策略处理的译文就具有了特殊的研究价值。如在《吕大郎还金完骨肉》中有这样一段描写:

【原文】一日早晨,行至陈留地方,偶然去坑厕出恭。见坑板上遗下个青布搭膊,检在手中,觉得沉重。(365)

【译文】Happening to stop in the Road near a Town call'd Tchin lieou to recover from his Fatigues, he perceiv'd a Girdle of blue Cloth in the shape of a long narrow Bag, such as is worn under a Gown, and used to carry Mony in; going to take it he found it of a considerable weight. (3.115)

【回译】在快到陈留县的路边,吕玉因为疲惫而停下来休息,他发

---

① Venuti, Lawrence. *The Translator's Invisibility: A History of Translation*. London & New York: Routledge, 1995: 21.

② Venuti, Lawrence. *The Translator's Invisibility: A History of Translation*. London & New York: Routledge, 1995: 20.

现一个紧身褡模样的蓝布长窄形的包,这种包一般是用来装钱的。(吕玉)走过去捡起包,觉得很重。

原文的"出恭"即"如厕"的意思,译文将其"雅致化",把这一类的描述统统删去,而改译为"因为疲惫而停下来休息";而对于"青布搭膊",译文不仅准确译出其意,更进行了详细的解释,以方便西方读者的阅读与理解。即对异域器物的翻译并未采用词汇移植的方式,用西方器物名称来代替,而是采取了"异化"的方法。这样一则可以让西方读者了解中国的风俗人情,二则可以满足西方读者的猎奇心理。

与上文的原因一样:

【原文】忙到坑厕左近伺候,只等有人来抓寻,就将原物还他。(366)

【译文】At the same instant he went and placed himself near the Spot where he found the Bag, and waited there the whole Day without any Person's coming to claim it. (3.116)

【回译】他立即来到他发现包的地方,等待了一天,却没有人来认领。

下文失主陈朝奉对吕玉解释道:

【原文】五日前,清晨到陈留县解下搭膊登东。(366)

【译文】Five Days ago when I left Tchin lieou I lost two hundred taëls, which I had in my undermost Girdle; I had taken off this Girdle and placed it near me while I took a little Rest. (3.116)

【回译】五日前,我在离开陈留县的时候,丢失了装有两百两银子的搭膊;我小憩时,把搭膊解下来,放在身边的。

当吕玉与喜儿在陈朝奉家中意外相认时,

【原文】(吕玉叫声:)"亲儿! 我正是你的亲爹了。失了你七年,何期在此相遇!"正是:

水底捞针针已得,掌中失宝宝重逢。

筵前相抱殷勤认，犹恐今朝是梦中。

当下父子伤感，自不必说。(367)

【译文】My son！said he，my dear Son！by what good Fortune have I found thee again after so long an Absence！

In these happy Moments it is easy to conceive what Transports of Joy were felt both by the Father and Son. (3. 121)

【回译】(吕玉喊道：)"我的儿子！我亲爱的儿子！失散了这么久，我能再次找到你是何等的幸运！"

读者很容易想象出，这是怎么样一个父子共享的欢乐时刻。

原文诗文并未译出，而将"当下父子伤感，自不必说"改译为"父子共享的欢乐时刻"，显然更符合西人的语言习惯。

当吕玉听了弟弟的话后，

【原文】吕玉闻说惊慌，急叫家长开船，星夜赶路。正是：

心忙似箭惟嫌缓，船走如梭尚道迟。(368)

【译文】Liu yu was in a great Consternation at this Recital，and sending for the Master of the Bark，tho' it was late，gave him Orders to set sail and to proceed on his Voyage all the Night. (3. 125)

【回译】吕玉听到弟弟的描述，极度恐慌，叫船家立刻开船，一整夜赶夜路回到家中。

在《怀私怨狠仆告主》的第一个小故事中，有译文"To save your Father，reply'd this old Fox，is a difficult matter."(3. 162)(【回译】"救你的父亲不是一件容易的事。"这个老狐狸回答道。)原文中并没有这句话。这里的"老狐狸"是译者对原文中"讼师邹老人"(342)的改译，因为原文有这样的描述："王甲一时招承，心里还想辩脱，思量无计，自忖道：'这里有个讼师，叫做邹老人，极是奸滑。'"(342)this old fox是译者根据西方文化的习惯而改译的。此处译者未采取"异化"策略。"异化"策略虽然体现了译者对于"他者"文化的较为平等、尊重的态度，但失去了对译入语社会文化语境和读者接受的周全考虑,异化的文本无法达到最初所要达到的目的,因为"异化的翻译充满危险,也难以出版,出版了也往往受到非议"①。

又如在《怀私怨狠仆告主》的第二个故事中,吕姓卖姜客对着王生说道:

【原文】"我们小本经纪,如何要打短我的?相公须放宽洪大量些,不该如此小家子相。"王生乘着酒兴,大怒起来,骂道:"那里来这老贼驴,辄敢如此放肆,把言语冲撞我!"走近前来,连打了几拳,一手推将去,不想那客人是中年的人,有痰火病的,就这一推里一交跌去,一时闷倒在地。(344)

【译文】It is not possible for us small Traders to bear the least Loss, and it is very ill done in you, who ought to have a great and generous Soul, to be so hard with us poor People.

Ouang, who was a little heated with Wine, fell into a great Passion at these Words, You Rascal you, said he to him, how dare you talk to me in this manner? Upon this, without considering he was a Man in Years, he gave him a hearty Push and threw him down; the Fall was violent, insomuch that the poor Wretch lay without Sense or Motion. (3.168)

【回译】"我们这些小生意人其实是连最小的损失也承担不起的,你本应该有一颗慈悲而慷慨的心,可是你的行为很不好,如此苛刻我们这些穷人。"

王生在一点酒精的作用下,听到吕客人这番话非常生气,对他大叫起来:"你这个流氓无赖,怎么敢对我用这种口气说话?"说到这,他想都没想那吕客人是上了年纪的人,对他猛地推了一把,使他跌倒,这一跤跌得太重了,以至吕客人躺在地上一动不动。

① 郭建中. 当代美国翻译理论. 武汉:湖北教育出版社,1999:197.

这里,译者将原文王生骂吕客人的"老贼驴"这样略显不雅的词汇删去了;将原文中导致吕客人倒地不醒的真正原因"痰火病"也删去了,因为西方对"痰火病"这一词汇所代表的真正病因也并不明确。

再看同篇下文:

【原文】只因这一天,有分教,正是:

双手撒开金线网,从中钓出是非来。(345)

【译文】This hospitality would have prevented the Crosses which he afterwards met with:His Conduct may afford a good Lesson,which is express'd in this Proverb, *We throw a golden Net with both Hands,and catch a hundred Misfortunes*. (3.169)

【回译】(如果能将吕客人留下)这一般勤好客之举,可以阻止接下来王生将面临的诸多不幸的发生;他的行为将得到一个很大的教训,以验证下面这句话:我们用双手撒开一张金网,可是却从中捞出成百不幸。

这里将原文的诗文"双手撒开金线网,从中钓出是非来"恰如其分地翻译出来了。这在杜赫德编著的《中华帝国全志》译本中很少见。

下文周四为了设计敲诈王生说道:

【原文】"……到得船中,痰火病大发,将次危了,告诉我道被相公打坏了。……"(345)

【译文】... he was hardly got in before he complain'd of a violent Pain in his Breast,which reduced him to the last Extremity;then telling me it was the Effect of Blows,which you gave him, ...(3.170)

【回译】(周四说道:)"……他在上船前并没有告诉我他胸口非常痛以致他最后断气;他只是告诉我是由你所伤的。……"

这里也是删去了原文的"痰火病"。可作为上文的佐证。

再如:

【原文】真个"浓霜偏打无根草,祸来只奔福轻人"。(346)

【译文】The common Saying is true, That Misfortunes ride Post and succeed one another. (3.174)

【回译】俗话说得好,不幸总是一个接一个地来。

这里,译者将"浓霜偏打无根草,祸来只奔福轻人"译成了西方读者更熟悉的谚语。

分析译文,我们发现,诗文删去不译在杜赫德编著的《中华帝国全志》译本中非常普遍。因为译者认为中国的诗词翻译很困难,希望在译介的小说中能够少一些诗词。持此类看法的人在当时比较普遍,这种状况从18世纪中期一直延续到19世纪,在雷慕沙《玉娇梨》译本及德庇时《好逑传》译本的序言中均提到中国诗词的"不可翻译"。

正是因为中文的诗词对于西方读者而言,阅读、理解都是很难的,所以在当时的翻译过程中,一般都对诗词采取删除的办法。欧洲至今还没有一本中国古诗词辞典。雷慕沙的《玉娇梨》译本中充斥着诗文,很遗憾有很多错误(法语译本)。可见,中国古典小说中的诗词翻译,一直是西方译者所面临的一个难题。

我们可以选择其中一些段落说明这个问题,例如,当胡阿虎受罚挨了打,胡阿虎恨恨地道:

【原文】"为甚的受这般鸟气! 你女儿痘子本是没救的了,难道是我不接得郎中断送了他? 不值得将我这般毒打! 可恨! 可恨!"又想了一回道:"不妨事,大头在我手里,且待我将息棒疮好了,也叫他看我的手段。不知还是井落在吊桶里,吊桶落在井里! 如今且不要露风声,等他先做了整备。"正是:

势败奴欺主,时衰鬼弄人。(347)

【译文】there, full of Rage, and debating with himself like a Madman, Cruel Master, said he, you shall pay dear for your Brutality, I'll be sure to be reveng'd for this; then, after he had considered a Moment, I need not go far, says he, to seek for an

Opportunity，it is near at hand，and I will not let it slip；as soon as my Wounds are healed you shall know what I can do，I shall teach you，according to the Proverb，*Whether it is the Bucket bung by the Rope that goes down into the Well，or whether the Water out of the Well falls into the Bucket*. (3.175)

【回译】胡阿虎在盛怒之下，像个妇人那样自言自语，他说："残忍的主人，你将为你的凶残付出代价。我一定会为此报仇。"他又想了一会，自言自语道："我没必要舍近求远，机会就在手边，我不能让它溜走，等我伤势一好，我就让你知道我的厉害。正像一句谚语所说的，不知是由绳子吊着的水桶掉落入井中，还是桶外的井水进入桶中。"

这里，虽然原文末尾的诗文在译文中被删去了，但是在译文中可以看出，译者非常希望向西方读者介绍中国的风俗人情，所以选译了谚语和俗话。然而很遗憾，恰恰是这句话出现了误译，将"不知还是井落在吊桶里，吊桶落在井里"译成了"不知是由绳子吊着的水桶掉落入井中，还是桶外的井水进入桶中"。

后文刘氏去监狱探望王生后，

【原文】天色昏黑，刘氏只得相别，一头啼哭，取路回家。胡乱用些晚饭，闷闷上床。思量昨夜与官人同宿，不想今日遭此祸事，两地分离，不觉又哭一场，凄凄惨惨睡了，不题。(348)

【译文】as soon as she had done this Night obliged them to separate.

The Lady Lieou went away overwhelmed with Melancholy，and her Heart pierced with the most lively Grief. (3.179)

【回译】刘氏刚做完这一切，由于天黑了，只得被迫分开。

刘氏带着忧郁在迷惘中离开，她的心就如同被最深切的悲伤所刺痛了一般。

这里对原文进行了缩译。原文太过冗长，不符合西人对于小说的阅读习惯,而译文则相对简洁明了。

【原文】况且大狱未决,不知死活如何。虽则有人殷勤送衣送饭,到底不免受些饥寒之苦,身体日渐羸瘠了。刘氏又将银来买上买下,思量保他出去,又道是人命重事,不轻易放,只得在监中耐守。

光阴似箭,日月如梭,王生在狱中又早恹恹的挨过了半年光景。劳苦忧愁,染成大病。(349)

【译文】and thro' the Thoughts of ending his Days by a shameful and cruel Death.

For six Months together he led his melancholy Life in the obscurity of a Dungeon, when he was attacked with a violent Distemper. (3.180)

【回译】他(王生)想他会羞辱而痛苦地死去。

六个月他都在这阴暗的地牢中过着抑郁的生活,染上了严重的瘟热。

这里,译者将冗长的原文删去了。

【原文】王生道:"若得贤妻如此用心,使我重见天日,我病体也就减几分了。但恐弱质恹恹,不能久待。"刘氏又劝慰一番,哭别回家,坐在房中纳闷。(349)

【译文】Since I see, reply'd Ouang, a Wife so ready to assist me, if Heaven prolongs my Days I shall look upon it as a precious Gift; he was going on when they obliged the Lady to withdraw, because Night approached. (3.181)

【回译】王生回答道:"有一位妻子能像你这样时刻助我,如果上天能延长我的生命,我会把这看成天赐的礼物。"他正准备往下说,天黑了刘氏不得不离开。

这里也采用了缩译的策略,因此,译文显得很简洁。

整篇故事的转折点在吕姓卖姜客出现后,"吕客人上前唱了个喏"(349)被译为"the good old Man advanced and saluted her in a very obliging manner"(3.181)(【回译】善良的老人上前用一种很感激的方式向她行礼),改译了原文"民族性"过强的表达方式"吕客人上前唱了个喏",更易为西方读者所理解。

【原文】吕客人听罢,捶着胸膛道:"可怜!可怜!天下有这等冤屈的事!"(349)

【译文】At this relation Siu violently beat his Breast;Ah!Madam,said he,my Heart is seized with the most lively Grief;is it possible there should be a Man under Heaven capable of so black an Action?(3.182)

【回译】听到这里,吕客人猛地捶足叹道:"啊!女主人!我的心像被用了极大的力气猛揪了一样,天下怎么会有这么黑暗的事。"

这样的处理方式,也是比较符合西方表达方式的。

值得注意的是,杜赫德《中华帝国全志》收录的《今古奇观》小说译文非常关注小说中的女性角色,特别注重对女性角色的智慧与道德的塑造,这些女性角色由于其出色的智慧及品德均获得了美满的结局。这种翻译与处理方式,一方面符合西方启蒙主义时期对人的理性及智慧的诉求;另一方面表现出对中国古典小说西传译本的道德教化功能的重视;同时,也表现出对东方女性的一种理想主义式的美好幻想,也与即将到来的19世纪西方浪漫主义时期对于女性、爱情、婚姻及家庭的形象的正面塑造与表达有诸多相似之处。

在《怀私怨狠仆告主》中,

【原文】刘氏咬牙切齿,恨恨的骂了一番,便在身边取出碎银,付与王生道:"可将此散于牢头狱卒,教他好好看觑,免致受苦。"(348)

【译文】The Lady Lieou heaped dreadful Imprecations against this malicious Wretch;then she took the Silver that she had brought and gave it her Husband;Take this,said she,and distribute the Jailor and your keepers,and they will treat you with more Mildness.(3.179)

【回译】刘氏狠狠地咒骂着胡阿虎,然后她把带来的银子交给了丈夫。说道:"拿着这些钱,把它给狱头和看守,这样他们才会对你略仁慈一些。"

译文体现和强调了刘氏在危难之际的机智和果敢。

当吕客人突然再次出现,众仆人慌乱不已时,刘氏却镇定自若。

【原文】旁边一个家僮嚷道:"大娘不要听。他一定得知道大娘要救官人,故此出来现形索命。"刘氏喝退了,对客人说道:"这等说起来,你真不是鬼了。你害得我家丈夫好苦!"(349)

【译文】One of the Domesticks, who lay snug in the corner of the Hall, began at this to cry out, Madam, take heed what you do, he certainly knows that you are endeavouring to get our Master out of Prison, and he has assumed this fantanstick Body to embroil his Affairs and complete his Destruction.

The Lady Lieou silenced the Servant, and addressing her Discourse to the Stranger, As far as I can apprehend, said she, from the manner of your speaking, there is no reason to believe you rose from the Dead, but you are to understand that my Husband has suffered greatly, and is like to suffer more, on your Account. (3.182)

【回译】一个一直蜷缩在客厅角落的仆人突然哭喊起来:"女主人当心啊! 他一定是知道您要竭力把主人从狱中救出来,所以呈现出这个人形来实行他的复仇。"

刘氏让仆人安静下来,对吕客人说道:"从你的言行举止中我立刻便明白,没有理由相信你是死后的灵魂附体,不过你要明白我的丈夫因为你而遭受了太多的不幸,并且这种不幸还要继续下去。"

译本将原文的内容细化,突出了女性角色刘氏的机智和冷静。而原文对于刘氏的介绍是:

【原文】他本是儒家之女,精通文墨,不必假借讼师,就自己写了一纸诉状,雇乘女轿,同吕客人及僮仆等,取路投永嘉县来。(349)

【译文】In the mean while she drew up a petition herself，for，belonging to a learned Family，she could write elegantly；after which she sent for a Chair and set out，attended by Slaves，and was followed by the old Man to the Mandarin's Palace.（3.183）

【回译】刘氏自己写好诉状，她本来就出身书香门第，文笔优美；然后她坐上轿子，由一众仆人跟随着来到知县的衙门前。

译文凸显了刘氏才智双全的形象，并将"儒家之女"译为"belonging to a learned Family"。"learned"（儒学而非儒教）一词既肯定了儒学的积极作用，又与启蒙时代的传教士采取的"易佛补儒"的背景相符合。

总体而言，译文中的女性角色传达了一种对东方理想女性的诉求。中国最初的传统观念和中国古典小说中一直有一个观点，即"女子无才便是德"。中国古代长期以来，在封建制度下，无论在社会中还是在家庭中，男性都占有绝对的主导地位，而女性往往被限制在必须绝对服从的男权之内，所谓"未嫁从父，既嫁从夫，夫死从子"。而中国古代文学作品中，也长期存在着"女子无才便是德""红颜即是祸水"等偏见。如《金云翘传》开篇即有这样的说辞：

> 试看从古及今，不世出的佳人，能有几个得无破败！昭君色夺三千，不免塞外之尘；贵妃宠隆一国，难逃马嵬之死。飞燕、合德，何曾令终；西子、貂蝉，徒贻话柄。这真是造化忌盈，丰此啬彼。所以李易安末年抱怨，朱淑贞晚节伤心，蔡文姬悲笳哀咽，尤为可怜。大抵有了一分颜色，便受一分折磨，赋了一段才情，便增一分孽障。①

自晋隋以来，传奇文学逐渐流行起来。中国古典文学中有很多"女子既有才又有德"的例子。如南北朝《木兰辞》中的传奇人物花木兰，唐朝《李娃传》《霍小玉传》中忠于爱情的名妓李娃、霍小玉等，《聂隐娘》中具有重诺取义、鄙视富贵权位等侠义精神的聂隐娘，明代"三言二拍"中众多才貌俱佳的女性；还有后来的一系列才子佳人小说，如《好逑传》《玉娇梨》

---

① 青心才人. 金云翘传. 北京：中国经济出版社，2010：1.

《平山冷燕》《金云翘传》《春柳莺》《雪月梅》等,对女性角色的塑造都极为成功。后来,法国汉学家儒莲较早地把明代冯梦龙的《警世通言》第二十八卷《白娘子永镇雷峰塔》中的"白娘子"等形象译介到欧洲,并引起了一定的关注。从这些中国传奇文学中的女性形象塑造来看,一方面,中国女性教育文化水平从隋唐以来,提高得比较明显;另一方面,也有力地驳斥了"女子无才便是德""红颜即是祸水"等世俗偏见,并通过对女性美丽而又富有才情的形象塑造赞扬了女性的伟大。明朝史学家、文学家李贽(1527—1602)曾在《焚书》中对"女子无才便是德""红颜即是祸水"等观点进行了严厉反驳:

> 余窃谓欲论见之长短者当如此,不可止以妇人之见为见短也。故谓人有男女则可,谓见有男女岂可乎?谓见有长短则可,谓男子之见尽长,女人之见尽短,又岂可乎?设使女人其身而男子其见,乐闻正论而知俗语之不足听,乐学出世而知浮世之不足恋,则恐当世男子视之,皆当羞愧流汗,不敢出声矣。①

比如,清代女诗人陈端生(1751—1796)在其《再生缘》中成功地塑造了孟丽君这个伟大的女性形象。孟丽君不仅"才貌无双",还敢于"挟封建道德以反封建秩序,挟爵禄名位以反男尊女卑,挟君威而不认父母,挟师道而不认丈夫,挟贞操节烈而违抗朝廷"②,是一个敢作敢为的奇女子。

译介者在选取翻译的文学作品时,也很重视小说中对女性及其所承载的爱情、婚姻及家庭等形象方面的正面塑造,尤其是在具体翻译环节中很注重这方面的细节处理。《中华帝国全志》中小说译文的处理就符合这一时期西方小说本身的特点。如《吕大郎还金完骨肉》中:

【原文】吕玉娶妻王氏,吕宝娶妻杨氏,俱有姿色;吕珍年幼未娶。兄弟中只有吕宝一味赌钱吃酒,不肯学好,老婆也不甚贤晓,因此妯娌间有些面和意不和。(365)

---

① 李贽. 焚书·续焚书. 北京:中华书局,1975:59.
② 郭沫若.《再生缘》前十七卷和它的作者陈端生. 光明日报,1961-05-04.

【译文】the Wife of the first was called Ouang, and that of the younger Yang, and they had both all those Charms that render Women agreeable.

Liu the Treasure has a strong Passion for Gaming and Drinking, and discovered little Inclination to any thing that was good; his Wife was of the fame Character, and had little regard for Virtue, greatly differing in this from Ouang her Sister-in-law, who was an Example of Modesty and Regularity; thus tho' these two Women seemingly kept up a good understanding between each other their Hearts were but weakly united. (3.114)

【回译】哥哥的妻子叫王氏,而弟弟的妻子叫杨氏,她们都长得比较迷人。

吕宝十分喜好赌博与酗酒,除此之外没有其他任何有益的嗜好,他的妻子杨氏与他性格相似,没有半点美德。这点就与她的姐娌王氏大为不同,王氏的性格是谦虚与热情平和的典范。因此姐娌两人看上去相互理解,实际上关系并不好。

此处采用增译方式,对人物的刻画更为详细,交代得更清楚,为下文做了铺垫。

【原文】吕玉气闷,在家里坐不过。(365)

【译文】Liu his Father was overwhelmed with Sorrow and in the midst of his Melancholy he determined to forsake his House, where every thing called to mind the Memory of his dear Hieul. (3.114-115)

【回译】喜儿的父亲吕玉被悲伤彻底击垮,在忧伤中他做出一个决定,决意离开家庭,这里每样东西都能让他触景生情回忆起儿子喜儿。

这里对人物情感和心理细腻的刻画和描写更符合西方小说的习惯。有些西方学者认为,明清之际的中国小说家擅长于小说情节的安排和人物形象的塑造,但对人物的心理描写与刻画不太擅长。美国学者罗溥洛就持类似观点,他认为,"细致地探讨个体意识的'心理小说'甚至在西方也相对只是最近才出现的"①。一些西方读者在阅读译介到西方的明清文学作品时,对小说中情节的设置也存在一些看法,感觉情节不紧凑、不连贯、结构松、逻辑性不强等。罗溥洛从人们的观念角度出发,认为中国人一般是"坚持认为生活是生死、乐悲、寒暑、治乱无休止的互相替换和互相作用,这一令人敬畏的景象曾是中国人发现的极令人满足、极有意思的东西。这样的一种世界观很能说明中国的小说为何缺少悲剧作品和直线性的情节结构"②。罗溥洛还总结了浦安迪(Andrew H. Plaks, 1945—)就上述观点做过的分析:"首先,中国人整体主义的有机式的世界观视生命为不断周而复始并内在互相联系的模式,这就不太可能促成西方式的直线性情节结构的发展;第二,中国人所喜爱的情节结构是从戏剧假借而来的,而中国戏剧的情节高潮或中心并不是在故事的末尾,而是在三分之二或四分之三处。西方读者就可能视这类尾声相当平静的作品为无高潮,因而也就不是令人满意的。中国人所欣赏的尾声平静的结构以其'余辉'含有一种一个周期结束的意思,含蓄地假定'生活仍在继续',一个周期之尾声因而也就成了另一个周期的序幕。"③其实上述这些看法,从根本上来讲反映出了中西双方在文化思想、理念和文学审美等方面的差异与分歧,并没有对错之分。

翻译过程中,突出细节的例子有很多。如陈朝奉描述自己丢失的"搭膊"时说:

---

① 罗溥洛. 中国小说的艺术特色//罗溥洛. 美国学者论中国文化. 包伟民,陈晓燕,译. 北京:中国广播电视出版社,1994:300.

② 罗溥洛. 中国小说的艺术特色//罗溥洛. 美国学者论中国文化. 包伟民,陈晓燕,译. 北京:中国广播电视出版社,1994:301.

③ 引自:罗溥洛. 中国小说的艺术特色//罗溥洛. 美国学者论中国文化. 包伟民,陈晓燕,译. 北京:中国广播电视出版社,1994:301. 参见:Plaks, Andrew H. Towards a critical theory of Chinese narrative. In Andrew H. Plaks (ed.). *Chinese Narrative: Critical and Theoretical Essays*. Princeton: Princeton University Press, 1977:334-339.

【原文】"是个深蓝青布的,一头有白线缉一个陈字。"(366)

【译文】It was of blue Cloth，reply'd Tchin，and that which distinguish'd it from all others was the Character Tchin at one of its ends，which is my Name，and is worked in with white Silk. (3.117)

【回译】(陈朝奉回答:)"(搭膊)是蓝布的,为了与其他人的区别开来,我在它的一头绣了一个'陈'字,这是我的姓,用白色丝线绣出。"

此处,译文将细节部分完全刻画了出来。

吕玉向陈朝奉介绍"小儿"时说:

【原文】"小儿乳名叫做喜儿。痘疮出过,面白无麻。"(366)

【译文】We called him Hi eul，reply'd Liu；he had had the Smallpox，but it had left no Marks on his Face；his Complexion was fair and florid. (3.118)

【回译】(吕玉回答道:)"我们叫他喜儿,他出过了天花,不过未在脸上留下任何印迹,他的面色白皙而且红润。"

中国古代的痘疮即西方所称的天花。

在《怀私怨狠仆告主》中,对于女主人公刘氏的形容是:

【原文】刘氏勤俭作家,甚是贤惠。(344)

【译文】As for the Lady Lieou she was Model of Virtue，she was witty，diligent，frugal，laborious，and industrious. (3.167)

【回译】刘氏是一个美德的典范,她幽默风趣、勤奋、节俭、努力,并且热心积极。

译文连用 5 个形容词将原文"刘氏勤俭作家,甚是贤惠"进行了增译,体现了将小说中刻画人物性格的描述细化的翻译风格。

《庄子休鼓盆成大道》的译文中,译者将"娘子"(231)译为"Dare I"(3.139)(亲爱的),使得译语更符合西方读者的阅读习惯和口味。同篇小

说中,还有如下的翻译:

【原文】庄生又道出四句:

生前个个说恩爱,死后人人欲搧坟。

画龙画虎难画骨,知人知面不知心。(232)

【译文】Tchouang tse was not over and above attentive,but following the Emotions of his own Mind repeated these Verses:*While a Husband is living how does his Wife flatter and praise him！When he is dead，she is ready to take the Fan，and dry his Sepulchre as fast as possible：A picture represents well enough the outside of an Animal，but it cannot shew what is within；one sees the Countenance of a Person，but not the Heart*. (3.141-142)

【回译】庄子没有仔细听田氏说话,而是顺着自己的情绪作了以下诗词:当丈夫活着的时候,妻子对他百般的谄媚和奉承,当他死了却准备命用纨扇去扇他的坟,让坟干得越快越好:一幅画可以画出动物的外形,却不能展示它的内脏,一个人可以看到另一个人的面容,却猜不透他的内心。

这种翻译方式显然更易于被西方读者理解。

下文谈到对楚王孙外貌的描写:

【原文】到了第七日,忽有一少年秀士,生得面如傅粉,唇若涂朱,俊俏无双,风流第一。穿扮的紫衣玄冠,绣带朱履。带着一个老苍头,自称楚国王孙。(233)

【译文】when the Croud began to withdraw there appeared a young Batchelor，well-shaped，and of a florid Complexion；nothing could be more gallant than his Dress；his Cloaths were of a violet-colour'd Silk，with a handsome Cap，such as wore by the Learned；his Girdle was embroider'd，and his Shoes neatly made；he was follow'd by an old Domestick. (3.144)

【回译】来了一位年轻学者,长得十分英俊,面容白皙,穿的衣服再华丽富贵不过了。他的衣服是用紫色的真丝织成,非常漂亮的帽子,一看便知是饱学之士所穿戴的,腰带是刺绣的,鞋子也做工精致,他身后还尾随了一位老仆人。

显然,译文对于楚王孙的外貌进行了细致的刻画和描绘。

在庄子"死后",田氏为了嫁给楚王孙,对其老仆人是这样说的:

【原文】婆娘(即"田氏")道:"这三件都不必虑。凶器不是生根的,屋后还有一间破空房,唤几个庄客抬他出去就是。"(234)

【译文】These three Obstacles,reply'd the passionate Lady,may be removed in an instant,and without a great deal of Thought:As to the first Article of the mournful Coffin,what does it contain? an inanimate Corps,an infectious Carcass,from which there is nothing to hope,and nothing to fear;I have in the corner of my Yard an old ruined House,and some of the neighbouring Peasants,whom I shall send for,will soon carry the Coffin thither,so that the sight of it will be troublesome no longer;thus here is one Obstacle removed. (3.149)

【回译】情欲旺盛的田氏毫不思索地回答道:"这三个障碍立刻就能被扫除:第一件,这具令人伤痛的棺材里面装着什么? 一个毫无生命的身体,一具行将腐蚀的尸体,没有希望同时也不足为惧,我在院子的角落里有一间年久不用的房间,我可以使唤几个邻舍的农民将棺材抬到那里。这个麻烦的景象瞬间可以消除,第一个障碍也就消除了。"

译文将原文"凶器不是生根的"加以解释:"凶器"即棺木。这样就便于异域读者的理解。对于西方读者而言,中国文化中关于丧葬的一系列礼仪及词汇是很难理解的。如"初终":临死前病人要迁至正堂,气绝时齐哭、护丧、易服、治棺、讣告、设帏、置灵座。"小敛":在移动尸体前请人代哭。"大敛":棺材移到中堂时请人代哭。"吊":客来着素服,呈名刺,在灵前哭而后退。"葬":三月后下葬,造明器、焚香、迁柩、升车。"反哭":沿途列队大哭。① 在西方读者看来,中国的丧葬"围绕死尸者的灵魂"有很多烦琐的过程,不仅与西方"圣事七件"中的"终傅"礼迥异,而且是与基督教信仰相冲突的,所以译者在此处用了更适合西方读者口味的翻译方式。

在谈到楚王孙发病后,

【原文】田氏心爱王孙,顾不得新婚廉耻,近前抱住,替他抚摩,问其所以。(235)

【译文】The Lady, who was inamour'd to the last degree with her new Spouse, without thinking where she was, or the Condition she was in, cried out for help, and threw herself on the Body of Ouang sun; she embraced him, rubbed his Breast where his Complaint lay, and asked him what was the nature of his Distemper? (3.151)

【回译】这女人(田氏)完全不顾及她刚刚新婚,也不管在什么地方,是什么场合,哭喊着呼救,扑倒在楚王孙的身边,紧紧地抱着他,替他按摩疼痛所在的胸口,问他这个病的来历和状况。

此处译文的描述较原文本更为细腻。

在庄子"复活"之后,田氏又佯装与其重归于好。

【原文】那婆娘不识时务,指望煨热老公,重做夫妻,紧挨着酒壶,撒娇撒痴,甜言美语,要哄庄生上床同寝。

庄生把酒饮个大醉,索纸笔写出四句:

从前了却冤家债,你爱之时我不爱。

若重与你做夫妻,怕你巨斧劈开天灵盖。

那婆娘看了这四句诗,羞惭满面,顿口无言。庄生又写出四句:

夫妻百夜有何恩? 见了新人忘旧人。

甫得盖棺遭斧劈,如何等待擂干坟! (236)

---

① 李天纲. 中国礼仪之争:历史·文献和意义. 上海:上海古籍出版社,1998:178.

【译文】while the Lady remained in the utmost Confusion.
(3.154)

【回译】田氏极度慌乱。

这里,译者将原文中庄子作诗两首谴责与质问田氏的内容统统删去。这样的表述方式,显然更符合西文刻画习惯。

在《怀私怨狠仆告主》中:

【原文】王生看了春景融和,心中欢畅,吃个薄醉,取路回家里来。
(344)

【译文】Ouang,invited by the Sweetness of the Season,was willing to take a little Diversion,and he and his Company went and regaled themselves,drank several Bumpers and so parted.
(3.168)

【回译】王生被这个春季里甜蜜的景象所吸引,决定去娱乐消遣一下,便和一众友人们一起聚餐,喝了一顿丰盛的酒才彼此分开。

译文采用增译手法,对原文进行了细化。

西方主要通过译介中国的古典小说作为西人窥探和了解中国风俗人情的窗口,在对中国小说的译介过程中,十分重视对中国"实学"的介绍,对译本中涉及的中国的一些年代(朝代)、计时方式以及地理名称均有比较详尽的翻译与记载。例如,在杜赫德编著的《中华帝国全志》的第一卷及第四卷中均收录了西方人所绘的中国地图,虽然有些地图所描绘的与中国的真实环境与地貌存在一定的差异,但仍具有很大的价值。马森在《西方的中国及中国人观念:1840—1876》中有如下记载:"巴多明(Parrenin)在地理学领域作了广泛的研究。他在帝国图书馆(the Imperial Library)进行的有关地图的研究过程中,发现了其中的许多错误。因此,康熙皇帝任命了一个由雷孝思(Regis)领导的、耶稣会传教士组成的调查委员会来修改这些错误,从 1708 年到 1715 年,这个组织花了 7 年多的时间完成了这项工作。在这期间,雷孝思为了地图的准确性,在中国作了漫长的旅行考察,搜集了大量地理学方面的资料,杜赫德把这些资料编进了他的《中华帝国全志》。"①

  杜赫德编著的《中华帝国全志》第一卷封面见图2-6。

图 2-6 《中华帝国全志》第一卷封面

杜赫德编著的《中华帝国全志》第四卷封面见图2-7。

图 2-7 《中华帝国全志》第四卷封面

  杜赫德编著的《中华帝国全志》第二卷封面见图2-8。

---

① 马森. 西方的中国及中国人观念:1840—1876. 杨德山,译. 北京:中华书局,
2006:5.

图 2-8 《中华帝国全志》第二卷封面

杜赫德编著的《中华帝国全志》第二卷所收录的反映中国风俗人情——关于中国钱币的插图见图 2-9、图 2-10、图 2-11。

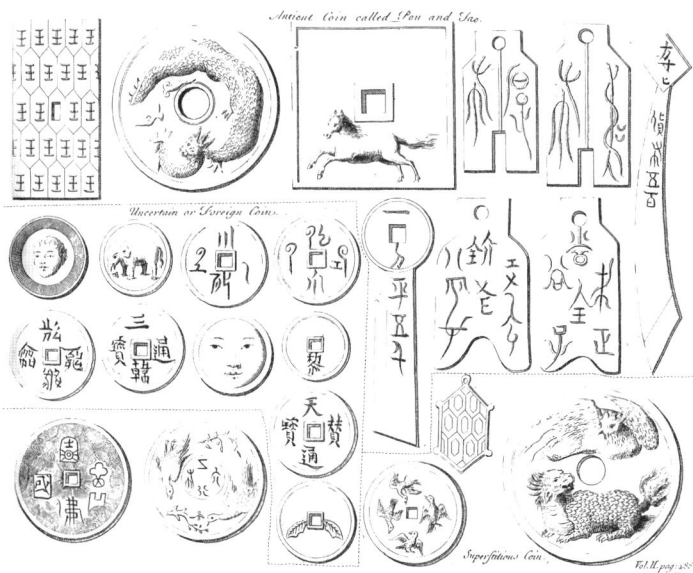

图 2-9 中国风俗人情——关于中国钱币①

---

① Watts，J. *The General History of China*（*Vol．2*）．London，1736：288.

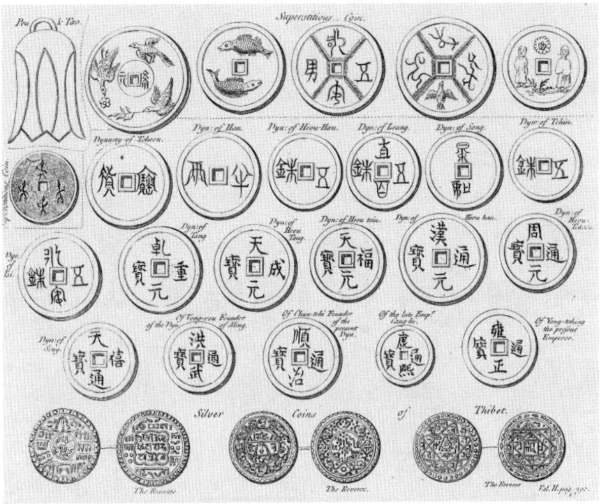

图 2-10　中国风俗人情——关于中国钱币①

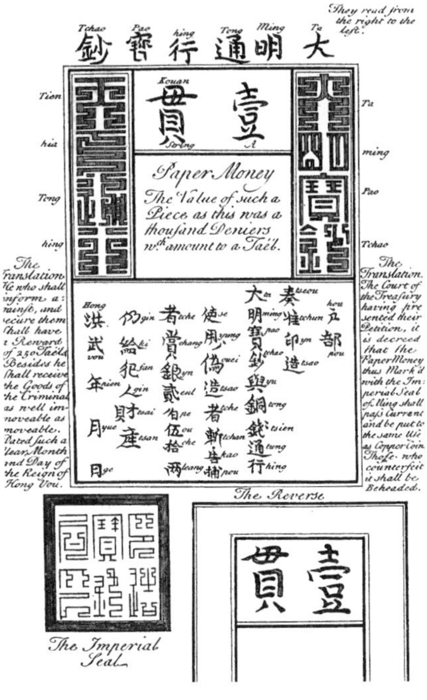

图 2-11　中国风俗人情——关于中国钱币②

---

①　Watts，J. *The General History of China*（*Vol．2*）. London，1736：290.

②　Watts，J. *The General History of China*（*Vol．2*）. London，1736：292.

杜赫德编著的《中华帝国全志》第二卷所收录的反映中国风俗人情的另一幅插图见图 2-12。

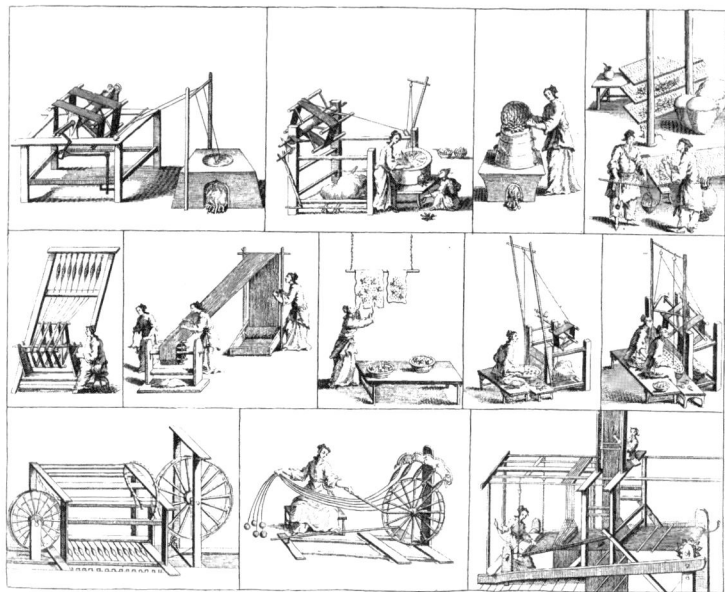

图 2-12 《中华帝国全志》第二卷之中国风俗人情①

如将《怀私怨狠仆告主》中的第一个故事"王甲杀死李乙,而终获报应"原文中的"国朝"(342)改译为"Under the Dynasty of Ming*",并加脚注"* The Author of this Story lived under this Dynasty."(3.158)(【回译】明代*,脚注:* 此故事的作者应生活在明代。),但并未标出具体年份。

同一故事中,

【原文】忽一日,大风大雨。鼓打三更。(342)

【译文】he set out therefore one Night about the third Watch, in a terrible Storm of Wind and Rain, with a Resolution to assassinate him in his House.(3.158)

【回译】王甲在一天夜里三点出门,在狂风暴雨中决定去李乙家里将他杀死。

---

① Watts, J. *The General History of China* (*Vol. 2*). London, 1736: 388.

这里,译者将"鼓打三更"误译为"夜里三点",且无注释注明。这说明,在早期的中国古典小说西传译本中,要做到事无巨细地了解、分析中国文化的方方面面其实很难。关于中国古代夜间的计时问题,在 1830 年雷慕沙《玉娇梨》法译本的英文转译本中开始做出比较详细的记载与注释。在《玉娇梨》译本中对"五更"(73)的解释就比较翔实,译文为"the fifth watch",并脚注"About four o'clock in the morning."(1.160)(【回译】五更*,脚注:*凌晨四点。)

下文中又如:

【原文】果然说去年某月日间有个姜客被王家打死,暂时救醒,以后不知何如。(348)

【译文】It is true, replied they, that a Year ago, on such a Month and Day, Ouang violently assaulted a Dealer in Ginger, he was thought to be dead for some time, but at length he came to himself, and we know nothing at all of what happen'd after. (3.177-178)

【回译】"是真的,去年某月某日王生重重地击打了一个卖姜的小贩,本以为小贩被他打死了,不过小贩又醒了过来,后面我们就不知道发生什么了。"众人说道。

这里,译者将原文的"果然说去年某月日间"翻译得非常准确,但为了西方读者理解,将"姜客"译为"卖姜的小贩"。

如上文所述,杜赫德编著的《中华帝国全志》主要综合了卫匡国等 27 个耶稣会士的日记和回忆录等,涉及 18 世纪中国文化、思想、风土人情和习俗礼节等。《中华帝国全志》将中国的地理、历史、政治、历代王朝和风俗都做了详细描述。

在第三卷收录的三篇古典小说译文中,对于小说中中国的地名有较为详尽的翻译,见表 2-1。

表2-1 《中华帝国全志》第三卷收录的中国地名

中文	英文
南京	Nan king
曹川	the District of Tsao tcheou
浙江温州府永嘉县	the small City Yung kia of the District of Ouen tcheou, in the Province of Tche kiang
湖州	Hou tcheou
刑部	Suprem Tribunal
苏州	Sou tcheou
楚	Tsou
南华山	Mountain Nan boa
宋国蒙邑人	Mong, a City of the Kingdom of Song
扬州	Yang tcheou
南宿州	Nan Sou tcheou
陈留	a Town call'd Tchin lieou
山西	the Province of Chang si
江南	the Province of Kiang nan
常州府	the City of Tchang tcheou
无锡	Vou si

　　如何更准确真实地翻译中国小说中的人名、称呼及地名等,对于西方译者而言是一个比较大的挑战。例如,雷慕沙在《玉娇梨》译本的序言中曾说道:"我最初在处理中国人于交谈过程中彼此使用的尊称和礼貌的称呼时,就采用了这一方法。对这些称号的表达,大概只有三种:一是完全取消称号;二是用拼音写出来;三是用与欧洲人相当的称号取代中国人的称号。"①雷慕沙把中国人的名字、称呼看作中国文化、民族特性的一部分。雷慕沙不赞成在翻译人名的时候取消称号,他认为:"第一种方法做得太过分,但中国民族的特征之一不会因此而消失。人们已经知道,并且在阅

---

① 雷慕沙. 论《玉娇梨》. 杨剑,钱林森,译//钱林森. 法国汉学家论中国文学:古典戏剧和小说. 北京:外语教学与研究出版社,2007:86.

读《玉娇梨》时将会更清楚地了解到,文明的不断进展已经把中国社会推到了和我们的社会相近的高度。中国社会中那些修养极高的人之间的关系同我们的情况差不多,他们讲话时所用的声调都含有极为相似的微妙的色彩。"①所以,雷慕沙"决定把相应的法国人的称呼赋予中国人,如先生、大人、夫人、小姐、老爷、阁下",因为在他们的"客套语中找不到相当数量的不同等级的词汇来忠实地表达中国人的礼貌的差异。从等级、年龄和社会关系的角度来说,'大人'这个称呼就有四五种说法,招呼一个有地位的人也有四五种叫法,同友人、亲属和下级讲话,就有许许多多性质相同的词语。这一切在译文中不可避免地就失去了一部分"。雷慕沙甚至认为:"当我试图用我们的语言来转译中国人的那些变化无穷的客套话时,我才比任何时候都更加深刻地意识到了我们的语言是如此的贫乏。"②

随着对中国文化和中国文学作品的逐渐了解,西方译者对于中国人的名字、称呼的译介有了更加深入的认识。这一点德庇时在其《好逑传》英译本中也有"异曲同工"的看法。德庇时指出:"与我们的经典小说一样,中国小说中主人公的姓名也与其作品中所被刻画的性格相吻合。《好逑传》的男主人公名字中有个'铁',象征着'像铁一般'勇敢刚毅;女主人公名为'冰心',而在中国这一名字蕴含着纯洁之意,而非字面上的心肠冷漠的意思;水冰心的父亲水居一的'居一'二字,从字面上看解为'目的单一',其实充分表达了他固执的性格。"③除了指出小说中虚构之人名可以反映小说人物的性格外,德庇时亦谈及对名字翻译的看法:"个别人物有时会有不同的名字。然而,在我们的翻译中,我们认为最好是每个人只用一个名字,以防止混乱,并避免不必要地增加一些晦涩难懂的外来词。此外,我们也放弃了使用那些带有连字符的词,因为我们要更多地分隔名字的音节而

---

① 雷慕沙. 论《玉娇梨》. 杨剑,钱林森,译//钱林森. 法国汉学家论中国文学:古典戏剧和小说. 北京:外语教学与研究出版社,2007:86.

② 雷慕沙. 论《玉娇梨》. 杨剑,钱林森,译//钱林森. 法国汉学家论中国文学:古典戏剧和小说. 北京:外语教学与研究出版社,2007:87.

③ Francis Davis, John. *The Fortunate Union* (*Vol. 1*). London: J. Murray, 1829: xii-xiii (Preface).

不是连接它们,中国人名字的发音就像欧洲语言中的多音节词一样。"①

德庇时在谈到翻译的体会时还指出:"关于尊称翻译,译者不得不使用我们自己语言中的对应词。Laouyay(老爷)是对中国官员的普通称呼,用我们常用的 worship(尊阁)就足以表达;而 Tají n(字面意思是大人物)几乎可以直接用 lordship(爵爷)或 excellency(阁下)来表示。这种高级的尊称,由于过于阳春白雪,偶尔可以大胆地用英文对应词翻译;但把mistress(夫人)和 miss(小姐)这种英文里常用的称呼加在中国名字上,只能产生一种可笑的效果,而且肯定不会传达出对原文的公正印象。"②虽然,从中国古典小说最早的西传译本中来看,译者并未提及小说中人名与小说人物性格的潜在关联,但从《中华帝国全志》收录的古典小说译文中对人名的处理来看,杜赫德基本上采用了把人物的名字适当地连写以免混乱、连字符尽量少用的方式,尽可能体现出中国人姓名的本来拼读方式,见表 2-2。

表 2-2 《中华帝国全志》第三卷收录的中国人名

中文	英文
老子	Infant Old Man
(王杰)(字)文豪	Ou en hoa
王杰	Ouang kié
徐公(浙江司朗中)	Siu kung of the Province of Tche Kiang
知县	the Mandarin
邹老人	Seou (old Fox)
王小二(王甲子)	Ouang siao eul
老爷	my Lord
蒋氏(李乙妻)	the Lady Tsiang

---

① Francis Davis, John. *The Fortunate Union* (*Vol. 1*). London: J. Murray, 1829: xiii (Preface).
② Francis Davis, John. *The Fortunate Union* (*Vol. 1*). London: J. Murray, 1829: xiii-xiv (Preface).

续 表

中文	英文
李乙	Li y
王甲	Ouang kia
王孙	Ouang sun
田齐族	the King of Tsi
田氏	Tien
李耳(老子)	Ly Eul
庄子	Tchouang tse
陈朝奉	Tchin
喜儿(吕玉子)	Hi eul (the son of Rejoicing)
杨氏(吕宝妻)	Yang
王氏(吕玉妻)	Ouang
吕珍	Liu the Pearl
吕宝	Liu the Treasure
吕玉	Liu the Diamond
胡虎	Hou the Tiger
周四	Tcheou se

总的来说,对从《今古奇观》中选译的三篇小说以及《好逑传》《玉娇梨》等小说中的主要人物及其姓名的翻译,译者都尽量按照中国文化传统的方式处理。正如道森所说:"我们要寻找中国人生活和中国文学的特色,这些特色不可能与其他国家的文化十分相似,因而就为西方作家提供了新的写作素材,也为西方读者提供了新鲜的阅历见识。中国人生活的一个特色就是大家庭体系,它涉及人类亲戚关系的一种新的变化的形式,从而可以开拓新的文学题材。妻妾之间的勾心斗角、争风吃醋情况为作家提供了充分的机会去编织复杂的情节并刻画出各种不同人物的形象。

这种情况在一些中国小说巨著中得到了辉煌的运用,如《金瓶梅》与《红楼梦》。"①而赛珍珠(Pearl S. Buck, 1892—1973)所写的关于中国题材的小说在西方广受欢迎的原因,一方面可能是很多美国人从赛珍珠小说中体会到自己家族过去兴衰成败的酸甜苦辣;另一方面,中国文学真正吸引西方读者注意与兴趣主要在于:"也许求助于一种对于由文雅的才智所主宰的简朴生活的怀旧心理,在一个高度工业化的的复杂社会里人们过多追求有形的东西,以致似乎常常忘了才智,因此这种怀旧心理就更为强烈。"②

道森指出,西方对中国的了解、看法与评价的变化,也与当时欧洲的社会生活变化密切关联。在当时的欧洲社会中,"子女多常常被人瞧不起,并与贫困和缺乏责任感联系在一起(在耶稣教徒眼中,它与罗马天主教的愚蠢教义相联系)。用比喻手法来描写中国人口众多的情况往往就是贬义的"③。这种看法也从译文中体现出来。笔者由此揣测,西方读者不喜欢《红楼梦》这样角色繁多的大家庭式题材的小说,可能是西方人面对《红楼梦》所展现出的罕见的大家庭以及各式各样性格的人群产生了一定的恐惧感。这必然会对西方人看待中国文学作品中的大家庭题材产生一定的影响,他们可能会认为人口众多是对生命的不尊重,也可能对陌生人造成一定的冷漠。约翰·巴罗(John D. Barrow)在《我看乾隆盛世》一书中对当时清朝都城每年都有大量弃婴事件就有所记载,并对人们对生命的漠视和冷漠很震惊。德国哲学家黑格尔也对当时中国偶尔出现类似的自杀与弃婴事件发表过评论。对于中国古典小说《红楼梦》来说,虽然直观上给人以贵族大家庭纸迷金醉、充满淫靡风气的生活形象,其实里面也有像焦大等中国苦力人物的形象。

---

① 道森. 中国变色龙:对于欧洲中国文明观的分析. 常绍民,明毅,译. 北京:中华书局,2006:155-156.
② 道森. 中国变色龙:对于欧洲中国文明观的分析. 常绍民,明毅,译. 北京:中华书局,2006:158-159.
③ 道森. 中国变色龙:对于欧洲中国文明观的分析. 常绍民,明毅,译. 北京:中华书局,2006:190.

总之,在当时"中学西传"的年代中,以《今古奇观》为代表的中国古典小说早期的西传,不但开创了中国古典小说西传的先河,确立了此后中国古典小说翻译的一些范式,而且还证明了中国文学本身的开放性和丰富性。令人遗憾的是,在那个时代中,中国对西方了解甚少,更没有作为主体的角色参与到"中学西传"之中,错过了中西文化更深刻、更广泛相互交流的机会。

第三章　19世纪中国古典小说西传的拓展：以《好逑传》译本为例

> 万物有本然，终不为他者。
>
> ——约瑟夫·巴特勒①

第一节　西方浪漫主义时期的历史回眸和译本的背景

本书选取的译本大致处于19世纪20年代，这个时期正是西方浪漫主义文学兴盛的时期。浪漫主义作为文学发展的一种重要思潮是英国资产阶级革命、法国大革命、欧洲民主运动和民族解放斗争的产物。从19世纪30年代开始，浪漫主义在英国的辉煌时期已经接近尾声。但在法国，浪漫主义才刚刚取得对古典主义的压倒性胜利；在其他一些国家，如西班牙、意大利等，浪漫主义文学潮流一直延续到了19世纪的中期。1789年爆发的法国资产阶级革命掀开了欧洲历史的新篇章，开辟了欧洲资本主义发展史上的一个新时代，也最终确立了启蒙时代所推崇的"理性"思想和人的主体性地位。在此之后，人们希望能够掌握自己的命运，征服自然，改造世界。法国大革命摧毁了封建统治，同时也催生了一个关于人的理性、征服力和创造力的极度膨胀的奇迹——拿破仑。拿破仑摧毁了封建制度，为资本主义制度的确立铺平了道路。从此，欧洲资本主义

---

① Butler, Joseph. *Fifteen Sermons Preached at the Rolls Chapel* (2nd ed.). To which is added a Preface. London：1729：xix (Preface).

得到很大的发展,工业生产中机器生产逐渐增多。在这次革命的鼓舞下,欧洲其他许多国家的反封建进程加速,民族解放运动此起彼伏。

特别是这个时期的启蒙运动,给欧洲政治思想和文化带来了很大的影响,对法国社会生活各个方面的影响尤其显著。"在法国历史上这个新旧制度转折的关键时刻,文学不可能再孤立存在,它义无反顾地加入到启蒙宣传中去,成为宗教、政治问题的熔炉和各种新兴学科的最好讲坛。它直接参与了哲学思想进步的进程,导致了社会制度的变革。"①可以说,法国的启蒙运动直接导致了法国浪漫主义的形成和发展。18世纪末,法国资产阶级革命所唤起的人民群众的解放运动、反封建主义和反民族压迫的斗争,以及欧洲反对拿破仑统治的民族解放战争,都是促成浪漫主义在法国形成和发展的因素。例如,席里柯(Theodore Gericault,1792—1824)就是法国浪漫主义派一位代表人物。小说家司汤达(Stendhal,1783—1842)在《红与黑》中塑造的人物于连,试图通过跨越阶级身份而实现平等的权利和成功,深深体现了法国大革命以及拿破仑的成功带给这一时期文学的影响。

这一时期的西方浪漫主义文学和最早的西传中国古典小说存在一些相似性。19世纪的浪漫主义作家都喜欢搜集、整理、改编民间传说,并且民间文学以其活泼、质朴等特点超越了文人文学。这也是浪漫主义运动中有"回到中世纪"的口号的原因之一。中世纪民间文学不受新古典主义清规戒律的束缚,其特点是想象力丰富、情感质朴、表达方式多样、语言通俗,主要表现为:情节追求偶然性,手法夸张;相比古典主义的典雅和朴素,辞藻更华丽;诗歌成为最主要的文学体裁,并且以最具个性化色彩的抒情诗最为流行;以美化之后的大自然为理想;文学往往与人的宗教体验相联系。

译者德庇时所在的英国,当时正处于19世纪前期浪漫主义诗歌的全盛时期。和浪漫主义诗歌相比,此时的小说在英国影响力较小,基本上处于陪衬地位,取材以历史传奇和浪漫故事为主。在18世纪最后十年到19

---

① 李赋宁. 欧洲文学史. 北京:商务印书馆,2001:470.

世纪 30 年代的英国浪漫主义诗歌全盛时期,大部分小说作品被视为供妇孺和下等人阅读的"次文学"①。"在浪漫主义文学中,散文虚构作品的地位以前和现在都是不甚确定的。"②在 19 世纪英国小说发展的第一阶段,以司各特(Walter Scott,1771—1832)为代表的作家创作的历史小说和浪漫主义传奇小说应该是"当时最畅销的读物,其读者群之广仅次于报纸。廉价的读物成了供城镇工人阶级和中、下层市民文化消费的食粮,它能与构成英国社会的大多数人群进行沟通与交流。而那些被视为高雅的诗歌甚至戏剧作品未必能担当起这样的社会责任"③。所以,在本书选取的中国古典小说西传译本中,译者一直强调它属于"history romance"(历史小说)或者"tragedy"(悲剧)。如 1829 年德庇时的《好逑传》英译本的书名页注明,这是 a Chinese Tragedy(中式悲剧)。书名页上写明了"The Fortunate Union, a Romance, Translated from the Chinese Original, with Notes and Illustrations, to Which Is Added, a Chinese Tragedy, by John Francis Davis, F. R. S. In Two Volumes. London:J. Murray. 1829"④等内容。在译本的前言里说明:

> 本书译自这个国家(指中国)发生的故事,那是人们茶余饭后的消遣。译者在阅读完《好逑传》原作后,印象深刻,对其特质有很好的评价;当试着译完前两章之后,他受到鼓舞,开始完完全全地以中国特有的"Romance"(小说)的形式来翻译这部小说。因长期与当地人交往,他在其中还增加了可靠的注释和解释。⑤

在雷慕沙翻译的《玉娇梨》中,由法文本转译成英文本的序言开宗明

---

① 侯维瑞,李维屏. 英国小说史. 南京:译林出版社,2005:216.
② Kelly,G. Romantic fiction. In Stuart Curran(ed.). *British Romanticism*. Cambridge:Cambridge University Press,1993:196.
③ 侯维瑞,李维屏. 英国小说史. 南京:译林出版社,2005:216.
④ Francis Davis,John. *The Fortunate Union*(*Vol*. 1). London:J. Murray, 1829:Title page.
⑤ Francis Davis,John. *The Fortunate Union*(*Vol*. 1). London:J. Murray, 1829:vii(Preface). 相关引文由笔者根据英文版译成中文.

义指出：

> 中国在很长一段时间以来就同时拥有历史题材和社会风俗题材的"romance"（小说），就如同这两种题材的小说在法国和英国皆已存在了。他们在地球远而偏僻的地方，能有这样的文学水平已属不易。在他们民族的早期主要是寓言、奇闻、神话史诗，真正意义上的"romance"（小说）或小说是社会进步的一个表现，他们开始不再轻信，而把文学的关注点由粗犷的自然和令人惊奇的事件转向现实生活。只有人的文明发展到一定阶段，人们才会倾向于思考家庭生活的背景，沉思激情的体现，分析人的多愁善感，观察由于利益冲突而不断造成的社会冲突等方面。这样的小说体现真实的情感与风俗。他们的戏剧必然会因那些想要娱乐的人的生活方式而改变。文人的兴致起初聚集在森林或旷野，或寄情于山海，笔端进入都市的时间相对较晚。中国，和一些现代（维多利亚早期）的欧洲一样，让女子进入客厅，与她们亲切、友好地互动交流，让她们参与家庭讨论、家庭外交，以及参与所有琐碎的细节，而这些细节在总体上构成了文明人生活的绝大部分。

> 这些恰恰是中国"romance"（小说）的兴趣来源，作者笔端描绘得更多的是理性而非想象，并不是想让读者对他们的勇敢和自信感到吃惊，而是呈现一种生活经验的娓娓道来，其他的亚洲国家纷纷被这样"神奇"的文学风格所吸引，而摧毁了他们本身引以为荣的文学传统，甚至在历史中也融杂了"romance"（小说）的风格。中国人则不同，在他们的"romance"（小说）中仍保持着历史的韵味，并且他们的小说并非冗长乏味，保持着一种单一而纯真的形式不变。每一天的生活就是作家创作的来源。①

但是，"tragedy"（悲剧）只是译者的一种"调适"理想，在中国小说中不

---

① *Iu-Kiao-Li, or, The Two Fair Cousins. A Chinese Novel*（*Vol. 1*）. From the French of M. Abel-Rémusat. London：Hunt and Clarke，1830；ix-x（Preface）. 相关引文由笔者根据英文版译成中文。

会有西方文学的命运悲剧观,甚至可以说,中国没有悲剧,只有苦情。从印度譬喻故事到中国的感应、冥报传说,中国古典小说深受佛教"因果报应"论的影响,故事必定有个完满的结局。在中国小说中并不都是正邪分明的角色,但善恶交织的人物是不存在的。笔者亦认为,正确与错误、好与坏、善与恶兼而有之的人物才具有普适人性。"从词源来看,人性也是人生而固有的东西。"①比如说,怜悯之心,对爱情忠贞、家庭幸福的诉求人皆有之,这就是人的一种共同性、普遍性;如果仅仅是一些人具有的特殊性,那都不能称为普适的人性。

雷慕沙认为,中国的"romance"(小说)比 13、14 世纪的西方旅行家撰写的关于中国的游记和 15、16 世纪西方传教士传递的某些信息更真实、有效。因为中国小说仿佛是一种游记,在西方人看来,它们要比旅行家的游记"更加准确,更加有趣"②。雷慕沙之所以翻译《玉娇梨》,还因为它体裁的纯净,和作为文学作品的雅致。这部小说有着寓言般的简朴、精美的构思、简单而又合理的情节发展,人物描绘精湛,而且人物的构架与结局相衬。如果里面的诗句、人物即兴创作的诗词以及诗词般的描述少一点就更好,但是这些缺点也是中国学者的优点的一种展示。这一类故事展示了社会的上层阶级,展示了由聪慧和优美的人所构成的社会风俗。③

雷慕沙还将中西方所谓的"romance"(小说)做了对比。他认为,中国小说在细节描绘方面胜出,这一点可以同理查森(Samuel Richardson,1689—1761,英国小说家,对 18 世纪的欧洲文学影响深远)媲美。④ 美国汉学家卫三畏(Samuel Wells Williams, 1812—1884)⑤在其所撰的《中国

---

① 王海明. 人性论. 北京:商务印书馆,2005:9.

② *Iu-Kiao-Li, or, The Two Fair Cousins. A Chinese Novel* (*Vol*. 1). From the French of M. Abel-Rémusat. London:Hunt and Clarke,1830:xi (Preface).

③ 参见:*Iu-Kiao-Li, or, The Two Fair Cousins. A Chinese Novel* (*Vol*. 1). From the French of M. Abel-Rémusat. London:Hunt and Clarke,1830:xxv-xxvi (Preface).

④ 参见:*Iu-Kiao-Li, or, The Two Fair Cousins. A Chinese Novel* (*Vol*. 1). From the French of M. Abel-Rémusat. London:Hunt and Clarke,1830:xii (Preface).

⑤ 卫三畏,最早来华的美国传教士之一,美国早期汉学研究的先驱者及第一位汉学教授。

总论》里也提到雷慕沙将中国小说的结构同理查森的作品加以比较,认为"作者以重复的笔触使人物有趣而自然,最后产生高度幻觉。我翻阅下去,仔细领会,兴趣越来越浓;看到将近结束时,我发觉自己快要和可爱的人物分别了,我正好意识到在玩味他们的社会"①。雷慕沙还指出,中国小说的主要缺点在于:

> 对琐碎细节、地方外观以及对话者的性格背景作冗长的叙述,而叙事的主线大多以对话的形式来展现,写得太细腻,很快使人厌烦。用诗和长篇大论来表现艺术的珍奇和自然的美,在叙事中插入一点暗示,或在有趣的情节之间以最严肃的态度谈论起了道德思考,就像喜剧中的长韵律赞美诗,搞混了主要故事,把理应产生效果的统一性打乱了。②

西方的浪漫主义(romanticism)起源于古法语的"romans",最初是从拉丁语派生出来的,意为"罗曼语",但它不仅仅指的是一种语言,它也意味着用这种语言写的富有想象力的故事和"宫廷爱情"。在中世纪时期,"浪漫"一词带有贬义性质,指不可能发生、不真实;到了 17 世纪,"浪漫"一词仍然用来形容任何想象的、虚构的、神奇又不着边际的事物;直到 18 世纪,"浪漫"开始由贬义转向褒义,开始与"优美""美好"等词结合在一起,指不满意污浊的现实,与现世的对抗。③ 人们特别喜欢用其来描写自然景观的美丽怡人。其实,浪漫主义和大自然一直保持着密切的关联。浪漫主义时期的艺术家和哲学家强调大自然的荣耀和美丽,以及自然世界的力量。一些浪漫主义学者认为,浪漫主义者应当以宗教般虔诚的方式对待自然,把自然当作精神家园。一些浪漫主义作家和艺术家强调情感上的灵感来自自然界的美丽,喜欢在作品中体现自然意象,试图以此唤起观众对美的想象力。

　　《好逑传》的德庇时英译版本(1829)和《玉娇梨》的雷慕沙法文本转译

① 　转引自:卫三畏. 中国总论. 陈俱,译. 上海:上海古籍出版社,2014:483.
② 　转引自:卫三畏. 中国总论. 陈俱,译. 上海:上海古籍出版社,2014:483.
③ 　肖伟胜. 欧洲文学与文化. 重庆:西南师范大学出版社,2008:184.

英文版本(1827)中所塑造的女性形象,不再是中国传统中"女子无才便是德"的形象,与传统文学作品中"红颜薄命"以及"红颜祸水"的观念也截然不同。《好逑传》和《玉娇梨》两部小说中的女性形象不仅品德出众,而且才貌双全。例如,《玉娇梨》第五回中苏友白说:"……有才无色,算不得佳人,有色无才,算不得佳人。即有才有色,与我苏友白无一段款款相关之情,也算不得我苏友白的佳人。"①作者不仅借苏友白之口强调了女性的"色""才"兼得的理想形象,同时又增添了人们向往真爱的这一普适性诉求,使得小说中女性形象更加鲜明和靓丽。鲁迅在《中国小说史略》的"明之人情小说"中,对小说《好逑传》也有这样的评论:"《好逑传》十八回,一名《侠义风月传》,题云'名教中人编次'。其立意亦略如前二书,惟文辞较佳,人物之性格亦稍异,所谓'既美且才,美而又侠'者也。"②并且这样的女性在小说中最后都获得了美满的结局,所谓"始于悲者终于欢,始于离者终于合,始于困者终于亨"③。两部小说中对佳人命运的安排,带有理想化的因素,但是促进了人们对于美好爱情与婚姻的向往和追求。如鲁迅所言:

> 至所叙述,则大率才子佳人之事,而以文雅风流缀其间,功名遇合为之主,始或乖违,终多如意,故当时或亦称为"佳话"。察其意旨,每有与唐人传奇近似者,而又不相关,盖缘所述人物,多为才人,故时代虽殊,事迹辄类,因而偶合,非必出于仿效矣。④

中国古典小说塑造的女主角一般集容貌、才华、品德于一身,而且都获得了美满的结局。这比较符合西方浪漫主义时期对女性形象的诉求与刻画,以及对东方女性婚姻自主性和理性的一种美好幻想。在同一时期的西方,对于女性和婚姻、爱情的塑造最有代表性,并且同样也塑造出大量"才貌双全"的女性形象。这样的作家首推英国的简·奥斯汀(Jane

---

① 荻岸山人. 玉娇梨. 中国:中国经济出版社,2010:54.
② 鲁迅. 中国小说史略. 北京:中华书局,2010:119.
③ 王国维.《红楼梦》评论. 杭州:浙江古籍出版社,2012:12.
④ 鲁迅. 中国小说史略. 北京:中华书局,2010:116.

Austen, 1775—1817)。奥斯汀是处于浪漫主义转向现实主义时期英国出类拔萃的小说家。她上承浪漫主义熏陶,下启维多利亚时代社会现实主义风气,成为 18、19 世纪小说的重要衔接者。奥斯汀共写了六部长篇小说,贯穿奥斯汀小说的主题就是爱情与婚姻。她以细腻的笔触、特有的生活经历,揭示了婚姻和爱情的观念,向世人展示了一幅与司各特笔下的历史背景完全不同的画卷,正如她曾称自己"在两寸象牙上描绘"①的那样。奥斯汀本人的婚姻观与中国小说中苏友白的"与我苏友白无一段款款相关之情,也算不得我苏友白的佳人"似有异曲同工之妙。奥斯汀非常强调婚姻不能没有爱情,必须把婚姻建立在以爱情为基础的男女关系上,否则极易破裂,社会也无法稳定。这一题材从理查森起到维多利亚时期的小说家都一直在延续。②

维多利亚时期是此类题材小说创作的高峰期。"据说总数达四万至五万部。除了传统的'三卷本'等传统的出版形式外,许多小说采取杂志、报纸连载或小分册等多种形式发表。"③这样的背景不仅催生了大量的女作家,而且"这些小说以当时处于上升地位的中产阶级,尤其是以中产阶级(特别是其中下层)为关注、描写的对象,以中产阶级(包括其最底层的女佣人)为主要读者群"④。上文所述的女性、爱情、婚姻及家庭的形象在维多利亚前期、中期的小说中一直受到强调,并且对于女性的描写,与中国的古典小说对女性的描写有诸多类似,例如,"不能写让女孩子家脸红的任何话"⑤。所以,维多利亚时期的作家往往使用丰富的意象和隐晦手法,既使得作品优雅而不落俗套,又使得作品能够经得起时间的考验。

综上所述,当时的欧洲文学发展的大背景,对同期的中国古典小说译本也产生了一些影响。例如,对中国古典小说本来着墨很淡而且比较雅

---

① Le Faye, D. (ed.). *Jane Austen's Letters* (3rd ed.). Oxford: Oxford University Press, 1995: 323.
② 钱青. 英国 19 世纪文学史. 北京: 外语教学与研究出版社,2005: 124.
③ 李赋宁. 欧洲文学史. 北京: 商务印书馆,2001: 263.
④ 李赋宁. 欧洲文学史. 北京: 商务印书馆,2001: 263.
⑤ 李赋宁. 欧洲文学史. 北京: 商务印书馆,2001: 265.

致、隐晦的性爱描写,早期的译者为了适合西人的审美需求也往往会删去。一方面,这自然暗含着译者希望通过中国古典小说译本达到社会道德教化功能的目的要求。例如,1761 年的珀西版《好逑传》中,珀西在献词里说:"正当诲淫诲盗的小说故事充斥国内市场的时候,这本来自中国的小说,作为一本讲究道德的书,还有劝善惩恶的作用;不然的话,我也不敢请夫人过目了。"①另一方面,这也符合维多利亚时期的作家对女性的描写应回避很多禁忌的要求,使得作品既不让女性脸红,又经得起时间的检验。

第二节　19 世纪"中学西传"的中国先行者②

这一时期的"中学西传",担任主角的多是西方国家的译介者和汉学家,但是中国的一些学者和外交官在中西文化交流中所起的作用和意义也是不可忽视的。其中,陈季同(1852—1907)最具有代表性,他在文学翻译、中西文化交流等方面做出了杰出贡献。陈季同是福建侯官(今福州)人,1875 年从福州船政局附设的求是堂艺局前学堂毕业。曾陪同法人日意格(Prosper Marie Giguel, 1935—1886)到欧洲采购机器,先后游历英、法、德、奥等国。光绪四年(1878)担任清朝首任出使英法大臣郭嵩焘的法文翻译,在欧洲生活多年。其间,他积极开展中西文化交流活动,不仅向国内介绍欧洲的思想、文化、文学与法律等,而且以法文著、译了七种图书,把中国的思想、文化、文学名著等介绍到欧洲,纠正了某些西方人士对中国文明的偏见。陈季同开启了国人独立从事中外文化交流活动的先河。他的这些事迹多年来几乎被人们所遗忘,因而对其人其书有进行全面评述的必要。

"中学西传"的交流中,翻译是不可或缺的枢纽。晚近的翻译史中,

---

① 转引自:范存忠. 中国文化在启蒙时期的英国. 上海:上海外语教育出版社,1991:151.
② 陈婷婷."中学西传"的先行者——20 世纪 90 年代以来中国国内陈季同研究述评与思考. 沈阳大学学报,2020(6):786-790.

"西书中译"者可说相当多,如严复就是其中的佼佼者,"严译名著"影响了几代中国人;仅就莎士比亚的作品,就有朱生豪、梁实秋、孙大雨、卞之琳等名家卓越的译品。而"中书西译"就显得贫乏许多,但其意义显然更重要些,因为它是一种文化的输出工作。要担此重任,中西文化的根底自然要极其深厚,而非只是语言能力足够就行,因此,在这方面做出卓越贡献的辜鸿铭就曾被视为近代"中学西传"的第一人,而在他之后,也仅有林语堂可以当之。

开启国人独立从事中外文化交流活动先河的陈季同于 19 世纪 80 年代就出版了《中国人自画像》《中国人的戏剧》等著作,其目的是让西方世界了解中国,了解中国人的生活、习俗和娱乐,从而更好地了解中国人的内心世界。在《中国人的戏剧》一书中,其对中国戏剧本质问题的论述可说是相当精辟的。他认为,中国戏剧是大众化的平民艺术,不是西方那种达官显贵附庸风雅的艺术。当时法国文坛的领军人物阿纳托尔·法朗士(Anatole France,1844—1924)等,便是通过陈季同和他的作品一窥中国文化的。陈季同不遗余力地向西方宣传中国文化,其用意就是让世界真正了解中国,让中国能够融入世界。他还是最早将《拿破仑法典》译成中文的人,因为他精通法国的政治、律法,在当时就很清楚地意识到中国文化不应故步自封,应该走向世界。

作为中国近代史上的一位风云人物,陈季同以外交官身份经历了近代中国一系列重大历史事件,在"中学西传"和译介法国文化、文学上均堪称先驱,是继王韬(1828—1897)之后中国与欧洲汉学界交往的阶段性代表人物。此外,他也是晚清少数几位亲历世博会并将其付诸笔端的代表人物之一。与此同时,他的心路历程也反映了近代中国早期在走向世界的过程中,人文知识分子内心世界的悲喜辛酸。俗话说"剧场小舞台,社会大舞台",无论在哪个舞台,都曾演出过无数轰轰烈烈的戏剧,也都离不开众多角色的参与。然而,最大的舞台莫过于历史了,星移斗转,沧海桑田,时间与空间的巨大包容性,决定了它蕴含内容的丰富多彩,同时也注定要孕育出形形色色的社会角色来。① 20 世纪 90 年代以前，陈季同在学术研究中很少被人专门提及；近 20 年以来，对陈季同的研究已逐渐引起学界越来越多的关注。对陈季同研究的关注，也从一定程度体现了"中学西传"的历时性和研究意义。

对于陈季同的专题研究，比较文学学者李华川应当是其中的杰出代表。他不但收集和整理了陈季同的《中国人自画像》《中国人的戏剧》《中国的娱乐》和《英勇的爱》等八本书，还对相关著作进行了深入研究。他指出，在当时，陈季同对中西文化交流做出了主要贡献，特别是通过《中国人自画像》和《中国的娱乐》两本书，向西方开启了一个了解中国人的文化、礼俗、生活、习俗和娱乐的窗口。以实证研究见长的历史学者桑兵在《陈季同述论》一文中以丰富的史料整理和缜密的史实考证对陈季同进行了深入研究。该研究认为，当时关于陈季同生平的记载很少，仅仅在沈瑜庆撰写的《陈季同事略》(《福建通志·列传》卷 39：清传列八，1938 年刻本)中有一点简单的介绍，与林纾、辜鸿铭、严复等近代福建籍文化名人研究的丰富史料和著述相比，学界对陈季同的研究资料不多，成果也有限，需要进一步拓展。《陈季同述论》这篇论文不仅在史料和史实上为陈季同的研究开辟了一片新天地，而且对史观的拓展，即所谓"检查历史视野和观念的局限与偏差"②，也起到了很好的作用。桑兵对陈季同的求学留洋经历、外交公务活动，甚至个人秉性等方面都提供了丰富翔实的研究史料。该研究主要涉及陈季同在政治、军事、外交等方面的贡献，而对于陈季同在社会文化活动方面，尤其是在文化交流(主要指文化、文学)方面的译作、著作等的关注不够。其实，陈季同作为晚清的一名外交官员，在文化交流上的重要贡献也是不言而喻的。另一位学者黄兴涛在《近代中西文化交流史上不应被遗忘的人物——陈季同其人其书》一文中对陈季同在中西文化交流上的贡献进行了较为全面的介绍。该文特别指出："就陈季同一生的作为而言，他主要是一个文化人，其影响和价值也主要体现在近

---

① 修晓波. 色目商人. 北京：北京图书馆出版社，1998：1(前言).
② 桑兵. 陈季同述论. 近代史研究，1999(4)：110.

代中西文化交流史上。"①该文就陈季同对法国文化及文学的译介、对中国文化的介绍和传播,以及他在中国古典诗歌创作等方面的成就做了较为详尽的介绍。文章呼吁学界应更多地关注陈季同在中西文化交流方面的贡献,也希望在这方面多出成果。学界也从中西文化交流史的角度对陈季同进行了相关研究。值得注意的是,学界在研究中把关注点更多地聚焦于陈季同在"中学西传"的贡献上,尤其在近代中国"西学东渐"成为锐不可当的趋势的背景下,陈季同在"文化输出"方面做出的探索与贡献更显得难能可贵。然而,这些文章在资料的引证上并没有比较明显的互补与完善之势,而是表现为:要么资料重复利用率偏高,要么仅限于一般的常识性介绍,对陈季同在"中学西传"过程中表现出的某些相对超前但又存在明显历史局限的文化交流心态理解认知不够。而这部分内容又恰恰是近代中西文化交流史研究的一个关键点和难点,需要学界进一步拓展研究深度和广度。

此外,陈季同有关世博会方面的经历和记载等资料也为文博领域中研究近代中国人与世博会的关系增添了重要的史料。陈季同作为清政府的外交官员,曾两次参加在欧洲举行的世界博览会。他用法文撰写的《巴黎印象记》曾专门记载了 1889 年在巴黎举行的世界博览会,他还在这次世博会上发表了演讲。

国内迄今为止唯一一部专门研究陈季同的专著是比较文学学者李华川所著的《晚清一个外交官的文化历程》。这部著作在中西文化、文学关系的框架中,探讨了陈季同在中西文化交流中的贡献,其中最富学术价值的部分是对陈季同中西文著述及其文化活动的全面论述和研究。在中西文化交流史上,陈季同是以西文(主要是法文和英文)著述,在"中学西传"和"西学东渐"方面都做出了一定贡献的第一人。这部著作的史料价值尤为突出,受到欧美"新史学"观(如法国年鉴学派)的影响也十分显著,主要表现在:力图将陈季同置于特定的历史文化坐标中,进行多学科综合考察

---

① 黄兴涛. 近代中西文化交流史上不应被遗忘的人物——陈季同其人其书. 中国文化研究,2000(2):40.

(这是一种"立体"的人物史论),同时对各类史料甚至比较冷僻的史料也不放过,如公文、电函、汇票、档案等。① 这样的写法使历史人物形象更加鲜活可信。该书重点突出陈季同的文化使者身份,如通过他与曾朴(1872—1935)和罗曼·罗兰(Romain Rolland, 1866—1944)一中一西两位文学名家的交往印象记录的相关表述,更加深刻地揭示出陈季同那种近乎"悖论"的文化心态。这恰恰最为精妙、最为深刻地传达出近代中国知识分子走向世界时那种独特而又具有普遍性的心态,对于我们今天进一步认识文化转型和全球化时期知识分子的心态也不无启示。

自 2000 年以来,学术界有关陈季同研究的论文,体现了多维的方法论视角,也正是在这种多维视角的观照下,陈季同作为近代早期中西文化交流使者所体现的独特而重要的意义愈发彰显出来。主要有以下视角:

一是译介学的视角。自鸦片战争以后,中国社会逐步沦为半殖民地半封建社会,开始陷入危机四伏的境地。这种状况也进一步激发了一些知识分子的忧患意识,他们把关注对象从传统的"纯学术"开始转向"致用之学",以救民于水火,匡扶社稷;尤其是在"洋务运动"期间,为谋求富国强兵之路,一些知识分子掀起了以"中学为体,西学为用"为指导思想的学习西方先进科技知识的思潮,这在很大程度上导致了翻译的兴起与繁荣。从陈季同的译介作品来看,他似乎和当时国内出现的这些宏大的历史主题并未发生直接而密切的联系。特别是陈季同许多"中学西传"的作品均系法文写作,又不为国内读者所熟悉,以至于这样一位近代"中学西传"和法国文化、文学译介的"双重先驱"竟长期游离于国内出版的各类翻译类工具书的词条名录之外,其名气远不如同省籍的林纾、辜鸿铭和林语堂等人,这也不能不说是译介史上殊为奇特的现象。对其译介成就的一些研究论文也只是在最近 10 多年才陆续有所呈现。就陈季同译介的整体意义而言,主要体现在如下两大方面:一方面,陈季同所从事的"中学西传"工作,不但使他个人在法国赢得了荣誉和尊重,也使得欧洲人对中国有了新的认识;另一方面,陈季同所译介的法国作品虽然有限,但曾朴受其教

① 李华川. 晚清一个外交官的文化历程. 北京:北京大学出版社,2004:3(前言).

诲影响,走上了译介法国文学之路,成为中国研究法国文学的先行者。陈季同在译介工作中的探索、对于不同文化之间"不可译"问题的认识,以及在文化比较的框架内进行译介方面的努力和尝试,在今日东西方文化交流日益频繁、翻译研究的文化转向也已成为不争事实的背景下,更是显示出其特有的价值和意义。

二是形象学的视角。1830 年前后,欧洲对于中国形象的认识开始呈现出一种对立的倾向:歌德在评价中国形象时认为,中国人体现出道德与自然的和谐统一,他赞叹中国为"孔教乌托邦";与之相对立的是,黑格尔认为,中国是带有集权和专制色彩的"中华帝国"形象。鸦片战争以来,歌德式的"孔教乌托邦"形象逐渐被严酷的现实所遮蔽,随着中国在世界上地位的衰落,曾经给予西方世界诸多诗意遐想的"中国形象"日益模糊不堪,许多负面的评价和认识随之而起。在此历史语境中,面对并承担起在文学上重塑中国形象的任务就显得十分必要,而这一工作首先是由一批领风气之先的近代中国知识分子来实施的。朱水涌、严昕在《文化转型初期的一种中国想象——论〈中国人自画像〉〈中国人的精神〉〈吾国吾民〉的中国形象塑造》一文中,对陈季同、辜鸿铭、林语堂三位均来自福建的文人用自己著作所塑造的"中国形象"进行了多维度比较。可以说,他们三人作品的表现方法不同,所表现的主题也有差异,但是有一点是共同的:都是在近代中国的文化变迁过程中,对西方人眼中日益颓败的"中国形象"的反思与重构。值得一提的是,所谓"形象"无疑掺杂了知识和想象的"表述"或"话语",这三位学者接触西学多年,所塑造的中国形象几乎不会也不可能背离西方的语境,他们在不同时期所塑造的不同类型的"中国形象"都有意无意暗合了西方对中国的某种想象。陈季同是其中最早的一位,例如,他在《中国人自画像》这部作品中努力进行了尝试。陈季同有感于近代以来西方对中国的"误读"和"成见"日深,主要从家庭、社会、历史文化等方面展示中国,其描述中国形象的立足点和核心是中国的家庭制度。他指出:"这个'家庭中国''鼓吹对于家庭的爱高于一切',其伦理道德贯穿'忠''孝''节''义'和'信'五个普遍原则,这就是'对君主的忠、对父母的孝、夫妻之间的节、兄弟之间的义和朋友之间的信'。"①朱水涌等指出："家庭存在与否及其优劣成了陈季同中西方形象比较的最主要根据。陈季同的这个看法有一定的道理,对于传统中国而言,家庭制度的根深蒂固及其在整个文化中的重要地位,确实是世界任何国家无法比拟的,'国之本在家'与'积家而成国',表明了中国的家与国的密不可分甚至可以相互等同的关系。在这样一种以家庭为社会重心的宗法社会里,家庭生活集中了中国人的要求,规范了中国人的日常行为,规定了这个社会的道德条件和政治上的法律制度。以'家庭中国'来与西方的现代国家相对照,中国形象以家为本位的特征就更为明显。"②陈季同等人在作品中对"中国形象"的塑造和输出,与这一时期对国民性的批判和对中国传统文化的清算反思不同,这种尝试在当时的历史条件下处于边缘化的位置,常常为主流意识形态话语所忽略。尽管如此,它们也构成了近代中国在世界面前展示自我形象的值得思考的尝试和努力。

三是文学的视角。陈季同的"中学西传"工作和渗透其间的观念具有一定的文学史和文学观的价值和意义,近年来也逐渐引起了文学界更多的关注。陈季同在文学方面的贡献直接影响了中国现代文学。"五四"文学可以看作中国现代文学的起点,其源头应当追溯到晚清。王德威提出的"没有晚清,何来五四"的观点在学界也早已成为共识。这里需要考察的是,"五四"文学究竟源于晚清文学(文化)的哪些资源?关于这个问题,北京大学严家炎认为,"五四"文学有三大标志性的界碑:一是白话文;二是陈季同关于文学翻译、文学交流等的主张;三是陈季同对中国小说《黄衫客传奇》和《海上花列传》等的翻译与介绍。其中两大来源和陈季同有关。其一,陈季同精通法文,他用法文撰写了至少八部介绍和传播中国文学和文化的书,但是从这些介绍中国文化尤其是文学的书所选择的文体来看,有四本居然不是中国传统文学视为文体正宗的"诗文",而是小说和戏剧(曲),占了介绍中国传统文化书籍的半数。由此可见,陈季同心目中

---

① 陈季同. 中国人自画像. 段映红,译. 桂林:广西师范大学出版社,2006:8-9.

② 朱水涌,严昕. 文化转型初期的一种中国想象——论《中国人自画像》《中国人的精神》《吾国吾民》的中国形象塑造. 浙江大学学报(人文社会科学版),2010(6):18.

早已突破有关中国传统文学以"诗文"为正宗文体的观念,认定小说和戏剧(曲)文体在文学中的显著意义和价值了。其二,陈季同以唐代传奇蒋防的《霍小玉传》为故事基础,采用西洋叙事风格,创作了篇幅达三百多页的长篇小说《黄衫客传奇》。在这部小说中,陈季同并没有按照传统模式来处理李益和霍小玉的关系,而是一改中国传统叙事文学爱情题材中常见的"痴心女子负心汉"的叙事模式,尽管这部小说中的李益也存在不少明显的性格欠缺。作为一部描写爱情悲剧的小说,《黄衫客传奇》有两大特点值得注意:一方面,小说的题材是很"中国化"的,包括婆婆的形象、门第观念、宗法制度、孝道方式等,这些毫无疑问是中国传统文化的产物;另一方面,小说的表现手法又具有很明显的法国化或西方化的风格,这部小说中有关李益和霍小玉的爱情描述,很容易让人感受到 18、19 世纪西方常见的爱情小说的叙事方式,尤其是人物的心理描写,而这也正是中国传统文学和现代文学最明显的分野之一。[①] 此外,小说在环境的描写上也洋溢着浓郁的中国风情,更加体现其小说内容的中国底色。小说这种"中国内容""西洋手法"的特点,也引发了中国现代文学起步时期关于"民族性"和"世界性"关系的一系列思考。这些特点也昭示着迥异于中国传统文学观念中诸如"诗言志""文以载道"的一种全新的、开放的文学观念的产生。

1827 年,歌德与爱克曼(Johann Peter Eckermann, 1792—1854)的谈话中提出了"世界文学"的主张。在 19 世纪的欧洲,"世界文学"观念已深入人心,成为常识。当时旅居欧洲的陈季同当然也受此影响,提出中国文学必须加入"世界文学"的观点并付诸其创作实践。1898 年,陈季同在中国近代文学观念史上第一次提出了"世界文学"的主张。关于这一话题,国内目前有两篇论文分别从宏观和微观两个方面进行了探讨,前者为潘正文的《"东学西渐"与中国"世界文学"观的发生》,后者为孟繁华的《民族传统与文学的世界性》——以陈季同的〈黄衫客传奇〉为例》。这里有一个问题值得深入探讨,即为什么陈季同会在当时赞同"世界文学"这一主张?从影响研究的角度来看,并不是有什么"影响源";从文学接受方来

---

① 严家炎. "五四"文学思潮探源. 北京大学学报(哲学社会科学版),2009(4):23.

看,不是简单的被动接受,而是选择性的接受。陈季同之所以在当时赞同和主张"世界文学"这一观念,原因有二:一是消除偏见;二是倡导文学的"人学"观念。从消除偏见来看,陈季同身为外交使节驻外多年,在与西方的接触和从事的外交活动中发现西方人对中国人误解和偏见很深。近代以来西方对中国人形象的歪曲日益加剧,甚至把中国人想象成"类人的动物",这与当时"他者"认知方面的偏见和对中国缺乏深入了解有关。陈季同认为消除偏见的最好方式就是"送去"文学,文学是一国文化、民俗、国民性的最好反映。从倡导文学的"人学"观念来看,"送出"文学是"东学西渐"的问题,而"东学西渐"中的"世界文学"问题,其实质又是一个"人学"的问题。这里耐人寻味的是,为什么和陈季同差不多处于同一时期的严复、梁启超等人对"世界文学"问题却没有给予过多关注?主要原因是近代中国"救亡图存"为第一要务,在对"西学"的引介过程中更多考虑的是实用性、功利性等特点,文学的政治性大显其道,而陈季同所从事的包括"世界文学"主张在内的"东学西渐"工作,更多的是从人生或人性的角度来考虑问题。从陈季同提出"世界文学"主张的问题来看,中国近现代文学观念的演进,其实涉及中国近现代文学研究中的一个核心性的问题,那就是近代以来中外文化与文学交流中的立场与思维方式问题。"而陈季同所从事的'东学西渐'工作,由于其核心任务是通过文学的方式来让世界各国全面'认知'中国人,因此,如何让中国文化与文学融入'世界'这一大家庭,为西方提供一个全面的认知对象,以免除误会和隔膜,就成了他的主要目标。"①在当今世界各国文化交流日益频繁、"世界文学"观念早已成为共识的背景下,回过头来审视陈季同当年有关"世界文学"的一些观点,尽管其中也不无对传统文化中某些糟粕的溢美粉饰之辞,但总体而言,陈季同当年的远见卓识和超前意识不由得让人感叹。这也正是今天我们开展陈季同研究最主要的意义之一。

　　以上三个研究视角虽然逐一罗列,实质上各个研究视角之间是相互

① 潘正文. "东学西渐"与中国"世界文学"观的发生. 浙江师范大学学报(社会科学版),2007(1):18.

交叉、相互影响的。

作为晚清的一名外交家,陈季同具有政治与文化的双重身份属性,学界在继续深入研究陈季同与当时政治、外交、军事、商务等公务活动的关系的时候,更需要进一步拓展陈季同文化身份的研究空间,加强对其具体作品的分析和解读的力度。具体而言,可以从以下几个方面做出尝试:

一是资料的进一步发掘。从学界对陈季同相关研究资料的搜集与整理来看,除了传统意义上的中外文著作、报刊和史志文献以外,还应适当关注档案文献的发掘,如有"中国第一私人档案"之誉的盛宣怀档案(简称"盛档")中就有不少与陈季同相关的信札、公函等文献。学界要充分挖掘这一部分资料,从政治、文化、外交等方面加强对陈季同思想的研究。

二是注重关于陈季同留法经历与法国文化关系的研究。陈季同旅欧长达 16 年之久,他的大部分著述与欧洲特别是法国的文化、文学有着密切的联系,那么,陈季同在晚清中欧文化交流特别是中法文化交流中究竟扮演了一个什么样的角色? 和同时期旅欧的其他中国文人有什么样的交流? 产生了什么样的影响? 而这些问题之展开的前提是必须发掘更多的第一手文献资料。刘红的《陈季同与中法文化交流》①已着手这方面的研究,但尚有充分的拓展余地。

三是陈季同的文化活动与法国汉学界的关系。陈季同的"中学西传"和翻译工作无疑和 19 世纪后半叶欧洲汉学尤其是法国汉学有着千丝万缕的联系。当时的欧洲汉学界对他的文艺作品的接受和传播情况如何、与同时期在欧洲被接受和传播的其他中国人撰写的文艺作品相比有什么不同等问题,都有待进一步展开,并可由此展开对陈季同文化身份的全面评价和衡量。

此外,从文化翻译与经典阐释(如陈季同曾把部分《聊斋》内容介绍给法国读者)、文艺地域学(近代闽籍翻译家群体)等角度可以不断丰富有关陈季同文化身份的研究。张西平指出:"用福柯(Michel Foucault,1926—1984)的话来说,我们更应该关注的不是事物的'真相',而是事物的'秩

---

① 刘红. 陈季同与中法文化交流. 法国研究,2012(3):38-43.

序'。实际上,根据福柯的见解,对于生活在一种文化中的人来说,要真正'理解另一种文化的真相是完全不可能的',这种看法或许有点绝对和悲观,但是采用一种'考古学'而不仅仅是传统的'历史学'的方法,对于我们今天研究学术史无疑是非常必要的。"①正如孟华所指出的那样,对陈季同的研究是一座富矿,可以生发出无穷有意义的课题来。② 辛亥革命后的中国古典小说西译逐渐步入现代转型和新的发展阶段,尤其是新中国成立以后,中国古典小说的西译更是取得了长足发展,越来越多的中国译者在国家和社会的大力支持下全身心地投入中国古典小说的西译中,为翻译界注入了新的活力。中国译者对自身文化的重新解读,打破了西方长久以来的思维定式,更有利于构建公正与客观的"中国形象"。中国形象的重塑,也增强了国人的文化自觉和自信。笔者深信,在"中学西传"和"西学东渐"的双向文化互动中,世界文明正朝着多元发展和共同繁荣的目标行进。

第三节 《好逑传》的译者及译本

《好逑传》在中国古典文学中属于清代才子佳人小说,又名《侠义风月传》,作者署名"名教中人(编次)"。小说的立意与其他的才子佳人小说如《玉娇梨》《平山冷燕》等相似,可以说是"惟文辞较佳,人物之性格亦稍异",人物塑造"既美且才,美而又侠"。③ 明清才子佳人小说作为一个小说流派,产生于明末清初。这些小说大多篇幅不长,一般在六至二十回之间,有着较为明显的情节结构特征。④ 从明末至清后期,才子佳人小说约有 70 余部,其中明清之际 7 部,清前期约 40 部,清中期约 20 部,清后期 5 部。⑤

---

① 张西平. 代序:传教士汉学研究的新进展//顾钧. 卫三畏与美国早期汉学. 北京:外语教学与研究出版社,2009:代序 8.
② 孟华. 序一//陈季同. 巴黎印象记. 段映虹,译. 桂林:广西师范大学出版社,2006:1.
③ 鲁迅. 中国小说史略. 北京:中华书局,2010:119.
④ 刘相雨. 儒学与中国古代小说关系论稿. 北京:中国社会科学出版社,2010:230.
⑤ 该统计数据来自:张俊. 清代小说史. 杭州:浙江古籍出版社,1997:57,157,296,418.

鲁迅在其所撰写的《中国小说史略》第二十篇"明之人情小说(下)"中就曾写道:

> 《金瓶梅》《玉娇梨》等既为世所艳称,学步者纷起,而一面又生异流,人物事状皆不同,惟书名尚多蹈袭,如《玉娇梨》《平山冷燕》等皆是也。……《玉娇梨》《平山冷燕》有法文译,又有名《好逑传》者则有法德文译,故在外国特有名,远过于其在中国。①

事实上,《好逑传》在西方翻译和出版的中国古典小说中非常著名,在18世纪已有英法德文译本,而且"在外国特有名,远过于其在中国"。《好逑传》这类才子佳人小说绝非中国小说的上乘之作,在西方却可以一译再译,受到大众青睐,成为符合那个时期西方读者阅读口味的窥探中国风俗文化的窗口,甚至连德国著名诗人席勒(Friedrich Schiller,1759—1805)和歌德等文学大家也对《好逑传》赞赏有加。席勒曾打算将《好逑传》译成德文,歌德则对《好逑传》格外推崇。歌德与中国文学最初的交往大概可追溯到1796年。歌德在1796年1月12日的一则日记中写道:"清晨读小说,话题是中国小说……"②据有关学者推断,歌德日记中这部匿名的中国小说是由英文转译成德语的《好逑传》。③ 他在1796年与席勒的通信中也提到了这部小说。④ 爱克曼在1823年至1832年曾与歌德有过这样一段

---

① 鲁迅. 中国小说史略. 北京:中华书局,2010:116.
② 转引自:卫茂平,等. 异域的召唤. 银川:宁夏人民出版社,2002:112.
③ 对于歌德日记中这部匿名的中国小说究竟是哪一部,国内外学界一直是存有争议的。如大卫·达姆罗什撰写的《世界文学是跨文化理解之桥》就提及西方学者玛尼(B. Venkat Mani)发表的观点,歌德日记中这部匿名的中国小说"最可能是歌德拥有的中国17世纪《今古奇观》的英文版。19世纪20年代,英国东印度公司澳门分公司的雇员托姆斯(Peter Perring Thoms)与一位来自英国殖民地的书商一起,以《中国故事》为题出版了这部作品的英文版。与托姆斯的译本一起,这家出版社还出版了《外地人东印度精确向导》(*The Stranger's Infallible East-Indian Guide*,1820)和《伊斯兰教史》(1817)",并且"当时,世界文学这一术语最初就是来自于一大批被翻译介绍到欧洲的作品"[达姆罗什. 世界文学是跨文化理解之桥. 李庆本,译. 山东社会科学,2012(3):37]。但是,学界目前普遍认为,这部匿名的中国小说是由英文转译成德语的《好逑传》,本书从之。
④ 朱谦之. 中国哲学对欧洲的影响. 上海:上海人民出版社,2005:337.

论及中国小说的谈话。爱克曼请他对所阅读的这本中国小说做个评价。歌德说："中国人有成千上万这类作品,而且在我们的远祖还生活在野森林的时代就有这类作品了。"①可见,歌德对中国小说及中国文化的赞赏,他还将这部小说的法译本与法国诗人贝朗瑞(Pierre Beranger,1780—1857)的作品做了对比,希望西方读者和作家要"跳开周围环境的小圈子","环视四周的外国民族情况",并借此预言"世界文学的时代已快来临"。②

爱克曼曾经在《歌德谈话录》中有过如下记载。爱克曼问歌德:"古典派是否也反对过贝朗瑞这位卓越诗人?"歌德回答:"贝朗瑞所作的那种体裁的诗,本是人们所惯见的一种从前代流传下来的老体裁;不过他在很多方面都比前人写得自由,所以他受到学究派的攻击。"歌德接着说:"各门艺术都有一种源流关系。每逢看到一位大师,你总可以看出他吸取了前人的精华,就是这种精华培育出他的伟大。"③歌德还指出:"我看贝朗瑞的诗歌和这部中国传奇形成了极可注意的对比。贝朗瑞的诗歌几乎每一首都根据一种不道德的淫荡题材,假使这种题材不是由贝朗瑞那样具有大才能的人来写的话,就会引起我的高度反感。贝朗瑞用这种题材却不但不引起反感,而且引人入胜。请你说一说,中国诗人那样彻底遵守道德,而现代法国第一流诗人却正相反,这不是极可注意吗?"④

爱克曼说:"像贝朗瑞那样的才能对道德题材是无法处理的。"歌德说:"你说得对,贝朗瑞正是在处理当时反常的恶习中揭示和发展出他的本性特长。"……歌德接着说:"我愈来愈深信,诗是人类的共同财产。诗随时随地由成百上千的人创作出来。……我们德国人如果不跳开周围环境的小圈子朝外面看一看,我们就会陷入上面说的那种学究气的昏头昏脑。所以我喜欢环视四周的外国民族情况,我也劝每个人都这么办。民族文学在现代算不了很大的一回事,世界文学的时代已快来临了。现在

① 爱克曼. 歌德谈话录. 朱光潜,译. 北京:人民文学出版社,1978:113.
② 爱克曼. 歌德谈话录. 朱光潜,译. 北京:人民文学出版社,1978:113.
③ 爱克曼. 歌德谈话录. 朱光潜,译. 北京:人民文学出版社,1978:104-105.
④ 爱克曼. 歌德谈话录. 朱光潜,译. 北京:人民文学出版社,1978:112-113.

每个人都应该出力促使它早日来临。不过我们一方面这样重视外国文学，另一方面也不应拘守某一种特殊的文学，奉它为模范。"①

从歌德与爱克曼的谈话中，我们可以看出歌德对中国文学的评论有一些独到的见解。首先，歌德已经观察到了中国文学中的一些特有的品质。他注意到，中国古典小说中不断被暗中提及的人物，构成了对行为的不断评述；自然景色也非按照写实的方式被描写，而是用来象征人物的性格，如"月亮是经常谈到的，只是月亮不改变自然风景"，它被描写得和白天的太阳一样明亮。在中国一些文学作品中对家具的描述也寓意着人物的形象与性格："例如'我听到美妙的姑娘们在笑，等我见到她们时，她们正躺在藤椅子'，这就是一个顶美妙的场景。藤椅令人想到极轻极雅。"②其次，歌德在这里注意到在中国这个有着严格道德礼仪限制的国家中的"节制"思想。再次，歌德在鉴赏中国文学作品时读出了超越民族性局限的普遍的人文共性，并且普遍的人文共性也并不意味着各种民族性特质的消亡，而形成所谓的"同一性"。

如果说，从《今古奇观》中选译的《庄子休鼓盆成大道》《怀私怨狠仆告主》和《吕大郎还金完骨肉》是迄今为止可考的中国古典小说西传的源头，那么，《好逑传》则不仅是第一部被整体翻译成英文的中国小说，亦是在18世纪的欧洲深受同期西方一些思想家、文豪的青睐与赞赏，并且在西方广为流传、产生影响最为重大的中国古典小说。早在18世纪初期，法国著名的汉学家、耶稣会士马若瑟用法文编写的关于指导外国人学习汉语的教材《汉语札记》(*Notitia Linguae Sinicae*)中，已经收录了大量直接从中国古代典籍中选取的实例，其中入选的小说就有《好逑传》《玉娇梨》等。这让西方读者对中国的古典小说有了最早的接触。从《庄子休鼓盆成大道》《怀私怨狠仆告主》和《吕大郎还金完骨肉》的西传译本，到《好逑传》的西传译本中，均可窥见最早由来华传教士向西方塑造的"中国观"的影子，一些作品在译介中出现的各种认知、判断、理解等方面的差异都深刻体现

---

① 爱克曼. 歌德谈话录. 朱光潜, 译. 北京：人民文学出版社, 1978：113.
② 爱克曼. 歌德谈话录. 朱光潜, 译. 北京：人民文学出版社, 1978：112.

着中西方文化之间的巨大差别。但是,无论存在怎样的差异,这几部小说的早期西传译本,从一定程度上,也确立了此后中国古典小说西传译本的翻译模式,即译本包括序言、译文、附录和注释。本章所选取的译本个案主要根据英国著名汉学家德庇时 1829 年出版的《好逑传》英译本。这是第一部直接根据中文原文翻译的英译本。

《好逑传》具有代表性的西传译本,或其中小说译文、改编本举隅如下:[①]

关于《好逑传》译本的西传时间,学界普遍认为最早的译本是英国东印度公司的詹姆斯·威尔金森于 1719 年翻译的译本,此译本由托马斯·珀西编辑,于 1761 年由伦敦多利兹出版社[②]出版,英文全名为:*Hau Kiou Choaan, or The Pleasing History. A Translation from the Chinese Language*. To which are added, I. The Argument or Story of a Chinese Play, II. A Collection of Chinese Proverbs, and III. Fragments of Chinese Poetry(《好逑传或愉快故事》)。这也是目前可考证的《好逑传》的最早西译本。

1766 年,《好逑传》的法译本(*Hau Kiou Choaan, histoire chinoise*)由埃杜斯(Marc-Antoine Eidous, 1724—1790)根据珀西译本翻译而成[③],由里昂的伯努瓦·杜普兰(Benoit Duplain)出版社出版。

1766 年,《好逑传》的德译本(*Hoah Kjöh Tschwen, d. i. die angenehme Geschichte des Haoh Kjöh. Ein Chinesischer Roman in vier Büchern*,即《好逑传或好逑的愉悦的故事——一部四卷本中国小说》)在莱比锡刊行,由德国纽伦堡的学者克里斯托弗·戈特利普·冯·穆尔(Christoph Gotflieb von Murr, 1733—1811)从英文转译而成。

---

① 文献资料部分参考和转引自:宋丽娟. "中学西传"与中国古典小说的早期翻译(1735—1911)——以英语世界为中心. 上海:上海师范大学博士学位论文,2009:35;宋柏年. 中国古典文学在国外. 北京:北京语言学院出版社,1994:467-473;王丽娜. 中国古典小说戏曲名著在国外. 上海:学林出版社,1988:317-323.

② 学术界一般称之为 1761 珀西译本,本书从之。

③ 钱林森. 中国文学在法国. 广州:花城出版社,1989:124.

1767 年,《好逑传》荷兰译本①(*Chineesche Geschiedenis, behelzende de gevallen van den heer Tieh-Chung-U en de jongvrouw Shuey-Ping-Sin*,即《中国故事:讲述铁中玉先生与水冰心小姐事迹》)②在阿姆斯特丹出版。

据王丽娜所撰《中国古典小说戏曲名著在国外》,1829 年,由德庇时翻译、伦敦东方翻译所出版的《好逑传》(*The Fortunate Union, a Romance*),译自中文原文,书中附注释及插图,并附有一出中国悲剧的译文。《亚洲杂志》(*The Asiatic Journal*)第 28 期,刊有对此译文的评论文章。此后,德庇时于 1830 年选译了《好逑传》中的诗四首,收入《中国诗论》("On the poetry of the Chinese")一文中,载于《皇家亚洲学会会志》(*Journal of the Royal Asiatic Society*)。

1842 年,巴黎本杰明·杜普拉(Benjamin Duprat)出版社出版了由吉亚尔·达西(Guillard d'Arcy,生卒年不详)根据德庇时《好逑传》的英译本转译而成的《好逑传》法译本(*Hao-Khieou-tchouan, ou, la femme accomplie: roman chinois*)。

1853 年,巴黎费尔曼·迪多兄弟(Firmin Didot Frères)出版社出版了巴赞(Antione Bazin, 1799—1863)的译著《现代中国》(*Chine moderne*),其中收录了其翻译的《好逑传》。

1869 年,不来梅的 J. 库尔曼(J. Kurman)出版社出版了由无名氏翻译的《好逑传》(*Tieh und Pinsing, ein Chinesischer Familien-Roman in fünf Büchern von Haoh Kjöh*,即《"铁"与"冰心":一部五卷本的关于好逑的中国家庭小说》)。

1870 年,伦敦阿谢尔出版社(Asher Press)出版的《中国的诗》(*The Poetry of the Chinese*),收录了德庇时的《好逑传》诗选译。

1883 年,莱比锡 T. O. 魏格尔(Druckmaschine T. O. Weigel)出版

---

① 王宁,葛桂录. 神奇的想象:南北欧作家与中国文化. 银川:宁夏人民出版社,2005:60.

② 此处转引自:宋丽娟. "中学西传"与中国古典小说的早期翻译(1735—1911)——以英语世界为中心. 上海:上海师范大学博士论文,2009:5.

社出版的《中国语法入门》(*Anfangsgründe der Chinesischen Grammatik*)一书,收入了贾柏莲(Georg der Gabelentz, 1840—1893)翻译的《好逑传》第四回"过公子痴心捉月"("Geschichte von der guten Vereinigung")。

1893 年,英国汉学家道格拉斯选译的中国小说集《中国故事集》(*Chinese Stories*)由爱丁堡和伦敦的威廉·布莱克伍德父子公司出版,其中收录了《好逑传》第三回"水小姐俏胆移花"("A matrimonial fraud",即《欺诈的婚姻》)。此译文还曾刊于《布莱克伍德杂志》(*Blackwood Magazine*)。

1895 年,伦敦托马斯·费舍尔·昂温(Thomas Fisher Unwin)出版社出版了亚历山大·布雷布纳(Alexander Brebner, 1883—1979)的《中国简史及一部中国小说》(*A Little History of China, and a Chinese Story*),其中收录了其翻译的《好逑传》选段。

1899 年,伦敦基根·保罗(Kegan Paul)出版社出版了德庇时翻译的《好逑传》(*Shueypingsin, a Story Made from the Chinese Romance Haoukewchuen by an Englishman*,即《水冰心》)。

英人但尼士创办的《中国评论》在 1900 年第 25 卷第 1 期刊登了美国传教士丁义华(E. W. Thwing, 1868—1943)翻译的《好逑传》第一、二回的译文,题为《欺诈的婚姻》。1900 年第 25 卷第 3 期登载了一篇评述道格拉斯翻译的《好逑传》第一回的评论文章。在同一年中,伦敦基根·保罗出版社出版了道格拉斯根据《好逑传》第三回"水小姐俏胆移花"翻译的单行本 *A Matrimonial Fraud*(即《欺诈的婚姻》)。《中国评论》第 25 卷第 6 期刊登了丁义华翻译的《好逑传》片段节译文"A Chinese Romance"(即《中国罗曼史》)。《中国评论》的编者为题名加注,注明"A Chinese Romance",即 *The Fortunate Union*(《好逑传》)。"A Chinese Romance"选译的是《好逑传》第一回"省凤城侠怜鸳侣苦"(Chapter I "How the hero starts for the capital and on the way meets a young scholar in distress")和第二回"探虎穴巧取蚌珠还"(Chapter II "How the hero enters the tiger's den, and, skillfully securing the jewel, returns")。

1904 年,上海美华书馆(American Presbyterian Mission Press)出版了英国汉学家鲍康宁(Frederick William Baller, 1852—1922)翻译的《好

述传》。此书1911年修订再版,其中附中文原文及注释。

1879—1909年,上海美华书馆出版了晁德莅(Angelo Zottoli,1826—1902)翻译的《好述传》第四回至第五回的拉丁文译文,后收入晁德莅译著的中文和拉丁文对照本《中国文化教程》第一卷。

1912年,巴黎韦加出版社(Vega Press)出版了《中国文学论文选》,其中收有法国汉学家乔治·苏利埃·德·莫朗(George Soulié de Morant,1878—1955)选译的《好述传》第四回等译文。

1925年,巴黎本杰明·杜普拉出版社出版了德·莫朗的法译本《好述传》,题为《月光下的微风:第二才子书》(*La Brise au clair de lune: le deuxième livre de génie*)。

1926年,纽约及伦敦的普特南(Putnam)出版社出版了亨利·贝德福-琼斯(Henry Bedford-Jones,1887—1949)根据德·莫朗的法译本转译而成的《好述传》节译本《月光下的微风:第二才子书》。

1927年,莱比锡岛屿(Insel)出版社出版了德国汉学家弗朗茨·库恩(Franz Kuhn,1884—1961)翻译的德文版《好述传》。此书于1936年再版,1947年威斯巴登岛(Die Inselgesellschaft Wiesbaden)出版社出版重印本。

1930年,弗里德里希·席勒以穆尔的译文为基础摘录、改译了《好述传》,载于《中德年鉴》(*Chinesisch-Deutscher Almanach*)。

综上所述,本书已根据考狄所撰的《西人论中国书目》、王丽娜编著的《中国古典小说戏曲名著在国外》、宋柏年所撰的《中国古典文学在国外》①,以及自宋丽娟所撰的博士学位论文《"中学西传"与中国古典小说的早期翻译(1735—1911)——以英语世界为中心》②等所记载的版本文献进行了逐一考证和编排。作者无法一一列举,也无法做到无一遗漏,但从上述列举的一些实例可证,《好述传》的西文译本、节选译文、改编版本确实丰富繁多。

---

① 宋柏年. 中国古典文学在国外. 北京:北京语言学院出版社,1994:575-584.
② 宋丽娟. "中学西传"与中国古典小说的早期翻译(1735—1911)——以英语世界为中心. 上海:上海师范大学博士论文,2009.

从 18 世纪初至 19 世纪中叶,正是"中学西传"较为辉煌的时期。其中,《好逑传》不仅是第一部译介到欧洲的中国小说,而且经英国人珀西编辑整理出版后,在西方世界被不断再译和改编,引起了广泛的影响,并且深受西方包括歌德在内的思想家、学者、汉学家、译者的青睐和喜爱。可以说,《好逑传》的早期西传译本是中国古典小说西译的典范。

当时很多侨居中国的欧洲人也喜欢把《好逑传》作为学习汉语的读本,如 1904 年英国内地会①传教士鲍康宁编辑的《好逑传》(扉页标有:"宣统三年岁次辛亥榴月上浣、寓烟台东山"),从扉页、序言来看,这是供西人学习汉语使用的:

> 且夫华文之难明,与英文无异也,吾也细览华文之《好逑传》,撮其中之精要者,而辑为一书,无他志也,欲待后日之来中国者,学习华文,得以由阶而升,不至望而却步矣。虽然,犹恐字样所限,令人难明,故于此书中,兼写华英之文主,如画人着眉,画龙点睛,以示后人之阅此书者,一目了然,心领神会。虽未详陈书中之事,却足以加添其聪明。虽未备载书中之言,却足以开导其学业。不亦文愈约而事愈备,词愈简而意愈赅乎。而且能阅此书,则中国之风俗赖以得知,中国之人情赖以得明。盖在人也,未经多而见识广,费力少而功效多,疑义不可晰乎。而在吾也,未耳提而教得施,未面命而诲亦传,奇文不供欣赏乎。是则凡为致知格物之学者,亦将概然有感于斯。而吾之志,或庶乎其可以默识矣。是为序。②

这本西人学习汉语的读本,由上海美华书馆出版,书中的正文是小

---

① 内地会(China Inland Mission)是当时中国外来传教影响广泛、规模最大的传教团体。内地会成立于 1865 年,创始人为英国来华教士戴德生(James Hudson Taylor,1832—1905),1872 年在上海设立总部。由于内地会对中国基督教传播的意义已远远超出了一般团体的范围,所以,严格意义上说内地会是一种跨宗派的传教团体。据载,内地会 1865 年在伦敦的银行开户时,账户仅有 10 英镑作为基金。但是,经过内地会传教士在传播福音方面的不断努力,影响几乎遍及整个中国。内地会在中国上流社会中的影响并不是最大的,但在下层社会的影响却很大。

② 鲍康宁. 好逑传(*The Fortunate Union*). 上海:美华书馆,1904:1(序言).

说,每页有若干英文脚注。对于西方人喜用《好逑传》作为学习汉语和中国文学、文化的读物,同属英国内地会和中国圣教书会的窦乐安(John Litt Darroch,1865—1941)也曾说过,"它用官话写作,和其他著作相比,它提供了一种写作风格的标准,我们在汉语的出版物中也要使用这个标准",并且,"从书中可以获得简洁而优雅的汉语词汇"。① 鲍康宁在致时任《教务杂志》(*The Chinese Recorder and Missionary Journal*)编辑窦乐安的信中也指出,其编撰此书的意义在于《好逑传》的道德教化意义。②

总之,这部小说的西传译本从多文化、思想、风俗民俗、道德礼节和人们的日常社会习惯等多个维度向西方传递了有关中国文化与文学的知识,对塑造西方人早期的"中国观"产生了重大的影响,而这种西方人早期的"中国观"也一直深远地影响着西方人眼中的中国。这也正是本书下文选取《好逑传》的早期英译本为深入分析的研究对象的原因之所在。

第四节 《好逑传》的最早译本:珀西译本探析

在这些版本中,最早且影响最大的就是珀西译本。

珀西在《好逑传》译本的序言中介绍道:"译稿是在东印度公司一位职员的卷宗里发现的,原为薄薄的中国纸对开本四册,其中头三册用英文写,第四册则是葡萄牙文,现由编者[珀西]把葡文部分译成英文,又把整个译稿作了调整,以飨读者。……1767 年他在《英国古诗残存》(*Reliques of Ancient English Poetry*,1765)第二版中附了《广州来函摘要》,说中国确有《好逑传》一书,这是广州人都知道的。"③

译本的附录有五部分:第一部分是同年在广州上演的中国戏剧的介绍("The Argument or Story of a Chinese Play Acted at Canton, In the

---

① Darroch,John Litt. The Fortunate Union. *The Chinese Recorder and Missionary Journal*,1905,36:349.

② 参见:Darroch,John Litt. The Fortunate Union. *The Chinese Recorder and Missionary Journal*,1905,36:341-342.

③ 范存忠. 中国文化在启蒙时期的英国. 上海:上海外语教育出版社,1991:147.

Year MDCCXIX");①第二部分是一出中国戏剧的故事介绍("The Argument or Story of a Chinese Play");②第三部分是为法国汉学家尼古拉·弗莱雷(Nicola Fréret,1688—1747)关于中国诗歌的评论("Fragments of Chinese Poetry:With a Dissertation");③第四部分是中国诗歌片段("Fragments of Chinese Poetry");④第五部分是注释中条目的索引("Index")。

珀西译本的最大特征是有大量的注释,内容比较详尽完整。珀西译本的序言中说:"这部中国小说和它的注释合在一起,可以成为阐述中国人的一本简明扼要而又不是破绽百出的书,就是一方面使绝大多数读者的好奇心得到满足,而同时又使其他读者能重温他们的记忆。"⑤并且在编写《好逑传》注释时,珀西一方面参考了耶稣会士李明和杜赫德的著作,另一方面参考了"安逊子爵(Lord Anson)部下所写的环球航行记录,同时还始终不能摆脱一般教士所常有的成见和偏见"⑥。但是关于这些注释,詹姆斯·格兰杰(James Grainger,1721—1766)在协助珀西出版《好逑传》时解释道:"你为这部中国小说收集注释,真是煞费苦心。这些注释把它大大地弄清楚了。而且我要坦率地对你说,这些注释是你这本书里最有价值的东西。"⑦

---

① Percy,Thomas,and James Wilkinson. *Hau Kiou Choaan,or The Pleasing History. A Translation from the Chinese Language*(*Vol*.4). London:R. and J. Dodsley,1761:169-174.

② Percy,Thomas,and James Wilkinson. *Hau Kiou Choaan,or The Pleasing History. A Translation from the Chinese Language*(*Vol*.4). London:R. and J. Dodsley,1761:175-196.

③ Percy,Thomas,and James Wilkinson. *Hau Kiou Choaan,or The Pleasing History. A Translation from the Chinese Language*(*Vol*.4). London:R. and J. Dodsley,1761:197-224.

④ Percy,Thomas,and James Wilkinson. *Hau Kiou Choaan,or The Pleasing History. A Translation from the Chinese Language*(*Vol*.4). London:R. and J. Dodsley,1761:225-254.

⑤ 范存忠. 中国文化在启蒙时期的英国. 上海:上海外语教育出版社,1991:154.

⑥ 范存忠. 中国文化在启蒙时期的英国. 上海:上海外语教育出版社,1991:155.

⑦ 范存忠. 中国文化在启蒙时期的英国. 上海:上海外语教育出版社,1991:153.

珀西译本在书名页上,引了杜赫德的《中华帝国全志》第二卷第 258 页上的一句话:"如果要了解中国,那么除了通过中国之外没有更好的办法了,因为这样办,在认识该国的精神和各种习俗时肯定不致失误的。"①珀西的译本深受杜赫德《中华帝国全志》的影响。例如,珀西所编译的《妇女篇》里的中国故事就是《中华帝国全志》第三卷中收录的由耶稣会士殷宏绪从中国古典小说集《今古奇观》中选译的三篇古典小说之一的《庄子休鼓盆成大道》。并且珀西在译本的献词里有这样一句著名的话:"正当诲淫诲盗的小说故事充斥国内市场的时候,这本来自中国的小说,作为一本讲究道德的书,还有劝善惩恶的作用;不然的话,我也不敢请夫人过目了。(Madam, I Should not intreat your Ladyship's acceptance of the following sheets.)"②

从上面几句话可以看出,一方面,珀西延续了杜赫德编著《中华帝国全志》收录中国古典小说的初衷——将中国的小说视为了解中国风俗人情最佳的窗口,并且在译介中国古典小说过程中也坚持了这一观点。此后的中国小说译介也延续这一做法,如雷慕沙在《玉娇梨》译本的序言中就说道:"中国的小说中也没有将中国的某些特征给我们描绘出来,因为他们对这些特征太熟悉了。不过,这些特征并不具有十分重要的意义,而且旅行家们势必会将这些特征记录下来。那种中国人难以看清的东西,那种他们难以深入了解的东西,事实上在中国的真正的小说中都有。人们怀着强烈的愿望要了解中国,但令人惊奇的是人们还没有从以各种形式呈现出来的这一知识的源泉中汲取大量的东西。"③另一方面,这也证明

---

① Percy, Thomas, and James Wilkinson. *Hau Kiou Choaan, or The Pleasing History. A Translation from the Chinese Language* (*Vol. 1*). London:R. and J. Dodsley, 1761:Tital page.

② Percy, Thomas, and James Wilkinson. *Hau Kiou Choaan, or The Pleasing History. A Translation from the Chinese Language* (*Vol. 1*). London:R. and J. Dodsley, 1761:A3. 中译转引自:范存忠. 中国文化在启蒙时期的英国. 上海:上海外语教育出版社,1991:151.

③ 雷慕沙. 论《玉娇梨》. 杨剑,钱林森,译//钱林森. 法国汉学家论中国文学:古典戏剧和小说. 北京:外语教学与研究出版社,2007:76.

了本书第三章的观点,即当时的中国古典小说西传译本十分注重译本的道德教化功能,所以强调了译本是"讲究道德的书"兼具"劝善惩恶的作用"。

由于珀西译本并不是本书所选取的深入剖析文本案例,所以对珀西译本的具体内容和细节,笔者不做深入阐述。笔者通过对珀西译本与德庇时译本的通篇回译与比较后发现,其底本的大致内容还是相似的,而且德庇时译本非常忠于原文。重新审视珀西译本与德庇时译本可以发现,当时的译者对于"中国观"的整体印象差别不大。西方学者对"中国观"整体印象的改变大致以 1750 年前后作为界点。例如,马森所撰的《西方的中国及中国人观念:1840—1876》就提及:"通过 16、17、18 世纪的西方航海家、旅行家、传教士的活动,大量有关中国的新认识传到了欧洲。在这三个世纪中,耶稣会传教士在东西方之间架起了一道重要的了解桥梁。"①耶稣会出于今后能够得到在华传教的支持等因素的考虑,所传递回的"中国观"基本上是充满褒扬的一面。到了 1762 年,法国颁布了解散耶稣会的命令之后,耶稣会在欧洲的影响开始逐渐减弱;1774 年,耶稣会彻底瓦解。这期间,来华商人对中国文化持有的一些负面印象和评价反而越来越引起西方人的注意。而且,在此之后的中西交往中,所有西方与东方的关系往往都要先抹上一层经济考量的色彩。并且,"由于他们主要是和中国的贸易商及下层人士接触,所以他们总是强调中国文明的令人讨厌的特征"②。

又如美国学者伊罗生(Harold Robert Isaacs,1910—1986)就用对中国印象的一些时间节点总结过从 18 世纪到 20 世纪西方的"中国观"的改变,这个坐标在西方具有广泛影响和某种普遍意义,直到 20 世纪末这一总结都被认为是基本上正确的。伊罗生总结如下:崇拜时期(18 世纪)、蔑视时期(1840—1905)、仁慈时期(1905—1937)、钦佩时期(1937—1944)、

---

① 马森. 西方的中国及中国人观念:1840—1876. 杨德山,译. 北京:中华书局,2006:1(引言).
② 马森. 西方的中国及中国人观念:1840—1876. 杨德山,译. 北京:中华书局,2006:9(引言).

幻灭时期(1944—1949)、仇视时期(1949—   )。① 虽然,上述关于"中国观"的划分以及对"中国观"坐标式的时间界定,曾在西方获得普遍认同,但是,如果应用到具体文本中进行分析与研究时,并不能得到实证。

基于上述因素考量,本书并未选取最早的18世纪的珀西译本作为深入剖析的案例,而是选取了19世纪的德庇时英译本作为深入剖析的案例,其原因在于:

首先,德庇时译本在西方的流传颇为广泛,成为后来众多其他西方语言转译本的底本,以及编撰西人学习汉语读本的来源。

其次,德庇时的翻译目的并非为了推广中国文学,而是因为小说和戏剧的翻译是"获取中国内情的最有效办法之一"②,并且,德庇时还喜欢以宗教、社会、伦理道德等文化现象为例来分析语言的特点。③ 作为佐证,这些翻译的目的在其所撰《中国小说选》(*Chinese Novels: Translated from the Originals*, 1822)的序言中已有说明。译本和中国古典小说原本比较,究竟保留了哪些部分,删除了哪些部分,改译了哪些部分,又强调了哪些部分? 它着重反映和强调了怎样的中国文化中的宗教、社会、伦理道德等诸多因素? 这需要学界通过对译本的详细归类、整理,以及对译本与原本的比较研究才能搞清楚,也才能为下一步深入研究具有"世界文学"特征的文学作品与普遍人文共性、民族性的关系打下基础。

最后,本书的整体思路是要搞清楚:译者如果是在坚持以自我为主体的情况下,在分析和探究译者对中国文学作品的传播和翻译,以及以后的再版、转译中所做的翻译、删添、改编和再创造等活动时,特别要注意将译本体现出的特征和当时中国古典小说西传的西方时代背景相结合;在分析和探究中国文学在西方受到广泛流传和产生重大影响的因素时,尤其要注意探讨哪些因素在特定文化语境中发挥独特性作用,哪些因素又具

---

① 伊萨克斯. 美国的中国形象. 于殿利,陆日宇,译. 北京:时事出版社,1999. 伊萨克斯即伊罗生。
② 马祖毅,任荣珍. 汉籍外译史. 武汉:湖北教育出版社,1997:262.
③ 周发祥. 中国古典小说西播述略//任继愈. 国际汉学(第4辑). 郑州:大象出版社,1999:321.

有普遍性。笔者认为,需要把研究放在一个大背景的历史叙述中,一些中西交流的本质才能慢慢呈现出来。第三章的《今古奇观》中的三篇古典小说译本选自 18 世纪译本,所以第四章《好逑传》和第五章《玉娇梨》的西译本选自 19 世纪,更有利于分析在大背景的历史叙述中,西方的"中国观"的具体体现。

第五节　德庇时译者主体身份的多样性分析

德庇时,1795 年 7 月 16 日生于伦敦,既是英国外交官,又是著名的汉学家,对中国历史和文学颇有研究。德庇时从 18 岁起开始为东印度公司服务,后投身外交界。1816 年,德庇时作为翻译官随以阿美士德(William Pitt Amherst, 1773—1857)勋爵为首的英国第二个特使团到达北京,充当汉文正使,后再次回东印度公司任职。1833 年,英国成立驻华商务监督署,德庇时被派为第三商务监督,后升为第二商务监督。德庇时由于反对鸦片贸易,于 1835 年辞职返英。后来,由于亨利 · 璞鼎查(Henry Pottinger, 1789—1856)爵士在 1844 年离华,德庇时被英国外交部任为驻华商务总监(Chief Superintendent of the British Trade Subjects in China),同年 5 月获委任为第二任港督,并封为爵士,于 1848 年去职。1848 年 5 月,德庇时卸任回国,晚年隐居布里斯特尔,继续研究中国文学。1876 年获牛津大学荣誉博士学位。1890 年 11 月 13 日去世,享年 95 岁。①

德庇时是 19 世纪早期外交官汉学家的代表,也是英国汉学的开创者之一,在汉学研究和翻译领域做出了一定的贡献。他在鸦片战争期间,集中考察了中国的社会与政治状况,写下了《中国人:中华帝国及其居民概述》(*The Chinese: A General Description of the Empire of China, and Its Inhabitants*, 1836)。这是一部资料丰富的一手著作,被公认为"19 世纪对中国的最全面的报道"。此书出版后不久,就先后被译成法语、德语、意

---

① 胡优静. 英国 19 世纪的汉学史研究. 北京:学苑出版社,2009:13-14.

大利语、荷兰语等各种文本,产生了广泛的影响。① 他还著有《中国见闻》(*Sketches of China*, 1841)、《鸦片战争时期及媾和以来的中国》(*China: During the War and since the Peace*, 1852)等著作,广泛介绍中国的国情。

1817年,德庇时出版了《老生儿:中国戏剧》(*Laou-Seng-Urh, or An Heir in His Old Age*),这也是英国翻译中国古典戏剧的第一部作品。② 1829年,德庇时又出版了另一部古典戏剧的译作《汉宫秋:中国悲剧》(*Han Koong Tsew, or The Sorrows of Han: A Chinese Tragedy*)。这是一部只有18页的小书。该书主要研究的是德庇时译本《好逑传》在正文之外添加的附录、注释和索引。其中,在卷二最后的附录中亦有德庇时翻译的中国戏剧《汉宫秋》。③ 德庇时还写有《汉文诗解》(*Poeseos Sinensis Commentarii: On the Poetry of the Chinese*, 1834),为促进英国汉学的发展做出了巨大贡献。

在译介中国小说方面,1822年,德庇时出版了《中国小说选》(*Chinese Novels*),全书250页。德庇时还专门在书稿的前面附上了自己写的一篇文章《中国语言与文学评论》("Observations on the Language and Literature of China"),在书稿的后面附有箴言以及格言等,正文则是从清初小说家李渔的《十二楼》中选译的《合影楼》和《夺锦楼》两篇,并与《三与楼》结集,由伦敦默里出版社出版。由此,德庇时享有西方首位翻译《十二楼》的汉学家之盛名。④ 同理雅各(James Legge, 1815—1897)、翟理思(Herbert Allen Giles, 1845—1935)等人相比,德庇时的汉学研究带有颇多的政治意味。一些非学术的因素,如对英国的商业和外交方面的考虑,往往会限制他的研究视野。为了本国的在华利益,德庇时曾呼吁英国人重视中国的文学与文化,所以说,他的研究工作和英国政府的对华政策是绝不相左的。

---

① 何寅,许光华. 国外汉学史. 上海:上海外语教育出版社,2000:211-212.
② 马祖毅,任荣珍. 汉籍外译史. 武汉:湖北教育出版社,1997:271.
③ Francis Davis, John. *The Fortunate Union* (*Vol. 1*). London: J. Murray, 1829:219-243.
④ 马祖毅,任荣珍. 汉籍外译史. 武汉:湖北教育出版社,1997:262.

在当时的中西文化交流中,尤其是中国文化的西传中,关于"中国的庞杂的知识已不仅仅限于天主教会(尤其是耶稣会)所传播的内容,它事实上还包括了通过商人、官员、外交人员甚至水手们传递到欧洲的信息"①,传教士、商人和外交官是近世来华西人的三种主要身份,且彼此还存在身份重叠,有的人既是传教士也可能是外交官和商人。同时,由于西方人在华兴办学校、报纸等的缘故,有些人就自然会有多重身份,如翟理思之子翟林奈(Lionel Giles, 1875—1958)就集教师、记者和编辑等身份于一身。

德庇时的《好逑传》译本的书名页上写明了如下内容:The Fortunate Union, a Romance, Translated from the Chinese Original, with Notes and Illustrations, to Which Is Added, a Chinese Tragedy, by John Francis Davis, F.R.S. London: J. Murray, 1829. 其中文底本印有"精刊古本两才子书《好逑传》嘉庆丙寅年镌福文堂藏板"字样,版本封面影印如图 3-1 所示。

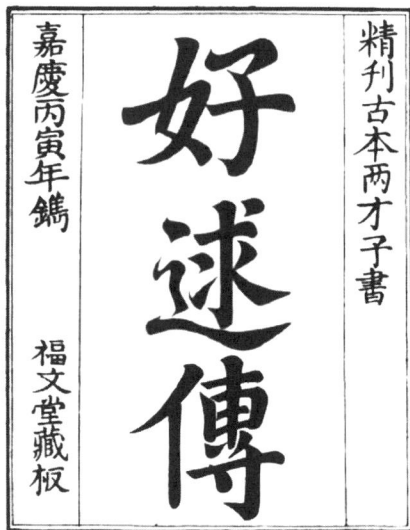

Fac-simile of the Title Page to Haoukewchuen, or the Fortunate Union

图 3-1 德庇时《好逑传》封面影印

---

① 史景迁. 文化类同与文化利用——世界文化总体对话中的中国形象. 廖世奇,彭小樵,译. 北京:北京大学出版社,1990:12-13.

书名页的第二面印有对乔治·托马斯·斯当东(Sir George Thomas Staunton, 1781—1859)的致敬:"To Sir George Thomas Staunton, Bart. This version of a work, which he has already perused in the original, is with much esteem inscribed, by his very faithful friend and servant, the translator."①

1793年,年仅12岁的乔治·托马斯·斯当东就跟随时任马戛尔尼(George Macartney, 1737—1806)使团副使的父亲斯当东爵士(Sir George Leonard Staunton, 1737—1801)访华,并觐见乾隆帝。乔治·托马斯·斯当东的父亲于1798年在伦敦出版了《英使谒见乾隆纪实》(An Authentic Account of an Embassy from the King of Great Britain to the Emperor of China),对马戛尔尼使团访华等事件做了一些重要的文字纪录。

马戛尔尼使团访华,在中西文化交流史上也意义非凡,甚至有学者认为,"马戛尔尼使团在中西交往史上的分水岭性质格外突出,把它看作中西关系步入近代的开端并不为过"②。以马戛尔尼为正使的英国使团于1792年9月25日乘船离开英国,于1793年8月16日于通州登岸,在北京滞留数日后,马戛尔尼使团在1793年9月2日前往热河觐见在那里避暑的乾隆皇帝,同年9月14日受到乾隆皇帝的召见,同年9月17日参加乾隆皇帝万寿庆典。但是,中英双方在1793年9月21日的会晤并没有达到预期,马戛尔尼使团在1793年10月7日被迫离开北京。随着马戛尔尼使团出访失败的消息传回欧洲,他在觐见大清皇帝时所采取的礼仪等被西方看作一种外交上的耻辱。马戛尔尼返回欧洲不久出版的相关记事有如下记载:"依据使团多位成员笔记写成的使团行纪,有关觐见礼仪的争议只字未提,也未提及觐见时的礼仪程序,而只是说皇帝以最为正式的礼节接过国书,并且除了英使、翻译、副使斯当东(即乔治·托马斯·斯当东

---

① Francis Davis, John. *The Fortunate Union* (*Vol. 1*). London: J. Murray, 1829.

② 张国刚,吴莉苇. 中西文化关系史. 北京:高等教育出版社,2006:323.

的父亲)和见习侍童外不许任何人在场。"①

马戛尔尼使团中多位成员都写了相关的出使笔记,在他们的出使笔记中,对中国形象看法完全有别于 17 世纪传教士刻画的富足与有序的美好。他们认为,中国不过是一个停滞不前的泥足巨人,与 18 世纪中期以来一些来华商人和军人所塑造的中国形象极为相似。

可以说,马戛尔尼使团出使大清导致西方对中国的形象认知出现了转折。此前,自在华耶稣会传教士利玛窦 1595 年进入北京之后的两百多年里,在中西文化交往中一直深刻影响西方的美好的"中国观"形象,至此几乎丧失殆尽。与到中国沿海的那些旅行者相比,英国使团在中国停留的时间更长,接触中国社会更深入,他们反馈给西方的中国负面形象似乎更有说服力,他们对当时中国的认知与评价足以成为"19 世纪欧洲人对中国'新知识'的起点"②。

德庇时版的《好逑传》译本分为五个部分:序言、正文、附录、注释和索引。德庇时在序言一开始就说道:"本书译自这个国家(指中国)发生的故事,那是人们茶余饭后的消遣。译者在阅读完《好逑传》原作后,印象深刻,对其特质有很好的评价;当试着译完前两章之后,他受到鼓舞,开始完完全全地以中国特有的'Romance'(小说)的形式来翻译这部小说。"③因此,研读其序言,对于了解德庇时的译者身份、翻译目的和翻译策略,乃至关涉中西文化交流诸因素等方面均具有相当的价值。

德庇时在序言中还说:"原本大量的印刷及排版错误在第一时间都由一位相当有能力的中国人修改过来了。"④这位中国人是谁,并且以何种方式做了怎样的修改,在译本中并未提及,所以无从考证。有历史记载的最

---

① Winterbotham, William. *An Historical, Geographical, and Philosophical View of the Chinese Empire*. London: J. Ridgway, 1795: 58.

② 张国刚, 吴莉苇. 中西文化关系史. 北京: 高等教育出版社, 2006: 323.

③ Francis Davis, John. *The Fortunate Union* (*Vol. 1*). London: J. Murray, 1829: vii (Preface).

④ Francis Davis, John. *The Fortunate Union* (*Vol. 1*). London: J. Murray, 1829: viii (Preface).

早去欧洲的中国文人是一个名叫沈福宗的人。沈福宗在1680年跟随比利时汉学家柏应理回罗马,并于1694年回到中国。① 在那个时代,真正与西方文化、文学发生接触和交往的是福建省兴化府莆田县信奉天主教并成为教徒的黄嘉略(Arcade Hoangh,1679—1716)。他是目前所知的最早访法的中国人。黄嘉略以法国巴黎外方传教会传教士梁宏仁(Artus de Lionne,1655—1713)秘书的身份前往欧洲,并在1702向罗马教皇报告关于"中国礼仪之争"的情况。1706年,黄嘉略在罗马作证的使命结束后,回到巴黎,获得王室年金。黄嘉略还担任过法国国王路易十四的中文翻译,并编写《汉法字典》(未完成)和《汉语语法》(未出版),于1713年与一法国女子结婚,生育有一女。② 启蒙时期的大思想家孟德斯鸠通过启蒙先驱、法国汉学家弗莱雷结识了在巴黎的黄嘉略,了解了一些中国知识。黄嘉略对孟德斯鸠的中国观产生过一定影响。孟德斯鸠在所著的《论法的精神》中引用较多的就是从与黄嘉略谈话以及杜赫德的《中华帝国全志》中了解到的中国风俗人情。③ 黄嘉略曾在法国皇家图书馆工作,并且据载,于1716年4月与孟德斯鸠在皇家图书馆有过多次长谈。孟德斯鸠的《札记》第368条记录了当时的谈话内容:"黄嘉略对欧洲存在犯罪和用严刑表示吃惊。他说中国社会是靠儒家伦理来治理的。"④但是,如果孟德斯鸠的记录属实,黄嘉略描述的中国与当时的实情有不少出入,似乎有刻意迎合启蒙时期理想化中国之嫌。

在当时的"中学西传"中,对于中国古典小说译本底本的选择、译本的翻译及处理,多为来华的西方人自行安排,中国人并没有主动参与其中。如果要深入探讨中国文学是如何走出去的,追本溯源,应该从西方的文化、人伦与心理等层面把握和寻找。把中国古典小说西传放在当时西方的时代精神背景之下考量,就会感觉对中国古典小说西传的研究犹如一

---

① 柯蒂埃(考狄). 18世纪法国视野里的中国. 唐玉清,译. 上海:上海书店出版社,2006:145.

② 许明龙. 中法文化交流的先驱黄嘉略. 社会科学战线,1986(3):245.

③ 李天纲. 中国礼仪之争:历史·文献和意义. 上海:上海古籍出版社,1998:253-254.

④ 夏克尔顿. 孟德斯鸠评传. 刘明臣,等译. 北京:中国社会科学出版社,1991:21.

枚小小的多棱镜,稍稍旋动角度,中国古典小说和西方的文化相遇就会折射出另一番景象,中国古典小说的曲折和生动、中国文学的"民族性"与文学的"世界性"的一些规律也会渐渐呈现出来。在当时,西方一些学者对于中国文学的选择、改编及处理的观点、方法与技术,对于今天中国文化、文学更好地"走出去"仍然有着特别的意义和启迪。但是,关于这方面的研究,学界鲜有论及。

在序言中,德庇时还将自己的译本与珀西的译本进行了一番比较,指出自己的译本与珀西译本的主要不同在于:对珀西译本的标题"Pleasing History"进行重新界定,改为"The Fortunate Union",显得与原文更为贴切;在翻译中对珀西译本的误译进行较为详细的纠正;考虑到珀西在译文中插入大量注释,导致出现过多增删,需要对其进行校对。[①]

实际上,如何妥善解决译文在跨文化方面存在的障碍,一直是译界长期存在的问题。最早的西方译者为了让西方读者能够接受中国的异域文化,在挑选原作上有着特定的趣味和标准。也可以说,他们将原著裹上了宗教与文化调适的"糖衣",以便达到使西方读者接受来自中国最早西传古典小说的韵味之目的。这种译法和19、20世纪"西学东渐"时中国译者多用"归化"译法比较相似。珀西译本的"增删"或者说是"误译"主要表现为:他有时将两段合并,有时又将一句拆为两句;将陈述句改译为疑问句,或将疑问句改译为陈述句。如小说中的"诗云""词云"、俗语、谚语、顺口溜等,对于西方早期译者来说比较难以理解或者很难找到合适的词语进行翻译,对此,珀西就干脆予以完全删除。珀西译本采用的中文底本是"中国线装原本,一共四卷,前二卷每卷五回,后二卷每卷四回,共十八回。珀西所用的译稿也是四卷,但每卷都有删节,而最后一卷(包括所谓葡文部分)删节特多,因此只有十六章了。这个节译本到了珀西手里,又作了一些改动。他认为原译稿各回篇幅过长,于是另行排比,把十六章改为三十八章"[②]。

---

① 参见:Francis Davis, John. *The Fortunate Union* (*Vol. 1*). London: J. Murray, 1829: viii (Preface).
② 范存忠. 中国文化在启蒙时期的英国. 上海:上海外语教育出版社,1991:149.

对珀西译本的"增删",德庇时在序言中指出,珀西译本"最明显的是删去了第四章水冰心去给母亲上坟一段"①。关于祭祀问题的两段原文,一是:"水运道:'这九月二十日,乃她母亲的忌辰。年年到这日,必要到南庄母亲坟上去祭扫,兼带着催租,看菊花,已做了常规,是年年去的。公子到这日,必须骑匹快马,领着了众家丁,躲在南庄前后,等她祭扫完了,转回家时,竟打开轿夫,抬着便走。抬到家中,便是公子的人,听凭公子调停。成不成,却冤我不着。'"②二是:"庄妇答道:'俱已齐备,只侯小姐行礼。'冰心小姐随起身,同小兄弟直走到后面母亲的坟上,哭祭一番。直等化了纸钱,方回身到庄西一间阁上去看菊花。"③德庇时译本则将这两段完全直译出来。

第六节　译本的聚焦:《好逑传》的"误释"研究

德庇时版《好逑传》序言中有如下表述:如果一个中国学者想比较中国版的《好逑传》(参见嘉庆丙寅年编、福文堂藏版的《精刊古本两才子书——好逑传》)和珀西版的《好逑传》,最值得研究的一个部分莫过于原文十七回中的五份奏折。德庇时认为,奏折这种特定的表达方式在中国文学、文化中是一个极佳的艺术表达方式的范本,但是在珀西译本中并没有提到,甚为可惜。如,珀西版《好逑传》把"penknife"(奏折)误译为"没有笔";又让娇贵的小姐(水冰心)说出类似"我要让坏人作出牺牲,用他们的血肉来消我心头之恨"这样的话来。④ 这些翻译显然是不恰当的。

但是,德庇时对珀西译本的评价还是甚高的,他认为,这些误译是珀西被手稿原稿误导所致,如果能结合第三回结尾一起来看的话,这实际上

---

① Francis Davis, John. *The Fortunate Union*(*Vol*. *1*). London: J. Murray, 1829: viii (Preface).

② 名教中人. 好逑传. 北京:中国经济出版社,2011:50-51.

③ 名教中人. 好逑传. 北京:中国经济出版社,2011:52.

④ 参见:Francis Davis, John. *The Fortunate Union*(*Vol*. *1*). London: J. Murray, 1829: viii-ix (Preface).

对原作而言是极不公正的。① 这表明,出现误译可能是对中国文化了解不充分造成的。德庇时还指出,《好逑传》除了第十七回和一些小的部分,其他都不是无法翻译的。如果因为珀西的一手材料的不完满便去抹杀他对于编译而做出的辛勤努力是很可笑的。除了因为原稿对其造成误导,他的编译和说明、注释都非常出色,是那一时期(1761)可知的对中国风俗和社会的最好的窥探窗口。珀西自己也对手稿的部分内容感到困惑,所以他加了很多注释,这些都是原文所没有的,而且显得有些不和谐。② 在这里,德庇时反复提到了《好逑传》原小说出现的五份奏折。

接下来,德庇时又发表了自己对《好逑传》的看法。他认为,在《好逑传》中终于看见这个世界上最奇特的人,与世界完全自我隔绝,各个行业都是手工劳作。有趣而喧闹的小说场景、对白的意思、对人物忠于原文而强有力的刻画、贯穿始终的对于极高的道德的传递有助于读者真正地体验一次中国的特色。③

德庇时谈到对"儒家之道"的看法时显然"误读"重重:"不难看出,从铁中玉和水冰心的身上渗透着一股儒家之道。儒家信奉自己的儒家哲学,强调自立和自重,并且吸收了古代的很多坚忍克己、恬淡寡欲的准则和戒律,很多儒家之道一直被反复践行着,无法在智慧以及实践方面被超越。儒家之道主张'以其人之道还治其人之身',并且将儒家思想作为行动的源泉;但是和这些看似人道的信条相比,它们在原则和实践上都表现出许多例外。复仇(以怨报怨)在很多情况之下是被孔子本人所提倡的,而谦逊(尽管这种美德似乎是由他们的圣人反复教导的)并不是他的弟子们的一个突出特点。他们是国家里最充满智慧的人才,德性良好,对佛教

① 参见:Francis Davis, John. *The Fortunate Union* (*Vol. 1*). London:J. Murray,1829:ix (Preface).

② 参见:Francis Davis, John. *The Fortunate Union* (*Vol. 1*). London:J. Murray,1829:x (Preface).

③ 参见:Francis Davis, John. *The Fortunate Union* (*Vol. 1*). London:J. Murray,1829:x (Preface).

和道教的信徒不屑一顾。"①这段话表明,译者在文本具体翻译时采取的策略是一致的,译者对中国的佛教信仰、"偶像崇拜"抱以极大的敌意与反感。

德庇时对这一时期中国的知识分子阶层抱有好感,他评价道,中国的知识分子(士大夫)在社会地位中占绝对的优势,国家政权牢牢地巩固着王权,有一点在这一时期毋庸置疑,中国比较富足,国泰民安。他还说这些信息是一个 30 年前(由译本所处年代推测估计为 1731 年)在北京居住过的人所提供的②(具体是何人译本并未提及,已无从考证)。

对于中国人姓名的翻译,德庇时的观点及翻译方法可以参见本书第二章第四节所述,这里不再赘述。在这些翻译思想的指导之下,译本中的部分中国人姓名的翻译如表 3-1 所示。

表 3-1　译本中的部分中国人姓名中英文对照

中文	英译	拼音(笔者按)
铁中玉	Teihchungyu	Tie Zhongyu
水冰心	Shueypingsin	Shui Bingxin
水居一	Shueykeuyih	Shui Juyi
铁英(铁中玉父亲)	Teihying	Tie Ying
水运(水居一胞弟)	Shueyun	Shui Yun
过公子	Kwoketsu	
(过公子之父)过隆栋	Kwoloongtung	Guo Longdong
成奇	Chingkee	Cheng Qi
柳下惠	Lewheahoey	Liu Xiahui
单佑	Tanyew	Shan You

① Francis Davis, John. *The Fortunate Union*(*Vol. 1*). London: J. Murray, 1829: xi-xii(Preface).
② 参见:Francis Davis, John. *The Fortunate Union*(*Vol. 1*). London: J. Murray, 1829: xii(Preface).

德庇时也谈到了中国的妻妾制。他在译本序言中指出,他的译本应该是比较忠于中国的风俗人情的。关于中国的"一夫多妻"现象,他认为,严格地说并不是他们的法律批准一夫多妻,只是允许纳妾。中国人只能有一个妻子(wife),妻子有个明确的称呼,要经过明媒正娶,相伴终生,与他的妾(Tse)和女仆完全不同;后两者男人想要多少就可以有多少;侧室的后代虽然在排位上低于正室的后代,但是享有的实际权益是差不多的。比如,小说中的过公子为了和水冰心结合,必须用大量佐证来证明与香姑的婚约无效,才能对水小姐明媒正娶。这一结论绝非空谈,而是从中国当权政府取得实证的结果。又如学士"Shueyun"(水运)宁肯死也不愿意让他的女儿做妾,哪怕对方是贵族。①

德庇时进而指出,事实上,妻子与丈夫生而平等,要有正式的结婚礼仪,在法律和财产占有上享有同等权利,而妾是花钱买来的,地位等同于家里的佣人。而中国当时的法律和风俗允许妾所生的孩子享有合法的权利这一点是显而易见的。这一点很自然地就站到了"保障妻子的利益"的对立面上。因此,先前的译本(即珀西译本)译为"first wife""second wife"就完全弄错了,这不是前任与后继的关系。② 德庇时对中国妻妾关系的理解带有浓厚的西方基督教精神及文化习俗的意味。其实,《圣经·旧约》中对男女关系的理解认为,男人和女人是平等的,但他们各自在家庭、社会和大自然中肩负不同的职责。出于这个原因,译本可能会反应中西文化等方面的差异。

中国古代社会的妻妾制度,在一些来华传教士看来,是极端落后与腐朽的。一方面,其与人类社会长期流行和认同的一夫一妻制相左;另一方面,传教士认为中国的妻妾制背后是儒家"不孝有三,无后为大"的孝道思想作怪。传教士对中国妻妾制的反感很可能在一些西传译作中体现出来。在来华传教士看来,把子嗣问题与儒家孝道联系起来,可能是考虑了

---

① 参见:Francis Davis, John. *The Fortunate Union* (*Vol. 1*). London:J. Murray, 1829:xiv-xv (Preface).

② 参见:Francis Davis, John. *The Fortunate Union* (*Vol. 1*). London:J. Murray, 1829:xv (Preface).

生命的延续和家业的传承。这一点与基督教的灵魂不灭说是对立的。以"无后"与"孝"的名义娶妾生子,在他们眼里便完全没有合理性。有人曾经问意大利传教士艾儒略(Giulio Aleni, 1582—1649):"主教勿行邪淫者,不可有外遇也。娶妾为传后计,亦在是例乎?尧以二女妻舜,舜亦不告而娶,为无后也。然则尧舜非与?"①传教士认为,在中国文化中具有权威性的《舜典》关于尧以二女妻舜的记载,也许只是一个误传而已,未必可信。

歌德也注意到了中国的妻妾制,以及妻妾制背后隐藏的儒家孝道思想。继《好逑传》之后,歌德接触的第二部中国作品是元代戏曲作家武汉臣撰写的元杂剧《老生儿》,全名为《散家财天赐老生儿》。据歌德日记,歌德于1817年9月4日读了《老生儿》的英译本。《老生儿》这出戏讲一老者无嗣,怕百年后断了香火,遂娶妾生子。怎奈女婿觊觎家产,唯恐老者得子,自己无权继承,便伙同妻子把岳父已有身孕的妾藏了起来。老者盼子心切,悲痛不堪。后女儿良心发现,将父亲的爱妾和新生的男婴一并送回父亲身边。在读完此戏一个月后,他在给友人的信中就此写下了几行读后感:"固然正因为他不能不把最美丽的全国通行不可缺少拜扫的礼节,交给他不愿意的亲戚去管理。这不单是一个特别的,乃是一个带普遍性的宗族图画。"②歌德观察到中国妻妾制背后隐藏着"不孝有三,无后为大"的子嗣问题,是因为"宗教礼节的影响"③。这也说明,后代的繁衍也确实具有超越民族性的普遍人文共性。

德庇时主动将中国的古典小说与浪漫主义时期的小说相比较,认为其所选择的译本底本《好逑传》与浪漫主义时期的小说有相似之处,都喜欢在小说的开头处加一些诗词。他特别指出,读者可以注意到一个显著的相似点,《好逑传》和西方的浪漫爱情小说一样,每章(回)开头总是缀有

---

① 引自:刘耘华. 诠释的圆环——明末清初传教士对儒家经典的解释及其本土回应. 北京:北京大学出版社,2005:162.
② 陈铨. 中德文学研究. 沈阳:辽宁教育出版社,1997:57.
③ 陈铨. 中德文学研究. 沈阳:辽宁教育出版社,1997:57.

一些与内容相配的诗文,偶尔文中也适当地配上诗文加以修饰。① 有些著作以精辟的主题句、警句或格言等形式开局,如简·奥斯汀的《傲慢与偏见》、亨利·詹姆斯的小说。这种风格不仅在浪漫主义时期一直得到了延续,而且,诗歌往往是浪漫主义作家最常用的文学体裁,这一时期特别盛行的就是抒情诗和长诗。译者认为两者相似,也是在寻找中国古典小说译本符合西方读者阅读口味之处。

德庇时所处的时代,"现实主义"流派十分盛行,可以说现实主义是 19世纪英国小说艺术表现得最为突出的特征之一。当时的英国本土小说发展有三个明显趋势:第一,小说家喜爱将自己的生活经历掺入作品中,这也推动小说发展出现了一种新的样式——自传性小说,如《简·爱》《大卫·科波菲尔》等;第二,由女作家创作的反映女性生活的作品日益增多;第三,从现实主义逐渐转向自然主义和宿命论(注:维多利亚后期)。② 这些特点依稀也能够从中国小说《好逑传》中反映出来,如对生活细节的描述、对女性(水冰心)角色的刻画等。但是,西方译者普遍认为中国的诗词翻译太困难。

德庇时在序言中说道:"散见于《好逑传》中的诗篇总计不到 400 行,然而其字句中的深意及格律中的韵味,给予了译者不亚于作品其余所有部分的挑战。"③由于诗歌这一文学形式所蕴含的民族性特征十分突出,西方的译者普遍认为,来自中国的古典小说若充斥着诗文,对他们译者来说则是"很不幸"的,因为译介它们需要耗费大量的精力。

---

① 参见:Francis Davis, John. *The Fortunate Union* (*Vol. 1*). London:J. Murray,1829:xv-xvi (Preface).

② 李维屏. 英国小说艺术史. 上海:上海外语教育出版社,2003:119-121.

③ 参见:Francis Davis, John. *The Fortunate Union* (*Vol. 1*). London:J. Murray,1829:xvii (Preface).

第四章 中国古典小说西传的多样性展现：
以《玉娇梨》为例

> 那些人几乎和我们同样地思想、行动和感受，读者不久就觉得自己和他们是类似的人，只不过在他们那里，一切都来得更加澄明、清纯和文雅罢了。
>
> ——歌德《歌德谈话录》

第一节 《玉娇梨》的译者及背景简介

雷慕沙是法国有名的中国学家，1788 年 9 月出生于巴黎。雷慕沙的父亲是外科医师，他自小在父亲的指导下学习拉丁文和医学。后因雷慕沙喜爱植物学，欲读中国典籍《本草纲目》，就自学了汉语和满语，从此，雷慕沙与汉学结下不解之缘。1811 年，雷慕沙出版了《汉文简要(中国语言文学论)》(*Essai sur la langue et la littérature chinoises*)，1812 年又发表《汉语及满语所记——铭文之解读》("Explication d'une inscription en Chinois et en Mandchou")，从而奠定了他汉学家的地位。1813 年，雷慕沙凭借研究中国医药的论文获巴黎大学博士学位。1814 年，雷慕沙受聘为法兰西学院"汉文与鞑靼文、满文语言文学"讲座教授(La chaire de « Langues et littératures chinoises et tartars-mandchoues »)，并于 1815 年 1 月 16 日开课演讲(这一讲座所用的名称一直延续到 1918 年)，他由此成了"首先使汉学成为专门学科"的学者。法兰西学院创设于文艺复兴时期，建院的最初目的是承担巴黎大学不能接受的教育科目。法兰西学院初建之时,在学院从事教学和研究的,是一些学风严谨的真正的学院派教授,主要承担希伯来文和希腊文的教学。随着历史的发展,学院设立的学科也发生了很大变化。1814 年 11 月 26 日,法兰西学院首开"汉学讲座"。"汉学讲座"的设立为法国培养了第一批真正意义上的汉学家,如在法兰西学院和东方语言学院诞生了职业汉学家雷慕沙、儒莲、毕欧(Édouard Biot,1803—1850)、德理文(Hervey de Saint-Denis,1823—1892)、巴赞、哥士耆(Alexandre Kleczhowski,1871—1886)、德韦理亚(Gabriel Devéria,1844—1899)等。这些学者也是西方汉学发展史上第一批用"现代"模式对中国进行研究的汉学家。① 法兰西学院也发展成为法国乃至整个欧洲汉学授课的基地。法国汉学家谢和耐(Jacques Gernet,1921—2018)对法兰西学院在汉学方面做出的贡献做出了高度评价,他认为,19 世纪的法兰西学院是"法国从事中国历史和文明科学研究的唯一机构",即使到 20 世纪,法兰西学院"仍继续在这一领域中扮演着一种重要角色"。② 雷慕沙亦是一位博学多才的汉学家,他在法兰西学院从事汉学教学的同时,努力研究中国,内容涉及语言、文学和哲学等多方面。他著有《汉语语法基础》(*Éléments de la grammaire chinoise*,全名为《汉语语法基础,或古文及中华帝国通用语言即官话总则》,也译《汉文启蒙》,1822)。雷慕沙翻译有小说《玉娇梨》(1826);1827 年出版其所编辑的法文版《中国小说选》(*Contes chinois*),内容为从明代拟话本小说《十二楼》《今古奇观》和《警世通言》中选译的 10 篇小说:《合影楼》《蔡小姐忍辱报仇》《宋金郎团圆破毡笠》《三孝廉让产立高名》《怀私怨狠仆告主》《念亲恩孝女藏儿》《范鳅儿双镜重圆》《三与楼》《夺锦楼》和《庄子休鼓盆成大道》。雷慕沙翻译并注释了《法显撰〈佛国记〉》(*Foĕ Kouĕ Ki, ou Relation des royaumes bouddhiques*,即《佛国记:法显论佛教诸国往来关系》)。该书在雷慕沙逝世后于 1836 年出版。雷慕沙还翻译有道教方面的作品,此外还写有大量的论文,均收录在《亚细亚论集》(*Mélanges asiatiques*,1825—1826)、《新亚细亚论集》

---

① 何寅,许光华. 国外汉学史. 上海:上海外语教育出版社,2000:166.
② 谢和耐. 法兰西学院的汉学讲座. 耿昇,译//阎纯德. 汉学研究(第 1 集). 北京:中国和平出版社,1996:55.

(*Nouveaux mélanges asiatiques*, 1829) 和《东方和历史遗稿》(*Mélanges posthumes d'histoire et de littérature orientales*, 1843) 之中。

雷慕沙同时也是较早研究汉学并把中国古代经典真正介绍到西方的学者之一。荷兰汉学家戴闻达 (Jan Julius Lodewijk Duyvendak, 1889—1954) 记载:"在 1775 年到 19 世纪初,欧洲人对中国语言和文学的兴趣渐渐消失了,取而代之的是欧洲本土的浪漫主义文学。直到波旁王朝复辟时代,在法兰西大学才开设了新的汉语讲座,汉语研究的地位,从此在西方被确立下来。雷慕沙写了不少实用的汉语论文并翻译了多种中国文学作品。"①

雷慕沙在汉学方面的贡献,尤其是在汉语语法和中国佛学研究方面的贡献,在汉学史上产生了重大影响。在汉语语法方面,他撰写的《汉语语法基础》虽然是参照马若瑟的《汉语札记》撰写而成的,并"无首创之功",但因马若瑟的《汉语概述》并没有出版,所以该著作实际上成了"西方第一部汉语语法"书。②《汉语语法基础》于 1857 年、1987 年分别再版,可见其在西方汉学界的影响之大。

在佛学研究方面,雷慕沙与儒莲都被认为首先推动了"19 世纪和 20世纪初法国汉文佛典的翻译和研究工作"③。雷慕沙曾在《名人学报》《亚洲学报》《亚细亚论集》等刊物上,发表了许多关于佛教的论文,提出了一些早期来华传教士未曾涉及的新的看法和观点。雷慕沙在其译著《法显撰〈佛国记〉》中首次向西方人传递了对中国佛教较为客观的看法。书中所附的大量注释,在汉学发展史上有着开拓性功绩。马伯乐 (Henri Maspéro, 1883—1945) 也曾说,雷慕沙在《汉语语法基础》中对汉语的"逻辑综合和推理构建"进行了"首次试验"。他的这本书可以说一直是"整个 19 世纪汉学家们着手研究的初始材料"。雷慕沙在翻译过程中还提出了两个"最重要"并"不断地掀起"汉学家们"热情"的问题,即"中国和西方世

---

① 参见:马森. 西方的中国及中国人观念:1840—1876. 杨德山,译. 北京:中华书局,2006:7(引言).

② 何寅,许光华. 国外汉学史. 上海:上海外语教育出版社,2000:167-168.

③ 何寅,许光华. 国外汉学史. 上海:上海外语教育出版社,2000:168.

界古老的关系"和"往昔世界文化相互影响"的问题。①

雷慕沙学贯中西、博学多才,在法兰西学院从事汉学教学的同时,还特别重视研究。其研究的内容涉及语言学、文学和哲学等方面。据考证,尽管西方有较早的《道德经》拉丁文译本,但雷慕沙是第一位真正把它介绍到欧洲的学者。在这方面,雷慕沙撰有《关于老子的一生及其作品的报告》("Mémoires sur la vie et les ouvrages de Lao-tseu",1823)等大量的论文。雷慕沙还同儒莲一起做了很多翻译工作,翻译了许多种类的中国小说和短篇故事。儒莲从事这种翻译工作的目的源于他对中国问题的认识,他认为,随着中国采用一种决定性的方式对外开放,如果不通过中国那些文献中业已存在的材料去研究现代中国就等于没有导师指导。儒莲翻译的《平山冷燕》(1860)和《玉娇梨》(1864,第2版)在法国和其他西方国家受到了读者的广泛欢迎。

1816年4月5日,雷慕沙被选为法兰西文学院(Académie des Inscriptions et Belles-Lettres)院士。同年,他还负责建立法兰西皇家图书馆中文图书目录(此目录包括详细的传略、传记等,其中一部分收进4卷本的《亚细亚论集》,1825—1829)。1822年,他与德国汉学家克拉普洛特(Julius Heinrich Klaproth,1783—1835)在巴黎共同发起建立"亚细亚学会"并刊行会报,在当时曾产生极大的影响。1823年,任内政部文艺调查委员。1829年,任亚细亚学会会长。1830年,法国七月革命爆发,他因涉及党派之争,致使刊物被停。1832年6月3日,雷慕沙逝世。②

第二节 《玉娇梨》的传译本举隅

《玉娇梨》的西传译本在西方世界的影响非常大,丝毫不亚于《好逑传》。首先,传入西方的《玉娇梨》中文版本极其丰富并且在西方流传广

---

① 马伯乐. 汉学. 马利红,译//阎纯德. 汉学研究(第3集). 北京:中国和平出版社,1999:48.

② 何寅,许光华. 国外汉学史. 上海:上海外语教育出版社,2000:166-168.

泛。根据《中国小说总目提要》,《玉娇梨》版本有数十种,雷慕沙在《玉娇梨》法译本序言中亦提及他本人所看到的《玉娇梨》中文版本有四五种之多。在繁多的中文版本的基础之上,《玉娇梨》的西传译本也很多,对此,本书在相关章节做了细致整理和举隅。其次,《玉娇梨》的西传译本对同期西方众多的思想家、作家产生了深远的影响,可以说,《玉娇梨》的西译本在西方世界的影响远大于在中国本土被认为是一流小说的古典名著,西方的学者也往往对《玉娇梨》的研究兴趣浓厚。

如西方学者理查德·C. 赫斯内(Richard C. Hessney, 1947—　)在其所著的《中国十七世纪的才子佳人小说》(*Scholar-Beauty Fiction: Seventeenth Century*)一书中就论述了中国明末清初才子佳人小说与欧洲同时期的小说两者之间的关系,其中,他还专门论述了《好逑传》《玉娇梨》等小说对西方作家如席勒、歌德等所产生的重要影响。[①] 虽然,《玉娇梨》这部较为优秀的作品并没有脱离明清才子佳人小说的构思套路,但是在传入西方后却极受推崇。例如,《中国评论》1873 年第 1 卷第 5 期刊登的汉学家李思达(Alfred Lister)1873 年 1 月 7 日在香港圣安德鲁大厅(S. Andrew Hall)发表的题目为"An hour with a Chinese romance"(《花一个小时读一部中国小说》)的演讲中提及,在他"所遇到过的小说作品中,没有比《玉娇梨》再好的了",因为"其中包含着中国传奇故事的所有优点",是一部"具有高度技巧性的大师级的作品(masterly book)"。[②] 对于《玉娇梨》给予如此高度的评价并不是偶然的,缘由十分复杂,其中当然包括西方译者、读者的"误读"和两种异质文化交流碰撞后满足了自我需求等因素。笔者认为,《玉娇梨》在西方获得广泛成功,也和其作品中所体现的普遍人文共性因素有密切的关系。

---

① 王丽娜. 中国古典小说戏曲名著在国外. 上海：学林出版社,1988：323.

② Lister，A. An hour with a Chinese romance. In *The China Review: or Notes and Queries on Far East，1872—1901 (1873)*. 北京：国家图书馆出版社,2010：287-288.

《玉娇梨》具有代表性的西传译本,或其小说译文、改编本举隅如下:①

1821 年,乔治·托马斯·斯当东翻译的《异域录》(*Narrative of the Chinese Embassy to the Khan of the Tourgouth Tartars in the Years 1712，13，14，15*)附录中有《玉娇梨》第一回至第四回("Abstract of the four first chapters of the Chinese novel"，entitled *Yu-Kiao-Lee*)的译文。正如题目所表述的,该书收录的是"中国小说前四回的摘要",即简单翻译。译文缩略了原小说的章回结构,只做了简单的翻译,把那些让西方早期译者最为"望而生畏"的诗歌部分内容一概删去。

1826 年,雷慕沙翻译的《玉娇梨》(*Iu-Kiao-Li，ou Les deux cousines；roman chinois*,即《〈玉娇梨〉或〈两个表姐妹〉》)由巴黎蒙塔迪埃出版社出版,这是目前学界所知的《玉娇梨》的第一个全译本。该版本完全保留了原小说的章回结构,所以,雷慕沙译本可以作为底本再次被转译为多个西语译本。从其他语种的《玉娇梨》文本转译成英语文本或根据英语文本转译成其他语种文本的现象多次出现,足以说明《玉娇梨》文本本身的语言、思想和文学魅力,以及西方世界对《玉娇梨》文本的推崇。

1827 年,伦敦亨特及克拉克(Hunt and Clarke)出版社出版了雷慕沙《玉娇梨》法译本的英文转译本 *Iu-Kiao-Li，or，The Two Fair Cousins*,译本共分为两卷。

1827 年,雷慕沙法译本《玉娇梨》的德文转译本(*Iu-Kiao-Li*)在斯图加特出版,译本分为四卷。

1828 年,雷慕沙法译本《玉娇梨》的俄文译本片段转载在文学刊物《雅典娜神庙》(*The Athenaeum*)上。

1864 年,巴黎迪迪埃(Didier)出版社出版了儒莲翻译的《玉娇梨》(*Les deux cousines：roman chinois traduction nouvelle accompagnée d'un commentaire philologique et historique*)。

---

① 参考:宋丽娟."中学西传"与中国古典小说的早期翻译(1735—1911)——以英语世界为中心.上海:上海师范大学博士学位论文,2009:76;宋柏年.中国古典文学在国外.北京:北京语言学院出版社,1994:467-473;王丽娜.中国古典小说戏曲名著在国外.上海:学林出版社,1988:317-323.

据宋丽娟考证,巴黎法国国家图书馆现藏有黄嘉略译《玉娇梨》前三回抄本。[①]

1873 年,《中国评论》第 1 卷第 5 期刊登了李思达 1873 年 1 月 7 日在香港圣安德鲁大厅发表的关于中国小说的演讲"An hour with a Chinese romance",其中对《玉娇梨》的评价非常高。

早期来华的耶稣会传教士对《玉娇梨》推崇备至。法国传教士殷宏绪和罗萨里主教就对《玉娇梨》的文学成就十分赞许,将《玉娇梨》带回西方后,推荐给雷慕沙。雷慕沙在读完小说原本之后,对其雅致的文风、有趣而浑然天成的情节倾慕不已,评价其"故事率真,构思精妙,情节发展平顺宜人,人物塑造天然巧致,布局井然有序,直至终篇"[②]。雷慕沙遂将其完整译介。1826 年,《玉娇梨》的法文本问世。《玉娇梨》这部小说因雅致的文体和故事情节而被西方读者津津乐道。雷慕沙翻译的《玉娇梨》是首个全译本,完全保留了原小说的章回结构,在西方被视为《玉娇梨》西译本的经典版本,并作为底本转译为多个西语译本。本书下文将选取雷慕沙法译本的英文转译本 *Iu-Kiao-Li, or, The Two Fair Cousins*(伦敦亨特及克拉克出版社 1830 年重印本)作为深入分析的文本对象。

第三节　对宗教用语的改编及处理

总体而言,如前文所述,明清时期"中学西传"的主体是来华传教士,他们基于所从事的传教事业,想要证明上帝三位一体的信条在中国经典中早已存在。这种宗教与文化的调适在《玉娇梨》的译本中亦有所体现,也是中国古典小说西传多样性的鲜明特点。

首先,传教士在选择和使用中国文本中的文化时无法避免自己的基督教及西方文化本位立场,当面对中西文化两者之间的各种隔膜、抵触

---

① 宋丽娟. "中学西传"与中国古典小说的早期翻译(1735—1911)——以英语世界为中心. 上海:上海师范大学博士学位论文,2009:333.

② *Iu-Kiao-Li, or, The Two Fair Cousins. A Chinese Novel*(Vol. 1). From the French of M. Abel-Rémusat. London:Hunt and Clarke,1830:xxv(Preface).

时,便会采取直接或间接、委婉或直白的辩论或重释,以西方的内涵对其加以置换,直至做出完全的否定。① 如果说归化策略体现了译者一种俯视的文化态度,异化策略则体现了译者的一种较为平等宽容的态度。

其次,语言的差异性、异质性决定了译文的一个重要特征就是杂合性。翻译作为两种文化间交流的媒介,其作用就在于将源语中体现的文化特征移植到另一种文化中去。然而不同的文化之间存在着显著的差异,两种语言系统之间不存在完全对应的关系。因而,当译者用一种语言文化去再现另一种语言文化时,译文不可避免地会带有两种语言文化的特征。②

再次,从比较文学的视阈而言,翻译文本相对于原文本来说,是一种有益的增补,是一种新视角的拓展。如同伽达默尔(Hans-Georg Gadamer,1900—2002)所说:"文本的意义超越它的作者,这并不只是暂时的,而是永远如此的。"③特定历史时期译者对文本的不同解读,且不论翻译技巧的高低,都为文本意义提供了一种积极的、创作的可能性,中国古典小说文本也正是通过翻译实现了文本价值在西方世界的"再次扩充"。如:

【原文】荐星相之士④

【译文】a recommendation of an astrologer⑤

【回译】推荐一位占星术家

这里,译文采用归化的方法翻译为"占星术家"。

---

① 刘耘华. 诠释的圆环——明末清初传教士对儒家经典的解释及其本土回应. 北京:北京大学出版社,2005:119.

② 辛红娟. 旅行与文学翻译的象似性研究. 社会科学家,2009(1):151.

③ 伽达默尔. 真理与方法. 洪汉鼎,译. 上海:上海译文出版社,2004:383.

④ 荻岸山人. 玉娇梨. 中国:中国经济出版社,2010:15. 为节约篇幅,本章及下一章后文为分析案例引用时将在引文后括注页码,不再另加脚注.

⑤ *Iu-Kiao-Li, or, The Two Fair Cousins. A Chinese Novel (Vol. 1). From the French of M. Abel-Rémusat.* London:Hunt and Clarke,1830:31. 为节约篇幅,本章及下一章后文作为分析案例引用时将在引文后以"(卷.页码)"的形式括注,不再另加脚注.

关于来华传教士对于中国各种祭祀问题的看法,严谟所著的《李师条问》以条目方式列举,并详加讨论。《李师条问》按照李西满(Simão Rodrigues,1645—1704)神父设计的问题一一作答,①其中就有涉及"星相之术"的相关问题,如:"问日蚀月蚀行礼如何?"当然,攻击也随之而来。多明我会等在欧洲大力攻击耶稣会在中国成了异端式的东方星占学家,是迷信活动的主持人,而不是传教士。②

在早期来华传教士所塑造的"中国观"的影响下,作为汉学家的雷慕沙也一直试图在译文中寻求这种宗教的调适。传教士们一直试图从《道德经》中找出其中隐含的与西方《圣经》教义相关联的东西。在西方学者中,雷慕沙是第一位真正把《道德经》介绍到欧洲的学者。他还在 1823 年发表《关于老子的一生及其作品的报告》一文,探讨了《道德经》中关于"夷""希""微"三个字的发音与西方宗教中耶和华的关系。

【原文】1. 我只道他痴心妄想,原来命中应该如此。2. 富贵皆命里带来,岂人力所能强求?(16)

【译文】1. as I know his attainments and the extent of his abilities, I am inclined to believe that it is his destiny to begin by marriage. (1.34-35) 2. Rich and distinguished individuals are governed by destiny—what human means can free them from it? (1.35)

【回译】1. 因为我知晓他的成就和他能力范围,我偏向于相信他的命运要从婚姻开始。2. 有钱人和杰出的人都是被命运支配的——人们用什么方法才能摆脱这个困境呢?

原文强调的是佛家的"因果报应、循环"的宿命论,一切都被命运掌控,"非

---

① 严氏是经书之家,可能是漳州地区教徒中最富学识的,这部著作其实是在他父亲的指导下完成的。书稿的署名是"闽漳严保禄谟定猷氏集答父严盎博削赞化思参氏鉴订"。在严谟所著的《李师条问》卷首,其按照耶稣会的写作体例和习惯,开列了参考书目录,包括:《尚书》《诗经》《礼记》《春秋》《周礼》《仪礼》《论语》《中庸》《白虎通》《开元礼》《文献通考》《家礼》《大明集礼》。严谟在这些古籍中寻章摘句,列出有关条目,然后在每个问题后提出自己对经文的理解。

② 李天纲. 中国礼仪之争:历史·文献和意义. 上海:上海古籍出版社,1998:176.

人力所能强求",同样也被用来告劝世人多多行善。在中国传统文化中,这种诸如"富贵皆命里带来"的宿命论的影响很深,译文只是用直译的方法译出,但并未对其中所蕴含的文化背景给予详细解读和阐释。

另外,在中文中是用"天",还是用"天主"来翻译"Deus"(神,上帝)的"译名之争"(Term Question, or, Term Issue)①,在基督教世界中尤其是来华传教士群体中存在许久。由于来华传教士接触到了中国文化,因而这些争论还涉及中国文化、传统、礼仪和道德等,因此,"译名之争"也成为中西"礼仪之争"的主要内容之一。利玛窦于 1603 年出版的汉文著作《天主实义》中,用古儒学所习称的"天"与"上帝"两词翻译拉丁文的"Deus",故利玛窦初著《天主实义》本名《天学实义》。后来为避免中国人把天想成苍苍之天,便改用"天主"一词。这一名称也符合儒学把天视为万物主宰的传统。② 这也从一个层面说明,早期耶稣会士对天主和上帝的辨异不足,只想借助中国儒学中的"天",来宣扬西方基督教,其实这样做十分牵强。雷慕沙译本为了避免直接的中西文化冲突和对抗,采取了一些巧妙的形式变化,如在翻译中用直译和音译等方法以应对文化冲击,同时也向西方传播自己所希望表达的中国文化。

【原文】寺僧(43)

【译文】one ot the community from a monastery; the priest (1.90)

【回译】修道院或寺院的神职人员;神父

这里是一种典型的"归化"或者说"调适"。

【原文】和尚道:"小僧贱号净心。"(66)

【译文】"My name is Tsingin*," replied the religious.

　　* This word signifies *tranquil heart*, and is one of the names assumed by the Chinese on entering a religious house. (1. 144)

---

① 罗光. 教廷与中国使节史. 台北:传记文学出版社,1969:122.

② Venturi, Pietro Tacchi. *Opere storiche del P. Matteo Ricci S. I*. Macerata: Premiato Stab. tip. F. Giorgetti, 1911—1913:507-508, 520.

【回译】"我名字叫静心*。"这位神职人员回答道。

　　*"Tsingin"这个词意为"平静的心",是一个中国人步入宗教团体时的假名(法号)。

一些传教士为了能够顺利在中国传教,吸引更多中国人皈依西方宗教,同时,也为了能够更好地使西方人接受他们展示出的"中国形象",在翻译中国古典小说原本中的宗教用语时,出于强烈的政治目的,大多采取"归化"的方法。①

【原文】刘玉成大笑道:"兄痴了,若要这等佳人,只好娼妓人家去寻。"苏友白道:"相如与文君,始以琴心相挑,终以白头吟相守,遂成千古的佳话,岂尽是娼妓人家。"(54)

【译文】"You are mad, brother!" exclaimed Lieouiutching, bursting into a loud laugh. "If it be a beauty of that kind you are looking for, away at once to the singers and courtezans."

"In this instance I think with the prince of literature," replied Sse Yeoupe, "that the union which is formed by the sympathy of hearts, is such as ensures felicity to two beings, even unto grey hairs: and the close of life shall still find them occupied in watching over each other. When I cite the wholesome maxims of antiquity, why allude to courtezans and singers?" (1. 115-116)

【回译】刘玉成大笑:"你疯了,兄弟! 如果你要寻找这种美人,那你立刻去找歌女和交际花吧!"

苏友白回答:"我想到了才子的结合,基于同情之心,以幸福始而以白首终:生命始终有对方守护。我这也是引用古代有益的座右铭,为何提什么去找交际花和歌女?"

"娼妓"可能源于周襄王在位时期齐国管仲设"女闾"。《战国策》第二卷载:"管仲设女闾,等于后世之有花捐也。"从此,"娼妓"现象每代皆有,

---

① 陈婷婷. 明清时期中国古典小说西传的误释问题:以《玉娇梨》1830 年英译本为中心. 国际汉学,2018(3):77.

在唐宋盛极一时,至明中晚期达到巅峰。《玉娇梨》第一回"小才女代父题诗"中写道:

【原文】(话说)正统年间(1)

【译文】in the region of *Universal Honesty**

　　* Viz. from 1436 to 1450. This is one of the titles which the emperors of China give to the years of their reign, solely for the convenience of date, and without any reference to the import of the expression. Thus we have those very years dignified with the appellation of "Great Abundance" in which the empire was actually desolated with famine; and it is notorious that civil wars convulsed the state in the years which were denominated "*Profound Tranquillity*," or "*Eternal Peace*." (1.1)

【回译】(略)

明朝中晚期,娼妓现象非常繁盛,如明万历二十年(1592)谢肇淛所撰的《五杂俎》载:

　　今时娼妓布满天下,其大都会之地动以千百计,其它穷州僻邑,在在有之,终日倚门献笑、卖淫为活……家居而卖奸者,谓之土妓,俗谓之私窠子,盖不胜数矣。①

而这一时期的中国古典小说在西传过程中是十分强调其社会道德教化功能的。译者为避讳"娼妓人家",而用"归化"的策略译为"歌女和交际花"(the singers and courtezans),对中国经典的"相如与文君"的典故没有很恰当地译介。例如:

【原文】苏御史听了大惊,因想道:"莫不是到娼妓人家去了?"因叫昨日送行李的家人来,问道:"你相公闲时在家,与甚人来往,莫非好嫖赌么?"(74)

【译文】The inspector-general now became very much alarmed,

---

① 谢肇淛. 五杂俎·卷八·人部四. http://guoxue. httpcn. com/html/book/ILCQCQIL/ TBILXVUYME.shtml.

and inquired if his nephew might not have been detained by improper company. He called the servant who had brought the baggage, and minutely examined him. "Pray," said he, "my man, when your master stayed at home, and when he was not engaged in business, what sort of company did he keep? Was he addicted to gambling and loose society?" (1.161)

【回译】苏御史现在非常吃惊,并且询问侄子(苏友白)是否与不合适的人滞留在一起。他唤来拎着行李的佣人,急切地盘问起来:"Pray(上帝保佑),你家主人不忙于公务而闲在家时与什么样的人来往?他沉溺于赌博或与堕落的人群往来吗?"

这里也出于译文的道德教化功能,把"嫖赌"的"嫖"完全隐去,并且借助修辞表达塞进了属于基督教的异质的词汇用语"pray"(上帝保佑)。后面的"又不嫖赌"(74)也译成"has not taste for gambling and company"(1.161)(【回译】不喜欢赌博和结伴游玩)。

笔者在回译的过程中发现,译者对小说原本中的宗教用语,除了采取"归化"的翻译策略,还对某些部分采取了"异化"的翻译策略。例如:

【原文】前日因到寺里烧香……暗暗在佛前祷祝道:若有人和得她的韵来,便情愿嫁他。(70)

【译文】A few days ago, as she was going to burn some perfumes in the temple... She then offered up a prayer to Buddha, that she might be married to the person who could write another piece to the same rhymes. (1.152)

【回译】几日前,在寺庙焚香……她在佛祖面前许愿,若有人谁能用同样的韵再写一首,便愿意嫁给他。

【原文】苏友白依旧上轿,径先到白石村观音寺来拜望净心。净心见车马簇拥,慌忙出来迎接,苏友白就说道:"老师还认得小弟吗?"净心看了道:"原来是苏爷,小僧怎么不认得?"……吃了茶,就叫备斋。苏友白道:"斋且慢,小弟今日仍要借上刹下榻了。"(222)

【译文】On arriving in the village of Pechi，at the monastery of Kouanyin，he wished to pay a visit to Tsingin. When Tsingin saw a cortege of sedan chairs and horses approaching，he came out in great haste to receive him；and as soon as Sse Yeoupe perceived him，he cried out，"Master，do you know me？" "Ah！it is the lord Sse！" replied Tsingin："why should I not know you？" ... After tea，Tsingin ordered an apartment to be got ready. "Do not give yourself any trouble about an apartment，" said Sse Ycoupe. "I come as formerly to ask you for shelter，and a bed in one of your cells."(2.256-257)

【回译】当到了白石村观音庙时，苏友白很想去拜访净心。当净心看见一队轿子走近时，便赶快出来迎接。苏友白一见到净心便大喊道："大师，可曾记得我吗？""是苏老爷啊！"净心回答，"我怎么会不记得您呢？"……喝完茶，净心便吩咐去准备客房。苏友白说："不要麻烦准备房间了，我还和以前一样住一间你的单人房便可以了。"

译文中对宗教用语的处理十分明显，如对"白石村""观音寺"采用音译法译为"the village of Pechi""the monastery of Kouanyin"，而对净心的称呼则采用"异化"策略，由前文的"priest"改译为敬称"大师"(Master)，让读者不仅有一种猎奇的阅读感受，还可以透过中国小说这一窗口来了解中国的风俗人情。

此段中的"吃了茶，就叫备斋。"被译为"After tea，Tsingin ordered an apartment to be got ready."乃误译，与后面一句相串联，两个"斋"(信奉佛教的人吃的素食)均被误译为"apartment"。

从一些翻译中我们可以看出，欧洲文艺复兴与启蒙运动时期，西方对中国文化的确存在一些"崇拜"，并波及各个层面，从高深玄妙的哲学、严肃沉重的政治，到轻松愉快的艺术与娱乐等等。在当时，孔子的道德哲学，中华帝国的悠久历史，汉语的普遍意义，中国的瓷器、丝织品、茶叶、漆器，中国工艺的装饰风格，园林艺术，诗与戏剧，一时都进入西方人的生活，成为时尚生活谈论的话题、模仿的对象与创造的灵感。

【原文】净心想了半晌道："这锦石村倒有千户人家,小僧去化些米,……"(222)

【译文】Tsingin reflected for a moment. "There may be a thousand inhabitants of the village of Kinchi," replied he. "I go there to beg the rice necessary for each month's consumption..." (2.257)

【回译】净心思忖了一会儿说："锦石村有一千户居民,我每次去乞讨一些米以供一个月的用量。……"

这里将原文中"小僧去化些米"译为"乞讨(beg)一些米",并自行加了"每次……以供一个月的用量"。这与前文所述的利玛窦"易佛补儒"的调适政策是一致的。译介者对中国的宗教,尤其是佛教比较反感,所以将"化缘"这一佛教术语译为"乞讨"。其实佛教中"化缘"的本意指"化度的因缘",是指能布施斋僧的人,即表示他与佛有缘。僧人以募化乞食广结善缘,故称化缘。

如果说"归化"策略体现了译者对中国文学、文化的一种"俯视"的译介态度,那么"异化"策略则体现了译者的一种较为平等宽容的译介态度。当然,这种平等宽容的译介态度还受到西方世界的读者群体的影响。如果不考虑接受的对象或者目的语系统对源语文化的了解程度,译者很难实现其预期功能,这样一来,"异化"的策略不仅达不到预期目的,甚至还会歪曲原文本的意义。郭建中在评价韦努蒂的异化翻译理论时说,"异化的翻译充满危险,也难以出版,出版了也往往受到非议"①。

第四节　对女性的形塑及教化

如前文所述,中国古典小说西传的多样性主要体现在对宗教与文化的调适方面,其实在对女性的形塑及教化功能方面的调适也十分明显。中国古典小说西传译本在对女性角色的塑造方面十分注重对女性智慧与

---

① 郭建中. 当代美国翻译理论. 武汉:湖北教育出版社,1999:197.

道德的描述,小说中的女性人物由于其出色的智慧及品德往往能获得美满的结局。这是对于东方女性理性的一种幻想,也与 19 世纪西方浪漫主义时期对于女性、爱情、婚姻及家庭的正面塑造有相似之处。

比如,《玉娇梨》中对于白红玉才华的描写与赞赏:

【原文】苏友白展开一看,却是抄过的一个草稿儿,上面写着新柳诗道:

> 绿浅黄深二月时,傍檐临水一枝枝。
>
> 舞风无力纤纤挂,待月多情细细垂。
>
> 袅娜未堪持赠别,参差已是好相思。
>
> 东皇若识垂青眼,不负春深几尺丝。

苏友白看完了惊讶道:"天下怎有这般高才女子,可不令世上男人羞死。"便看了又看,念了又念,不忍释手。(70-71)

【译文】The latter unfolded it, and saw that it was a manuscript composition on "The Willows of Spring," which was in these terms:—

Light green and golden yellow, are the colours of the second moon;

The branches of the willow impend over the surface of the lake,

And like silk films gently wave in the breeze;

The moon's light will soon come to brighten their soft texture.

Thus a maiden, 'ere the time of marriage arrives,

Lets her uncertain thoughts wander over the subject.

The prince of the east has called forth this vernal foliage;

Which, brilliant as the silken tissue, charms the fancy.

Sse Yeoupe was enraptured with these verses, and in a transport of admiration exclaimed: "Is it possible that there can be in the world a girl of such wonderful talent? Should not such a piece as this make every poet we have of the other sex blush for his inferiority?"(1.153)

【回译】苏友白打开之后,发现是诗歌的手稿:《春柳》,

（诗的内容译者完全直译,但将"东皇"译为"The prince of the east"。)

苏友白被这些诗句迷住了,一股仰慕之情油然而生:"世上怎么会有如此有才华的女孩子呢? 写出这样的诗句足以让每一个男性诗人相较之下都感到自惭形秽。"

这里,译者将原文本中白红玉所作的诗完全直译,并强调了其才华为男主人公所欣赏。当代学者如孙康宜在研究中认为,明清时期的中国文人中,男性文人似乎有一种"女性化的趣味",这是"因为男性文人对才女的认同,特别对薄命的才女有一种怀才不遇的认同感,致使他们从这些薄命才女身上看到了自己的影子,或者说薄命才女们的遭遇恰是他们自身遭遇的翻版,于是他们对女性化趣味产生兴趣,对女性产生关注,这就自然而然地在其创作的作品中表现出了女性化的倾向"①。在这些文人笔下的女性,尤其是才女,则具有作者赋予她们的男性的洒脱气质,如《玉娇梨》中卢梦梨的女扮男装、白红玉和卢梦梨对生活的艺术化表现和对俗世的超越性表现:吟诗填词、琴棋书画、游山玩水等。又如:

【原文】苏友白因叹一口气道:"我苏友白平生一点爱才慕色的痴念头,也不知历多少凄风苦雨,今日方才盼望着一个有才的有色的小姐,想小姐十年待字,何等怜才,偏偏退了我多情多恨的苏友白。"又叹一口气道:"总是寒儒无福,望也徒然。"(100)

【译文】"What a victim have I been all my life," exclaimed Sse Yeoupe, sighing, "to a fatal predilection for beauty and talent! How many storms and tempests have I buffeted! I presumed to raise my eyes to a young beauty, gifted with every sort of talent and charm; I was transported with the hope that she was still free: and yet what consideration has she for real merit? An unhappy

---

① 徐志啸. 异域女学者的独特视角. 苏州大学学报,2009(2):85.

pre-engagement compels her to despise me，to reject my ardent love! Well，well，" said he，profoundly sighing，"poor devoted young man—thy lot is to be unhappy，and there is no use in complaint."(1. 214-215)

【回译】苏友白叹了一口气："我就是因为对于喜爱美貌和才华兼具的女子这致命的偏好，才成了人生的受害者！为此我经历了多少暴风骤雨的打击、伤害！我盼望着能找到一个小姐，年轻貌美，身上才华气质俱佳；而且我为她还是待嫁之身而欣喜若狂，然而，不知她对真正的美德要求是怎样的。然而，很不幸，因为她订过婚而拒绝了我和我热烈的情感。也罢，算了，"苏友白意味深长地叹息道，"像我这样痴心一片的穷书生，你的心事纵然再重，抱怨也是无济于事的。"

【原文】卢梦梨道："仁兄青年高才，美如金玉，应多掷果之人，必有东床选，何尚求凤未遂，而只身四海也？"苏友白道："不瞒仁兄说，小弟若肯苟图富贵，则室中有妇久矣。只是小弟从来有一痴想，人生五伦，小弟不幸父母多亡，又鲜兄弟，君臣朋友，闲有遇合，尚不可知，若是夫妇之间，不得一有才有德的绝色佳人终身相对，则虽金马玉堂，终不快心，故飘零一身，今犹如故。"

卢梦梨道："苏兄深情，足令天下有才女子，已为感泣。"因叹一口气道："苏兄择妇之难如此，不知绝色佳人或制于父母，或误于媒妁，不能得一风流才婿，而饮恨深闺者不少。故文君既见相如，不辞越礼，良有以也。"(151)

【译文】"Brother，" said Lo Mengli，" at your age, gifted with such fine talents, and with a face like to the jewel of a crown, many persons must have thrown fruit to you, and you cannot have missed making choice of a connexion. How comes it that you are still in search of the phenix, alone and isolated in the universe?"

"Not to tell you an untruth，" said Sse Yeoupe，"if I had thought only of riches and titles, I might long ago have had a wife in my house. But I must expose my weakness to you: in reflecting upon the five duties that regulate human life, I thought that I had nothing to do with the first, as I have unfortunately lost my father and mother, and have no brothers. As to the obligations that bind the subject to the prince, and friends to each other, I know not if I shall ever have occasion to conform myself to them. And as to the tie which unites husband and wife, unless I find an accomplished beauty, a woman endowed with talents and virtues, who may be a companion to me through all my life, I should feel but little inclination to marry, were I to be offered even the daughter of a learned man, inhabiting the hall of jasper, or mounted upon the golden horse* . This is the reason why I have remained alone exposed to tempests."

"Those are noble sentiments, brother Sse and capable of drawing tears of tenderness from the eyes of all the young girls in the empire who are gifted with any talent." As he spoke, Lo Mengli let sigh escape, and then added—"The choice that you wish to make of an accomplished beauty for a wife, is a very difficult thing, brother Sse. The manoeuvres of relations, and the deceits of match-makers, are equally unfitted to inspire confidence. Thence it is, that so many husbands, full of merit and talent, have reason to complain of the depth of the interior apartment. Even when two persons meet who are fitted for each other, has not the prince of letters forbidden them to omit the rites, in order to arrive at a happy result?"

* It has been already observed, that these pompous names designate the Imperial Academy. (2. 85-86)

【回译】卢梦梨说道:"哥哥,像你这个年龄,如此才华横溢,而且相貌出众如王冠上的美玉,一定会有很多人向你投掷佳果,你也一定有机会选择佳偶。你怎么还是在世上孤零零一人,寻找你的'凤凰'?"

"也不和你撒谎,"苏友白道,"如果我仅仅是想寻找一个有权有钱家的女孩子,那可能很久以前我就成家了。我必须把我的缺憾之处告诉你:反思人生应尽的五项义务;我想第一项我就缺失了,我不幸父母双亡,而且没有兄弟。至于对于国王尽忠,以及结交朋友,我也不知是否就有机会。至于夫妻的结合,除非我能找到一位绝色女子,而且才华和品德都出众,能陪伴我一生的人,否则即便让我娶一位饱学之士的女儿,继承满堂的宝玉,骑着金马*,我也不会娶妻的。这也是我至今孤身一人面对风雨的原因。"

"苏兄真是一往情深,这足以让帝国之内的每一个有才女子为之动容落泪。"当苏友白在说时,卢梦梨轻叹一声,又道,"苏兄你想娶一位绝世佳人确实不是一件易事,她父母的策略、媒人的花招都会不利于你们增加彼此的信任。因此才有那么多品德与才华兼具的丈夫,却抱怨豪华房舍的幽深。即使两人两情相悦,如果没有得到宗族礼仪的认可,难道会有好结果吗?"

＊据译者观察,这一系列浮华、虚夸的词汇是用来形容皇家学会的。

这里,译者加的脚注是典型的"误读";"不能得一风流才婿,而饮恨深闺者不少"的译文亦是误译。此外,在明清时期,中国古典小说中经常出现的如"文君既见相如"这样的典故,西传时亦往往不会译出。

【原文】张轨如道:"死是去年冬间,大都女子有才,不是好事,白小姐自恃有才,终朝吟咏,见了那些秋月春花,好不感伤,又遇着这等一个强偪父亲,一个女婿,选来选去,只是不成。闺中抱怨,染成一病,恹恹不起,医人都说弱症,以小弟看来,总是相思害死了。"(191)

【译文】"She died in the course of last winter," said Tchangfanjou. "The great majority of girls of great talent never come to good. Miss Pe had no lack of confidence in her own talents; she passed all her time in composing. Whenever she could get a glimpse of the moon in autumn, or the flowers in spring, she gave herself up to fatal emotions. Added to this, she had an intractable and obstinate father, always occupied in search of a son-in-law, now on this side, then on that, without being able to put an end to the wearisome celibacy of his daughter. She at length fell sick, and her indisposition degenerated into a languishing malady, from which she never recovered. All the physicians said that it was a kind of consumption; but, as far as I could judge, it was a moral malady that killed her."(2.184)

【回译】张轨如说道:"她是去年冬天死的;大部分有才华的女子结果都不太好。白小姐恃才傲物,终日吟诗作对,哪怕她瞥一眼秋日的月亮、春日的花朵,都会使自己陷入一种致命的情绪。不止这些,她还有一个令人厌烦的、难以对付的父亲,一直在择婿这件事情上干涉她,一会这样,一会那样,令人厌烦而摇摆不定。她长期感觉身体不适,一点小恙最后发展成了越来越衰弱的大病,并且至此一病不起。所有的医生都说是痨病,依我看,是相思病害死了她。"

【原文】苏友白先到白小姐房中,诉说从前相慕之心并作新柳诗,及送鸿迎燕二作之事。白小姐也不作闺中儿女之恋,便答应说了一回。(230)

【译文】Sse Yeoupe went first to Miss Pe's apartment, and in a conversation which for them was full of charms, they recalled to mind the origin of their mutual passion, the verses upon the vernal willows, and the two pieces of poetry upon the farewell to the crane and the welcome of swallow. Miss Pe did not affect the airs of an inmate of the inner apartment, but her answer constantly shewed the union that existed between their sentiments. (2.277-278)

【回译】苏友白先去了白小姐的房间,在一段充满魅力的谈话中,他们回忆起彼此激情的开始,在春柳上作的诗,以及送别鹤和迎接燕子时作的两首诗。白小姐并没有沾染久居于内室的人的姿态,但她的回答总是显示出他们感情上的契合。

上述译文均注重人物细节的刻画，并且塑造了女性果敢、聪慧、知性、不矫揉造作的形象。这种形象，显然比较符合西方浪漫主义时期对女性形象的诉求与刻画。

这一点，传教士鲍康宁在评价其编撰的汉语读本《好逑传》的意义时也指出，尽管中国传统中认为女性是低于男性的，但中国人还是能辨别出优秀的女子的。① 窦乐安也认同鲍康宁的观点，指出小说中对女性的描绘是符合西方传统的某些方面的。窦乐安充分肯定了女性在男性的成长中所起的积极作用。为了表达此观点，窦乐安援引了中国宋代学者周敦颐的《爱莲说》，借莲喻意，"出淤泥而不染，濯清涟而不妖"，并由此联想到《好逑传》对女性的赞美，淤泥中的莲即女主人公的美貌、聪慧和贞洁。水冰心是故事的中心人物，就像美丽的莲花一样，所有的语言都不足以形容她的美貌、聪慧和贞洁。而男主人公是中国人理想的君子形象，但他只是一个"纯粹的人"，其形象还不及女主人公的一半。男主人公之所以能够被称为一个"纯粹的人"，是因为每次遇到危机时都听从了女主人公的忠告。② 窦乐安甚至联想到了英国作家约翰·罗斯金(John Ruskin，1819—1900)所深信的观点，任何男子倘若没有得到女人的爱的净化，没有得到女人勇气的支援，没有得到女人判事能力的指引，就不可能走上正路。窦乐安还指出，在中国古典小说中，女子的思想和学识超群。③ 窦乐安对女性的这些评价也从一个侧面说明，中国古典小说中女性角色的塑造比较符合西方浪漫主义时期对女性形象描绘的诉求。此时，西方文学同样也塑造出了大量"才貌双全"的女性形象。

除了注重女性形象的塑造，西传译本对于译文的道德教化功能亦有

---

① 参见：Darroch，John Litt. The Fortunate Union. *The Chinese Recorder and Missionary Journal*，1905，36：341-342.

② Darroch，John Litt. The Fortunate Union. *The Chinese Recorder and Missionary Journal*，1905，36：342-343.

③ 参见：孙轶旻，孙逊. 来华新教传教士眼中的中国小说——以《教务杂志》刊载的评论为中心. 学术研究，2011(10)：153.

强调。如：

【原文】因白小姐长一岁,这一夜就先在白小姐房中成亲。真是少年才子佳人,你贪我爱,好不受用。(230)

【译文】Then, as Miss Pe was a year older than her cousin, it was in her pavilion that Sse Yeoupe remained this first night of the marriage. A poet full of ardour, and a charming woman animated with reciprocal tenderness, must have enjoyed with transport the happiness of being together. (2.278)

【回译】因为白小姐比她的姐妹卢梦梨长一岁,所以苏友白就留在她的房中度过了新婚第一夜。满含激情的诗人和同样温柔体贴美丽迷人的女子,在一起享受着欢乐。

如本章第一节所述,中国的古典小说中的性爱描写本就十分隐晦或给予"雅化"处理,而西传译本不是删去这些情节,就是也以一种隐晦的方式来叙述,希望忽略这些情节,以产生道德教化的社会功能。

【原文】这一夜就在卢小姐房中成亲,枕上细说改男装之事,愈觉情亲。(230)

【译文】It was in the apartment of Miss Lo that Sse Yeoupe passed the second night. It was upon the pillow that she related to him the particulars of her adventure, when she had quitted the dress of her sex. This account augmented still more Sse Yeoupe's tenderness. (2.279)

【回译】第二夜苏友白是在卢小姐的房中度过的。两人在枕上,卢小姐仔细地叙述了她改着男装的冒险经历的细节。这些事情更加让苏友白增加了对她的温柔体贴。

苏友白与卢梦梨的新婚之夜的描绘在忠于原文的基础之上,并无更多男女之间情爱的细节刻画,翻译得十分雅致和含蓄。

第五章　西传中国古典小说译本的背景因素与西方浪漫主义精神

> 东方人闪烁出智慧之光,他们用言语来描绘,虽然比喻形象往往大而无当而且互不连贯,人们也可以从中看到卓越之处。
>
> ——伏尔泰《风俗论》

第一节　同期西方时代背景对译本的影响

《玉娇梨》因其"故事率真,构思精妙,情节发展平顺宜人,人物塑造天然巧致,布局井然有序"①被同期浪漫主义时代的西方译者和读者所津津乐道,译介版本也颇为丰富。

英国汉学家李思达1873年1月7日在香港圣安德鲁大厅就中国浪漫小说所做的一场演讲中提到他最钟情的一部中国小说《玉娇梨》,并给予了高度评价。在他看来,被权威和约定俗成看作"中国小说之瑰宝"(head of Seric fiction)的《红楼梦》与《玉娇梨》相比较,《红楼梦》的不足在于其篇幅上显得拖沓,创作时间也没有《玉娇梨》早,结构也不太紧凑。② 针对一些苛求《玉娇梨》在篇幅上不如《红楼梦》的说法,李思达也做出了回应,

---

① *Iu-Kiao-Li, or, The Two Fair Cousins. A Chinese Novel* (Vol. 1). From the French of M. Abel-Rémusat. London: Hunt and Clarke, 1827: xxv (Preface).

② 参见:Lister, A. An hour with a Chinese romance. In *The China Review: or Notes and Queries on Far East, 1872—1901* (1873). 北京:国家图书馆出版社, 2010:287.

认为尽管《玉娇梨》原本只有二十回的篇幅,但作品同样塑造了大量人物,甚至在序曲章回中就已经开始出现一些性格复杂、神秘的人物形象。这些人物并非作者简单、平面、浅薄地臆造出来的,而是结合了作者丰富的人生阅历、对生活的深刻体验、对中国文人文化和文学审美的深切认同,以及对人性与爱情的美好追求。正因如此,《玉娇梨》这部小说才显得十分精彩独特。这些评价虽然从一定程度上说,是建立在李思达作为异域读者对小说中体现的中国传统文化的一些"误读"的基础之上的,但也说明了西方读者是站在浪漫主义角度来品鉴同期传入西方的中国古典小说的。

李思达认为,小说中人物的塑造是值得西方读者细细玩味的;他还将自己对于《玉娇梨》中人物形象的偏爱扩大到对于整部作品的充分肯定上,认为"这是一部描述日常家庭生活的小说,是我所知道的最好的小说,我敢说这也是迄今为止引起外国人注意的最好的中国小说"①。甚至他还指出:"对于这一点,我只能说,人性根深蒂固,在这个世界上,即使面对最严厉的功利主义说辞的反击,像阅读小说和吸烟这样的'不良'嗜好也很可能继续存在。"②

对《玉娇梨》所描述的人物的生活方式,李思达同样予以了肯定,特别是对小说中红玉的父亲白太玄的生活态度与生活方式,李思达更是毫不掩饰自己的钦慕。红玉的父亲是一个已经倦怠了仕途、一心想回到自己的庭园和书斋生活中的人物,他期待着在公职生活之后过一种终日与鲜花、美酒和书籍为伴的生活。"而这样的'介绍',无疑对于维多利亚时代的英国读者充满了吸引力,因为白太玄所憧憬和选择的生活,是一种文明而且高雅的私人生活,具有超越民族与文化的共同价值。"③这同

① Lister,A. An hour with a Chinese romance. In *The China Review: or Notes and Queries on Far East*,1872—1901(1873). 北京:国家图书馆出版社,2010:287.

② Lister,A. An hour with a Chinese romance. In *The China Review: or Notes and Queries on Far East*,1872—1901(1873). 北京:国家图书馆出版社,2010:284.

③ 段怀清,周俐伶.《中国评论》与晚清中英文学交流. 广州:广东人民出版社,2005:206.

样也是在东方辛劳了大半生的李思达所羡慕的一种暮年生活方式。或许是为了更好地将这个人物形象介绍给英国读者,李思达不惜引用亨利·沃顿(Henry Wotton,1568—1639)的一首诗,来描述肯定白太玄这位有修养、有品位、有操守气节而且宽厚、仁慈、开明的长者形象,"他为人沉静寡欲,不贪名利,懒于逢迎,但以诗酒自娱,因嫌城中交接烦冗,遂卜居于乡"①。

如原文第一回说道:"白公虽然忠义,却是个疏懒之人,不愿揽事,就是国家有大事着九卿会议,也只是两衙门与该部做主,太常卿不过备名色唯诺而已,那有十分费心力处。每日公事完了,便只是饮酒赋诗。过了数月,便有一班好诗酒的僚友,或花或柳,递相往还。"②又如:"吴翰林因说道:'……就如二兄与小弟一般,虽然在此做官,而日日陶情诗酒,与林下无异,终不似老杨这班俗吏,每日趋迎权贵,只指望进身做官,未免为花所笑。'"③"吴翰林道:'唐人有两句诗道得好,若为篱边菊,山中有此花,恰似为苏兄今日之论而作,你我自乐,看花饮酒,自当归隐山中,最为有理。'"④

【原文】苏御史决意不出去做官,日夕与白公盘桓,后来将河南的事业,仍收拾旧金陵来。(230)

【译文】The inspector-general Sse felt no inclination to resume his functions: he preferred passing the evening of his days in the society of Pe. Some time afterwards he disposed of his possessions in the province of Honan, and transferred his establishment to Kinling. (2.279)

【回译】苏御史觉得无欲去追求功名:他打算每晚都能与白太玄畅聊做伴。当他安置好在河南的产业之后,就搬回了金陵。

---

① 段怀清,周俐伶.《中国评论》与晚清中英文学交流. 广州:广东人民出版社,2005:206.
② 荻岸山人. 玉娇梨. 北京:中国经济出版社,2010:2-3.
③ 荻岸山人. 玉娇梨. 北京:中国经济出版社,2010:3-4.
④ 荻岸山人. 玉娇梨. 北京:中国经济出版社,2010:4.

这里,"金陵"音译为"Kinling",而前文译作"Nan king",可见早期的西传中国小说译本对小说中反映的中国地理知识和名称的介绍十分详细。正如《玉娇梨》译本的译者前言所提及的,雷慕沙十分注重在小说中对中国地理知识的翻译和介绍。

小说原文及译文皆体现出的苏友白、白太玄、苏御史等人寄情山水、怀有儿女之情,以及淡泊仕途名利的生活态度,使得译文的整体格调在一定程度上比较符合本译本西传时西方所处的浪漫主义时代背景。

第二节 《玉娇梨》等译本对西方浪漫主义精神的彰显

西方浪漫主义是近代文学最重要的思潮之一。浪漫主义思潮不仅是对文艺复兴时期倡导的人文主义的一种传承,也是对僵化的法国古典主义的一种批判,同时也是当时社会情绪的一种剧烈宣泄。人们希望借助浪漫主义文学表达一种新的精神抒怀与情感寄托,这对后来的现代主义文学产生了深远的影响。

在探讨中国古典小说西传的过程中,我们也能窥探到一些人物形象表现出的特别的东方式浪漫,这种东方式的浪漫和西方浪漫主义相辅相成、相得益彰。同时,这期间的小说原文及译文在美学方面也具有一定的相似性。美学兴起于20世纪六七十年代的德国,是对以往文学研究的作者中心范式和文本中心范式的反拨。首先,读者能够辨别文学作品属于何种类型,比如,虽然读者在阅读一个类型的文学作品时,无法说出一套完整的理论,但是能够分辨出该作品属于何种类型,是小说、诗歌抑或其他文学作品。这种读者内在的分辨能力便是由读者阅读作品的"前理解"所决定的。其次,读者对于一些作品(包括内容、形式、风格等)的"熟悉",会作为读者在阅读新作品时的一种无意识的积累,影响他对新作品的评价。再次,读者现实的生活体验也会成为一种影响其阅读效果的参照体系,所以,读者有时会把作品中的虚构世界与现实生活进行对照和比较。以上三方面,就是德国文艺理论家、美学家姚斯(Hans Robert Jauss,1921—1997)"审美经验的期待视界"的主要内容,"它们是读者积累起来的、作为文学阅读的前理解和前结构而存在的文学经验与生活经验的总和"①。

那么,从西方美学的角度来审视中国古典小说西传译本的内容和译介风格是否符合当时西方浪漫主义发展鼎盛的时代背景以及西方读者阅读和欣赏的情趣与取向,必然是译介者要考量的一些重要因素,如果不考虑这些因素,必然会影响译本在西方的传播和接受。西方译者对一些译本做出了很大的"努力",即在译文中进行了细化甚至改写。这些"努力"对西传中国古典小说的传播和接受无疑是有一定裨益的,因为,一部文学作品即使它再优秀,如果没有译者、读者的积极参与,其历史生命是不可能延续的。

译者、读者在作品的传播过程中不是被动的角色,而是作品历史生命能动的构成,"因为只有通过读者的传递过程,作品才进入一种连续性变化的经验视野"②。当然,也只有进入读者接受视域的译本才是有生命的、可以延续的,类似于原作文本在异域的"新生"或"投胎转世"。

例如,在《玉娇梨》中,

【原文】此时钱举人已选了知县,去做官了。李中书在家,又请了两席酒。苏友白回家,只顾与二小姐做诗做文,不愿出门。……因他无意做官,故不曾入阁。……张轨如选了二尹,苏有德选了经历。(231)

【译文】At this period the licentiate Tsian had just been appointed sub-prefect, and had set out to enter upon the duties of his office. Counsellor Li was still in his former house, and invited Sse Yeoupe to dine with him twice. After his return home, Sse Yeoupe never indulged in any other recreations than composing in verse or prose with his two wives. He never thought of quitting the house. . . .and as he had no taste for magisterial functions, he did

① 朱立元. 接受美学导论. 合肥:安徽教育出版社,2004:203.
② 姚斯. 接受美学与接受理论. 周宁,金元浦,译. 沈阳:辽宁人民出版社,1987:24.

not return to the court... The first was named commissary adjunct, and the second secretary in an office. (2.280)

【回译】那时,钱先生刚被任命为副县长,开始执行他的职务。李参事还在他的老房子,两次邀请苏友白去他家吃饭。在他回家后,苏友白除了和他的两个妻子创作诗歌或散文外,从未沉迷于其他任何消遣。他也从未想过离开家。……因为他对官职没有兴趣,所以他没有再回到朝廷上去。……第一个人(张轨如)被任命为委员助理,第二个人(苏友德)被任命为秘书。

苏友白最大的娱乐消遣便是与两个妻子作诗文,而无其他。此处,译者将原文"因他无意做官,故不曾入阁"改译为"因为他对官职没有兴趣,所以没有再回到朝廷上去"。这一改译似有苏友白从此归隐田园之意。原文中的"阁"指中国明清时期大臣在宫中处理政务的机关,也称为"内阁","不曾入阁"并不是指完全辞官归隐。

中国古典小说西传译本对中国政府的官员制度、名称的介绍和说明也很注重,但遗憾的是译文往往含糊不清。如"张轨如选了二尹,苏有德选了经历。"被译为"第一个被任命为委员助理,第二个被任命为秘书。"就是明显的一例。其实,"二尹"和"经历"都是古代官职名。但是,有些译文对中国古代官名的翻译还是做得比较准确的。如:

【原文】"是吏部王爷(的信)吗?"(14)

【译文】"Is it from Mr. Wang of the ministry of the personal*?"

* The ministry of the personal is one of the six supreme departments of which the Chinese government is composed. It is their duty to present proper persons to fill all offices, and they have the control and regulations of all political appointments. They exercise the duties of their office publicly before the people, and with a great deal of solemn ceremony. (1.30)

【回译】"是吏部*王先生写来的(信)吗?"

* 吏部是中国政府六个拥有至高权力的部门之一,主要负责官员的任用、权力的分配和管理,并且负责重要的典礼和仪式。

从前文的分析可以看出,《玉娇梨》比较符合同期西方浪漫主义文学的特点。学界研究发现,19世纪西方浪漫主义作家一般比较喜欢搜集、整理、改编民间传说。民间文学不仅受新古典主义清规戒律的束缚较少,具有故事情节偶然和写作手法夸张等特点,而且还具有想象力丰富、情感质朴、表达方式多样、语言通俗等特点,因而受到一些作家的喜爱。而《玉娇梨》本身就是一部故事情节偶然、文风雅致的作品,对西方读者而言,它与西方情调的民间故事有诸多相似的地方。

西方浪漫主义时期的作家往往"继承和发展文艺复兴时代资产阶级人性论和人道主义传统,对启蒙运动中的自由、平等、博爱则失去信念,对约制个性、日趋僵化而且过时的古典主义尤为反感"[①]。所以,他们更为强调个性的解放、心灵的自由,强调主观和想象的创造性,向往理想的生活。而小说中主人公所追求的生活方式和小说情节的设置,比较切合同期浪漫主义发展的时代背景精神和一些阅读者的口味,因此,一些译文在翻译处理方面,对此也有所体现。译者在译文中对于人物角色善良、同情、坚忍等美德的描述、强调和改写,亦是具备普遍的人文价值的一种诉求,也比较符合西方读者的阅读兴趣。

《玉娇梨》等译本对西方浪漫主义精神的彰显主要表现在两个方面。一是在纵向上。《玉娇梨》等译本对整体小说的结构布局,在人物形象的刻画、塑造,以及浪漫精神情怀的展示等,比较客观地给西方浪漫主义文学发展提供了一种借鉴与启迪。二是在横向上。虽然,这个时期的浪漫主义文学并没有在中国形成系统化的思潮,但在一些小说中已经有比较明显的体现,无形中与西方浪漫主义发展产生了同构与呼应,对西方浪漫主义发展起着一种助推的作用。

此外,以《玉娇梨》为代表的中国古典小说在塑造人物的方法、人物出场时场景的布局、人物肖像的描写、整个情节的把控等方面的架构都充满了浪漫主义色彩与特征。比如说,对人物形象、出场的描写擅长把听觉与视觉高度融合在一起,烘托出不同的美感;在主题设置方面往往围绕宿

---

① 伍蠡甫. 欧洲文论简史. 北京:人民文学出版社,1985:211.

命、劝善与侠义做文章,充满了浪漫主义气息;在小说结构的艺术加工与处理方面,往往采取单线式发展线索、双线式发展线索以及多种线索的叠加,总是出奇制胜,让人感觉新鲜又不脱俗;在人物交往方面,往往以对话、独白、自语、幻想等艺术加工方式充分展现人物形象的性格、情感与心理等特征,使人物形象充满张力,既感觉与现实社会非常贴近,又充满理想化色彩,为阅读者提供无限的想象空间。

正是这些特质,使得《玉娇梨》等中国古典小说的西传译本也充分彰显出西方浪漫主义式的精神与情怀。

第六章　明清时期中国古典小说西传的启示

> 自知而能知人者,在此就可以明白,东方和西方,将永不会再分开。
>
> ——歌德《东西合集》

第一节　域外传播和本土经验的调适性

"本土经验"是一个包括诸多复杂因素的概念,可以指一个国家、地区和民族的文化传统、思维方式、心理结构、道德规范以及所处的时代背景等。而对于文学作品来说,"本土经验"一般指具体的文学知识,文学作品所依据的社会文化、礼俗与道德,作者的创作价值取向,读者的阅读和欣赏品位,以及文学作品的时代背景等。可以说,当"本土"已然变为"经验",这种"经验"就变成了一种"集体无意识"的要素,深埋在人们的意识和知识结构之中,[1]影响着读者对文学作品的评价与接受。通过前文的论述可以看出,早期中国古典小说的西传与其本土经验存在不对等的现象。这种不对等现象从早期中国古典小说西传,到 19、20 世纪,乃至今天都存在。中国古典小说的域外传播和在本土传播从某种程度上讲就是不对等的,如一些在中国本土被视为名著的一流古典小说,其受欢迎程度和影响力,远不如一些在国内并不著名甚至在中国文学史上仅被视为二三流的

---

[1]　高玉. 本土经验与外国文学接受. 外国文学研究,2008(4):130-131.

作品,这种现象很值得思索。

例如,最早的中国古典小说西传译本是从明代抱瓮老人编纂的《今古奇观》中选出的三篇小说:《吕大郎还金完骨肉》《庄子休鼓盆成大道》和《怀私怨狠仆告主》。这三篇古典小说在西方获得了广泛的流传,译本版本也比较丰富多样。尤其是其中的《庄子休鼓盆成大道》,被屡次翻译、改编成为其他文本,如被改译为《不忠实的寡妇:漫步世界文学》《宋国的寡妇:中国小说》《丧扇》等。但是,同样是《今古奇观》中的作品,有一些在中国本土享有盛名,如《蒋兴哥重会珍珠衫》《杜十娘怒沉百宝箱》等,在西方的翻译版本却并不多。《好逑传》这部小说,虽然在中国国内被认为是不错的明清小说,但在中国文学史上并没有太大的影响力,可是其西传版本却产生了很大的影响。但凡学界提起中国古典小说的西传,往往就会提及德国大诗人歌德对《好逑传》的格外推崇,以及歌德与爱克曼的谈话中记录的歌德读了《好逑传》之后做出的肯定性评价。虽然歌德在回答爱克曼的问题时并不认为这部小说是中国"最好的作品",但是,歌德对《好逑传》的赞赏在《歌德谈话录》的字里行间皆可找到。事实上,《好逑传》确实在西方受到了广泛的传播,产生了深远的影响。西方众多的汉学家、学者将其视为中国最优秀的小说之一。可见这种"歌德式的赞扬"在西方并非孤证,而是具有普遍性的。其他小说,如《玉娇梨》,如果从中国的"本土经验"来看,也并非什么一流小说,但在西方的传播过程中同样获得了广泛的成功。

一些在中国本土享有盛誉的一流小说名著,如《红楼梦》等,在向西方传播的过程中所收获的效果却与其地位并不相称。道森就曾在其著作《中国变色龙:对于欧洲中国文明观的分析》中分析了西方人为什么不喜欢《红楼梦》这样的中国文学作品。他认为,《红楼梦》中人物众多、关系过于错综复杂,是一种"大家庭式的小说"。这种小说易于让读者联想起"中国的人口众多","中国人口众多无疑是使人产生深切恐惧的原因"。[1] 道

---

[1] 道森. 中国变色龙:对于欧洲中国文明观的分析. 常绍明,明毅,译. 北京:中华书局,2006:190.

森认为："如果一个国家人口很密,人们就几乎不可避免地会想到人的生命不值钱。"①虽然道森的分析未必完全符合事实,但是从某种程度上体现出西方人从他们自己的视角出发来选择中国文学作品的依据和价值取向。比如,美国著名文学家赛珍珠在诺贝尔文学奖颁奖典礼上的致辞对我们看待中西比较视野下的中国小说很有启发。她明确表达:

> 我认为中国小说对西方小说和西方小说家具有启发意义。我说中国小说时指的是地道的中国小说,不是指那种杂牌产品,即现代中国作家所写的那些小说,这些作家过多地受了外国的影响,而对他们自己国家的文化财富却相当无知。②

> 小说在中国是普通人的奇特产品。小说是他们独有的财富。真正的小说语言是他们自己的语言,而不是经典的"文理","文理"是文学和文人的语言。"文理"与人民语言的关系,颇像乔叟的古英语对今天的英国人那样,虽然相当具有讽刺意味的是,"文理"也曾经是一种白话。但文人总是跟不上活的、变化的、人民的语言。他们固守一种古老的白话,乃至把它变成经典,而人民的活的语言不断发展,把他们远远抛在后边。中国的小说在用"白话"写的,或者说是用人们平常说的话写的,这本身就是对旧文人的一种冒犯,因为其结果是种非常流畅可读的文体,而文人说这其中没有任何表现技巧。③

> 一个优秀的小说家——或者说在中国,人们是这样教给我的——最重要的应该是"自然",就是说丝毫不矫揉造作,非常灵活多变,完全听凭流过他头脑的素材的支配。他的全部责任只是把他想到的生活加以整理,在时间、空间和事件的片断中,找出本质的和内在的顺序、节奏和形式。我们永远不能只凭读几页书就知道是谁写的,因为当一个小说家的风格固定以后,那种风格就变成了他的牢

---

① 道森. 中国变色龙:对于欧洲中国文明观的分析. 常绍明,明毅,译. 北京:中华书局,2006:190.
② 赛珍珠. 赛珍珠论中国小说. 姚君伟,编. 南京:南京大学出版社,2012:114.
③ 赛珍珠. 赛珍珠论中国小说. 姚君伟,编. 南京:南京大学出版社,2012:118-119.

房。中国小说家使他们的写作像音乐那样随着所选的主题而发生变化。①

在中国文学作品向西方传播的过程中,域外传播和本土经验不对等的情况屡见不鲜,最为中国人熟知的寒山诗的译介与西传就很好地说明了这一点。在中国文学史上,寒山并不能被称为著名诗人,只能被列为二三流的诗人。但是寒山的诗却是中国诗歌走向海外最成功的范例之一,他在西方学界也俨然被视为中国诗人最杰出的代表之一。早在1933年出版的、美国著名的汉学家亨利·哈特(Henry Hart,1886—1968)英译的中国诗集《百姓》(*The Hundred Names*)一书就收录了由其英译后的寒山诗《城北仲家翁》。② 1954年,英国汉学家亚瑟·韦利(Arthur Waley,1889—1966)英译的27首寒山诗发表在美国著名的刊物《文汇》(*Encounter*)9月号上。1958年,美国诗人斯奈德(Gary Synder,1930—)英译的24四首寒山诗刊载在美国《常青评论》(*Evergreen Review*)杂志上。③ 寒山诗也经常被西方学者收录在他们编纂的被认为是最重要的中国诗人及诗歌的"诗歌选"和"文学选"之中。1965年出版的、美国著名学者白之(Cyril Birch,1925—2018)主编的《中国文学选》④就收入了斯奈德英译的24首寒山诗。相比之下,在中国本土享有"诗仙""诗圣"美誉的大诗人李白和杜甫,在白之编撰的《中国文学选》中分别仅收录了11首和5首,而且这些诗词也并非他们在中国本土被认为的代表作。同样,1984年出版的、伯顿·华生(Burton Watson,1925—2017)编撰的《哥伦比亚中国诗集》⑤收录了寒山诗25首,而李白、杜甫的诗分别为19首和18首。

中国古典诗歌是中国文学中最具中国元素的形式,而中国古典诗歌

① 赛珍珠.赛珍珠论中国小说.姚君伟,编.南京:南京大学出版社,2012:124.

② 耿纪永.远游的寒山:英译第一首寒山诗.中国比较文学,2012(2):41-50.

③ 赵毅衡.诗神远游:中国如何改变了美国现代诗.上海:上海译文出版社,2003:156.

④ Birch,C.(ed.). *Anthology of Chinese Literature: From Early Times to the Fourteenth Century*. New York: Grove Press,1965.

⑤ Watson,B. *The Columbia Book of Chinese Poetry*. New York: Columbia University Press,1984.

外译又是中国文化"走出去"的重要组成部分。中国古典诗歌的外译和传播最能浓缩体现"本土经验"与"域外传播"间的一系列问题。如钱锺书先生《中国诗与中国画》一文有云：

> 风气是创作里的潜势力，是作品的背景，而从作品本身不一定看得清楚。我们阅读当时人所信奉的理论，看他们对具体作品的褒贬好恶，树立什么标准，提出什么要求，就容易了解作者周遭的风气究竟是怎么一回事，好比从飞沙、麦浪、波纹里看出了风的姿态。①

> 习惯于一种文艺传统或风气的人看另一种传统或风气里的作品，常常笼统概括，有如中国古代隽语所谓"用个带草（怀素）看法，一览而尽"（见董说《西游补》）。譬如在法国文评家眼里，德国文学作品都是浪漫主义的，它的"古典主义"也是浪漫的、非古典的（unclassical）；而在德国文评家眼里，法国的文学作品都只能算古典主义的，它的"浪漫主义"至多是打了对折的浪漫（only half romantic）。德、法比邻，又同属于西欧文化大家庭，尚且如此，中国和西洋更不用说了。和西洋诗相形之下，中国旧诗大体上显得情感不奔放，说话不唠叨，嗓门儿不提得那么高，力气不使得那么狠，颜色不着得那么浓。在中国诗里算是"浪漫"的，和西洋诗相形之下，仍然是"古典"的；在中国诗里算是痛快的，比起西洋诗，仍然不失为含蓄的。我们以为词华够鲜艳了，看惯纷红骇绿的他们还欣赏它的素淡；我们以为"直恁响喉咙"了，听惯大声高唱的他们只觉得是低言软语。同样，从束缚在中国旧诗传统里的读者看来，西洋诗里空灵的终嫌着痕迹、费力气，淡远的终嫌有烟火气、荤腥味，简洁的终嫌不够惜墨如金。②

---

① 钱锺书. 七缀集. 北京：生活·读书·新知三联书店，2002：2.
② 钱锺书. 七缀集. 北京：生活·读书·新知三联书店，2002：16-17.

第二节　由宇文所安的翻译来看文学中的
"普遍性"与"特殊性"

美国著名翻译家、汉学家宇文所安(Stephen Owen, 1946—　)是当今中国古典诗歌英译的领军人物,他对中国古典诗歌在英语世界乃至全世界范围内的译介和传播做出了卓越的贡献。[①] 在中国古典文学外译过程中,翻译家的翻译动机作为翻译的主体因素之一,对翻译文本的选择和翻译策略的选取起着决定性的作用。"为什么翻译"和"翻译什么"是备受翻译学瞩目的问题,因为"只有明确了'为什么翻译'这一根本问题,才能作出'翻译什么'的选择,而这两个问题一旦找到明确的答案,如何翻译的问题便能在原则上得到解决"[②]。翻译动机包含译者借助译文想要传递和纠正的问题、满足赞助人和读者群体的阅读趣味和审美旨趣,以及目标语对出发语的文化利用等诸多因素。这些因素互为交错、互为影响,广泛渗入翻译层面。译者的动机同时也和译者的身份紧密联系,这也解释了为何在同一时代背景下,译者由于不同的文化身份会持有不同的翻译策略,进而产生不尽相同的译文。

在中国文学的海外传播中,中国古典诗歌的翻译最具有挑战性,如何很好地把中国古典诗歌原汁原味地翻译出来是一件很艰难的工作。宇文所安作为美国最著名的翻译家和汉学家之一,在中国诗歌翻译方面独树一帜,自 20 世纪 70 年代起就奠定了其在中国古典诗歌翻译和研究方面的权威地位。[③] 宇文所安还是一位学者型的翻译家,诗歌文学史和中国文论是他学术研究的两大板块,他的主要著作包括《韩愈和孟郊的诗歌》(*The Poetry of Meng Chiao and Han Yü*, 2004)、《初唐诗》(*The Poetry*

---

① 陈婷婷. 中国古典诗歌英译的探索者：宇文所安的诗歌译介路径与特质. 中国翻译,2020(3)：91.

② 许钧. 翻译动机、翻译观念与翻译活动. 外语研究,2004(1)：51.

③ Herbert, Penny A. *The End of the Chinese "Middle Ages": Essays in Mid-Tang Literary Culture* by Stephen Owen. *China Review International*, 1998(1)：221-225.

of the Early Tang, 2004)、《盛唐诗》(The Great Age of Chinese Poetry: The High Tang, 2004)、《晚唐:九世纪中叶的中国诗歌:827—860》[The Late Tang: Chinese Poetry of the Mid-Ninth Century (827—860), 2011]、《中国"中世纪"的终结:中唐文学文化论集》(The End of the Chinese "Middle Ages": Essays in Mid-Tang Literary Culture, 2006)、《追忆:中国古典文学中的往事再现》(Remembrances: The Experience of the Past in Classical Chinese Literature, 2004)、《迷楼:诗与欲望的迷宫》(Mi-Lou: Poetry and the Labyrinth of Desire, 2003)和《他山的石头记——宇文所安自选集》(Borrowed Stone: Stephen Owen's Selected Essays, 2002)等。宇文所安曾经耗费 8 年时间年完成了《杜甫诗》(The Poetry of Du Fu, 2016)即杜甫全集的翻译。这不仅奠定了其在西方汉学界和翻译界的坚实地位,也为中国古典诗歌外译做出了巨大的贡献。本节拟从翻译家的翻译动机出发,结合"选择什么文本来翻译"和"采取怎样的翻译策略"这两个涉及翻译学的根本问题,探析宇文所安致力于中国古典诗歌翻译和传播的独特翻译路径和特质。这对进一步探讨明清时期中国小说外译也具有一定的借鉴和启迪作用。

翻译家对翻译有着不同的动机,"而'求真'与'求美',构成了翻译动机的基本之源"①。一方面,中国古典诗歌独特的魅力和其丰富多彩、涵盖万象的内容深深地吸引了宇文所安。他自幼喜读诗歌,14 岁在巴尔的摩市立图书馆首次读到中国古诗的英译本时就感到"非常新鲜"②。随着阅读和欣赏的不断深入,他越来越喜欢直至非常喜爱中国古代诗歌,并与中国古典诗歌结下了长达一生的不解之缘。宇文所安给自己起的中文名字,也体现了他对唐朝文化和文学的热爱:"宇文"是胡姓,"所安"出自《论语·为政第二》中"视其所以,观其所由,察其所安"。

另一方面,宇文所安从一种跨越中西二元对立的视域和比较诗学的方法切入中国古典诗歌的研究。他认为:"国别文学必须占据一个标志差

---

① 许钧. 翻译动机、翻译观念与翻译活动. 外语研究,2004(1):52.
② 钱锡生,季进. 探寻中国文学的"迷楼"——宇文所安教授访谈录. 文艺研究,2010 (9):63.

异的边缘空间,不能太缺乏国家色彩,也不能太富有国家色彩。"①在这个前提之下,翻译之所以重要,是因为它乃沟通一国文学与他国文学最重要的媒介。"通过精巧的翻译"和"不同国别文学的比较",不单是彰显民族性,更要寻找一种属于世界文学和文化的"普遍知识",即普遍性。② 中国古典诗歌是世界文学中的瑰宝,把中国古典诗歌很好地纳入世界文学之中是宇文所安的翻译追求。对于翻译动机,宇文所安在《杜甫诗》译本序的结尾处给出了自己的看法:"翻译是一种以目的为导向的艺术,翻译的目的常常由其面向的读者决定。虽然我的翻译可以供普通读者阅读,也可以供专业学者研究,但我主要面向的读者还是那些有一定中文水平且能达到阅读杜甫的程度的人。"③宇文所安多次明确表示,"我惟一能做的就是我必须翻译诗中的所有意思",也就是说"必须凸显各个诗人、不同诗歌之间的差异"。④ 宇文所安的翻译动机就是很好地把世界文学瑰宝——中国古典诗歌所蕴含的内容真实而恰当地传递出去,并能够让读者认知和接受。翻译动机一旦确立,便会直接决定具体的翻译策略。宇文所安谈及翻译动机时曾反复强调:译文要竭力凸显中国古典诗歌的"全面性"和"差异性"。

宇文所安先后出版以唐诗研究为主题并涉及翻译的专著 16 部。宇文所安在其翻译生涯中对杜甫情有独钟,不仅耗时 8 年独自翻译了杜甫全集,而且称杜甫是"中国最伟大的诗人"⑤,认为"杜甫经典化的地位至今

① 宇文所安. 他山的石头记——宇文所安自选集. 田晓菲,译. 南京:江苏人民出版社,2006:287.
② 钱锡生,季进. 探寻中国文学的"迷楼"——宇文所安教授访谈录. 文艺研究,2010(9):70.
③ Owen, Stephen. *The Poetry of Du Fu*. Paul W. K. & Ding Xiang Warner (eds.). Berlin:De Gruyter Inc., 2016:lxxxi (Introduction). 文中凡涉及宇文所安所著杜甫诗部分,均由笔者译自原文.
④ 钱锡生,季进. 探寻中国文学的"迷楼"——宇文所安教授访谈录. 文艺研究,2010(9):66.
⑤ 宇文所安. 诗的引诱. 贾晋华,等译. 南京:译林出版社,2019:87.

也无人撼动"①。这一说法也被西方学界认可和反复引证。"选择翻译什么",即为什么钟爱和选择杜甫诗,也和宇文所安的翻译动机息息相关。宇文所安最欣赏的杜甫的一个基本特征就是其作品的"丰富多彩,涵括万象"②,正如"元稹在 9 世纪初所说的那样,杜甫的天才之处就在于其诗歌的包容和多变。阅读杜甫诗的好处在于可以发现杜甫的形象是何其丰富和与众不同"③。宇文所安称杜甫的伟大特质在于他"超越了传统文学史的有限范围",如同莎士比亚在西方的传统中一样,"他的文学成就本身已成为文学标准的历史构成的一个重要部分"。④

翻译的"可译性"与"不可译性"是翻译学的另一个基本问题,虽然此处不拟对此做出深入探讨,但诚如弗罗斯特(Robert Frost,1874—1963)的一句名言,"所谓诗,就是翻译之后失去的东西",所以诗歌的翻译难免会牵引出"可译"与"不可译"的问题。译者认为中国古典诗歌"不可译",往往是因为既要保留原诗的韵文形式,又要传达出其背后丰富的意象和寓意,这种要求对于译者来说几乎是不可能完成的任务。如前文所述,译者的翻译动机将会直接决定翻译策略,而翻译策略又会在很大程度上影响海外传播的效果。宇文所安在其所撰的《中国传统诗歌与诗学:世界的征象》(*Traditional Chinese Poetry and Poetics: Omen of the World*)中表达了他希望达到的翻译效果。他认为,"穿越一个现代英语读者和一首八世纪中国诗歌之间的距离只有两种方式——移动读者或者移动诗歌",而宇文所安表示他选择"移动读者"。⑤ 但是我们不能简单地将这句话理解为宇文所安将会采用"异化"的方式来翻译中国古典诗歌,事实情况是,为了践行中国古典诗歌的"可译性",宇文所安没有拘于原诗的韵文形式,而

① Owen,Stephen. *The Poetry of Du Fu*. Paul W. Kroll and Ding Xiang Warner (eds.). Berlin:De Gruyter Inc.,2016:lxvi (Introduction).
② 宇文所安. 诗的引诱. 贾晋华,等译. 南京:译林出版社,2019:87.
③ Owen,Stephen. *The Poetry of Du Fu*. Paul W. Kroll and Ding Xiang Warner (eds.). Berlin:De Gruyter Inc.,2016:lxvi (Introduction).
④ 宇文所安. 诗的引诱. 贾晋华,等译. 南京:译林出版社,2019:87.
⑤ 宇文所安. 中国传统诗歌与诗学:世界的征象. 陈小亮,译. 北京:中国社会科学出版社,2013:76.

是采用散文形式来翻译。他认为,在所有的杜甫诗歌中,"严肃的长篇排律诗给译作的读者带来的问题最多"①。至于采用散文这一翻译形式的理由,宇文所安在此书的序言中指出,"诗歌,不幸地,不是语言的艺术:它'在语言中'发生,但它并不'属于语言'。语言对诗歌来说仅作为一种必要条件时才是必需的","简单地说,诗是一个事件,不是一个实体"。② 宇文所安也从读者接受角度阐明了他采用散文形式翻译的原因:"我觉得中国古典诗歌的翻译不必强求押韵,为什么呢? 因为现代美国诗,并不追求押韵,相反差不多所有的押韵的现代诗都是反讽的(ironical),读者读押韵的诗,总是会产生特别的感觉。我知道很多中国人把中国古诗翻成押韵的现代英语,可是这种翻译在当今美国大概很少有人愿意读。"③

阅读和欣赏宇文所安的译本,读者往往会有一种鲜活的感官体验。这说明宇文所安和其他的西方汉学家不同,他是一位富有艺术家般浪漫气质的翻译家和汉学家,他摒弃了西方汉学界常用的社会或文学方法论去切入中国文学研究,无论他的译文或学术著作,文字都非常感性。所以,在西方文论对于诗歌研究无论是新批评主义还是结构主义都非常强调语言的重要性时,才有宇文所安感叹"不属于语言"这样独特的声音。无独有偶,他也强调杜甫诗不是对"现实主义文学"的不懈追求。"欧洲的'现实主义'通过描写和美化捏造出所谓的'现实',而杜甫的诗更关注当下正在发生的事情,并将这些融入他的诗思,演变成了诗化的日记。……杜甫独特的讽刺性的自我反思让其诗作如此伟大。"④那么能否用其他的修辞方式来弥补翻译中国古典诗歌时韵文形式上的丧失,并体现中国诗的"差异性"? 对此,宇文所安打了一个生动浪漫的比喻:"译者与原作的

① Owen, Stephen. *The Poetry of Du Fu*. Paul W. Kroll and Ding Xiang Warner (eds.). Berlin: De Gruyter Inc., 2016: lxiii (Introduction).

② 宇文所安. 中国传统诗歌与诗学:世界的征象. 陈小亮,译. 北京:中国社会科学出版社,2013:1(序言).

③ 钱锡生,季进. 探寻中国文学的"迷楼"——宇文所安教授访谈录. 文艺研究,2010(9):66.

④ Owen, Stephen. *The Poetry of Du Fu*. Paul W. Kroll and Ding Xiang Warner (eds.). Berlin: De Gruyter Inc., 2016: lxi (Introduction).

关系是部奇特的爱情小说,首先必须承认译者不能改变自身,而且他的声音只属于他自己",于是"译者有必要回到一个新的、连贯的声音,这第三种声音完美地言说:情爱的这种努力保留,是销魂的情爱,而不是力量对抗的情爱"。① 这可以理解为译作和原作具有一种异质同源性的"不可能割断的血缘关系"②,它们同源而不同一。

探讨中国古典文学的翻译时,无可避免地会涉及归化与异化、意译与直译的问题。在这个问题上,译者的翻译动机同样起着决定性的作用,译者的翻译观念会对译者的价值取向和具体的翻译方法产生直接的影响。"忠实"是宇文所安最基本的翻译原则,但是"创造性叛逆不仅是文学翻译还是文学传播和接受的一个基本规律"③,所以,"忠实""在实践中常常令译者顾此失彼"④。何为"忠实"?"忠实"于什么? 是"忠实"于原文的"形"还是"神"? 宇文所安的观念十分明确:"不必强求押韵"说明他在翻译的"形"这个问题上选择了"叛逆";竭力保存和体现原诗"全面性"和"差异性"的观念说明他在翻译的"神"这个问题上又选择了"忠实"。这一翻译观念在宇文所安译文的具体翻译策略和方法上体现得非常明显,他的译文会清晰可见"归化"与"异化"两者兼而有之,从来就不是非此即彼的关系。由此可见,具体的翻译工作,往往带有定见,译者常常从既定的立场出发,早早定下翻译的基调。虽然文学翻译的偶然性决定了不乏会有极个别不同的例子,但是一旦翻译动机和观念确立,便会在翻译活动中被一再践行和强调。

宇文所安最难能可贵之处便是他用"差异性"来体现文学作品"唯一性"的独特的翻译美学。宇文所安曾在一篇序言中说道,"劝你逃离这个后来世界的关注"⑤。这似乎在宣告他翻译中国古典文学的独特视角。宇

---

① 宇文所安. 中国传统诗歌与诗学:世界的征象. 陈小亮,译. 北京:中国社会科学出版社,2013:78-79.
② 许钧. 试论译作与原作的关系. 外语教学与研究,2002(1):19.
③ 谢天振. 译介学. 上海:上海外语教育出版社,1999:104.
④ 许钧."创造性叛逆"和翻译主体性的确立. 中国翻译,2003(1):6.
⑤ 宇文所安. 中国传统诗歌与诗学:世界的征象. 陈小亮,译. 北京:中国社会科学出版社,2013:1(序言).

文所安是中国古典文学尤其是古典诗歌的域外知音,他能提供一种其他西方汉学家甚至中国古典诗歌研究者所不能提供的切入视域。宇文所安非常强调"文本细读"的重要性,认为文本细读是"启发所有理论的动因和灵感"①。文本细读的翻译前工作实际上为他的翻译阐释提供了一个空间上的限度,因为"阐释的自由并不是阐释者单方面的自由",而是必须"以原文本为根据,在文本所提供的整体之中去凸现其语境所明示或暗喻的意义"。②

中国古典文学特别是中国古典诗歌,很讲究"炼字",有限的诗行给以人无限的想象空间。诗歌的用词具有多义性,能同时兼顾多层含义。中国古典诗歌素来充满意象,自然界的花鸟鱼虫都被赋予了人文情怀。中国古典诗歌所具有的广阔的阐释空间,也给翻译这一讲究"精准度"的艺术造成了困难,因为翻译在原则上不允许"语焉不详",必须将其具象化而又不损失原作的内涵。对译者而言,字里行间暗示着的、没有言明的或者模棱两可的东西,也给阐释提供了相对的自由。宇文所安认为:"虽然杜甫诗读起来往往像是对时事的应答,但是杜甫也时常会修改自己的诗,让我们永远无法确定,一首诗中,有多少是作者即兴所感,有多少是源自近期记忆,又有多少是在回顾过去。读者会发现自己处于作者的日记和自传之间,既能看到历史人物对彼时事件的回应,又能看到艺术家对自己生活的建构,发表他应该说的见解。"③在宇文所安的眼中,尊重原作即要尊重原作的差异性和唯一性。马克思在《评普鲁士最近的书报检查令》中说:"你们赞美大自然令人赏心悦目的千姿百态和无穷无尽的丰富宝藏,你们并不要求玫瑰花散发出和紫罗兰一样的芳香,但你们为什么却要求世界上最丰富的东西——精神只能有一种存在形式呢?"④作为一个译者,

① 钱锡生,季进. 探寻中国文学的"迷楼"——宇文所安教授访谈录. 文艺研究,2010(9): 64.

② 许钧. 简论理解和阐释的空间与限度. 外国语,2004(1): 60.

③ Owen, Stephen. *The Poetry of Du Fu*. Paul W. Kroll and Ding Xiang Warner (eds.). Berlin: De Gruyter Inc., 2016: lvii (Introduction).

④ 马克思. 评普鲁士最近的书报检查令//马克思恩格斯全集(第1卷). 北京:人民出版社,1956: 7.

宇文所安能够敏锐地捕捉到："杜甫诗可能是一种特殊的日记,不同于一般日记的地方在于它的情感度和即时性,在于对发生在特定时刻的经验的表达。诗歌的伟大不是通过诗歌的创造表现出来的,而是通过诗人与这一时刻和场景的契机表现出来的。"①

对"情感度和即时性"的把控,也体现在宇文所安的翻译之中,如《宿白沙驿》的译文:

【原文】　　宿白沙驿

　　水宿仍余照,人烟复此亭。

　　驿边沙旧白,湖外草新青。

【译文】　　Staying Over at White Sands Post Station

　　I spend nights on the water, now still in last sunshine,

　　the smoke of men's dwellings, and then this pavilion.

　　Beside the station, sands white as before,

　　beyond the lake, the grass turns fresh green. ②

【回译】　　宿白沙驿

　　住在船上旅行了很久,又看到了天边的落日;

　　这里有个驿亭,而且还有不少人家。

　　驿边的细沙和以前一样洁白,

　　湖边的青草却是今年刚刚生发的。

中国古典诗歌出于格式和艺术表达的需要常常省略主语,而中西语言规则有异,译者在翻译时必须将主语"I"显现出来。英美诗歌重想象,诗歌的主体不一定是作者本身,叙述的事件也不一定是作者本人亲身的经历,所以此处的翻译确定了叙述者的视角,西方读者更易接受。译者在对人称的翻译时与诗歌本身的宏大格局结合在一起,会很容易使读者不

---

① 宇文所安. 中国传统诗歌与诗学:世界的征象. 陈小亮,译. 北京:中国社会科学出版社,2013:2.

② Owen, Stephen. *The Poetry of Du Fu*. Vol. 6. Book 22. Paul W. Kroll and Ding Xiang Warner (eds.). Berlin: De Gruyter Inc., 2016:51.

经意间走入作者的内心,感叹自身的存在原来和诗人一样充满矛盾。杜甫的律诗对中国古典诗歌产生了深远的影响,"13 世纪和 14 世纪的诗论都用杜甫诗歌作为范例来教授律诗的创作,后来的诗歌批评集沿袭了这一传统,即只选择杜甫的律诗(regulated verse)"①。律诗的对仗要求译者"看到诗行之间的关系"②。读者可以想象"我"伫立于亭阁,余晖和炊烟交织形成了透着微光的薄雾,笼罩着亭阁也笼罩着亭阁中的"我",而不是"我"远远地看它袅袅地升起。这样的意境表现了"我"对温暖的向往,也隐晦地表达了心中的愁苦与孤独。原诗中的"旧白"和"新青"呈明显的对比,西方汉学界将其称为"反义平行结构",认为"在汉诗中,反义平行结构无论是从句意还是用词方面来说,都堪称一种完美的结构","而且反义程度也不尽相同,从强烈的对比,即字字对立,到只有几个字是对立的"。③宇文所安在翻译"旧白"和"新青"时,注意到了两者的对比,但未直接用对应的形容词翻译"旧"和"新"。由于汉语中常会出现一词多义的现象,如果采取常用的释义往往会和具体的语境有出入。这里的"旧"表示"依旧",是表示对过去状态的维持,所以译为"as before",而"新"强调的恰恰是变化,是生命的诞生及变化,故译者以"fresh green"突出了小草的生命力,让读者不禁在对比中想起了在诗歌中一向以"老病缠身"形象示人的诗人自己。对于诗人杜甫来说,"他一生中的大部分时光都是疾病缠身,而他从未让读者忘记这一点"④。"翻译因'异'而起、为'异'而生,翻译的缘起和必要性都在于一个'异'字。"⑤宇文所安翻译中采取异化与归化相结合的策略,尽可能地在英语语境中复原了该诗的本来面貌。他的这种

① Owen,Stephen. *The Poetry of Du Fu*. Paul W. Kroll and Ding Xiang Warner (eds.). Berlin:De Gruyter Inc.,2016:lxvi(Introduction).

② Owen,Stephen. *The Poetry of Du Fu*. Paul W. Kroll and Ding Xiang Warner (eds.). Berlin:De Gruyter Inc.,2016:lxii(Introduction).

③ Francis Davis,John. *Poeseos Sinensis Commentarii*. *XXI*. *On the Poetry of the Chinese*. London:J. L. Cox,1829:412-413.

④ Owen,Stephen. *The Poetry of Du Fu*. Paul W. Kroll and Ding Xiang Warner (eds.). Berlin:De Gruyter Inc.,2016:liv(Introduction).

⑤ 刘云虹. 试论文学翻译的生成性. 外语教学与研究,2017(4):610.

翻译手法,使读者既看到中西诗歌的差异,又从差异中体会到中国元素的独特性。

深入探讨宇文所安的翻译艺术是一件非常有意义的事。其意义主要体现在以下两个方面。

首先,宇文所安的翻译展示出了他独特的审美情趣。文学翻译的对象是文学作品,译者除了对文本的细读之外,还要仔细把握原文本作者的世故人情和沧桑经历,不能简单地把文学抽象化,或者单纯地意识形态化。因为,作品毕竟是作者个人生活与感受的记录,译者在翻译时既要重视意识形态层面,也要重视个人层面,只有这样,才能更好地驾驭和翻译作品,才可能会有新的视角和发现。一部文学作品在翻译之后不能得到读者的青睐,没有引起什么反响,就可能是因为译者在翻译中摒弃了对原作中重要的一个元素"唯一性"的诉求。因为文学是最具个性的,任何优秀的文学作品,其内容和形式都具有"唯一性",这种"唯一性"展现出作品的独特的个性和鲜明的特色,是区别于其他作品的最显性的东西。译者要读到其唯一性,才算进入作品的真实世界。宇文所安翻译杜甫诗时,主张先去了解杜甫彼时的活动与心情,因为"意义发生的假定不同则结果完全不同"①。人有心灵,心灵是灵动多变的,越是成熟的诗人,心灵越敏感丰富。每位诗人的精神世界与心理气质都不同,精神高贵的诗人的追求可能更加丰富多彩,所看见的事物也会更具美和感动。一组组意象,通过诗人的发挥与组合,可以呈现出更为聚焦和惊心的美。一如宇文所安对杜甫诗的评价:"杜甫的生活和诗歌都记录了世态炎凉,他对世界秩序、世人本性以及人们理解世界的方式有着完美的洞察力。"②文学作品是具有生命的,它不等同于文献和技术,文学翻译对原作"唯一性"的追求也再次体现了译作和原作不可割裂的鱼水关系。

其次,宇文所安的翻译不仅彰显出他在中西文化交流中充当桥梁的

---

① 宇文所安. 中国传统诗歌与诗学:世界的征象. 陈小亮,译. 北京:中国社会科学出版社,2013:4.

② Owen, Stephen. *The Poetry of Du Fu*. Paul W. Kroll and Ding Xiang Warner (eds.). Berlin: De Gruyter Inc., 2016: lv (Introduction).

作用,而且还在起始于 19 世纪末 20 世纪初中国古典诗歌促成英美诗歌转型的进程中起到了明显的摧波助澜的作用。笔者认为,宇文所安的翻译延续了以庞德为代表的西方意象主义诗派用中国古典诗歌推动英美诗歌发生转型所起到的催化剂作用。20 世纪初,现代化的逐渐发展使得英美诗人意识到了英语诗歌中存在的一些问题,这其中表现最为明显的问题就是诗歌抽象化、从抒情转向说理、用抽象的表达使情感发生分离。用艾略特(Thomas Stearns Eliot,1888—1965)的话来说,就是"诗歌生病了"。英美诗人对诗歌乏味的形式与措辞以及存在的感伤主义感到不满,认为这样的文学风格已无法表达新时代的精神,因此创造新的诗歌形式和语言是十分有必要的。① 意象派诗歌运动的代表人物之一、美国诗人庞德(Ezra Pound,1885—1972)对中国古典诗歌极为推崇。他通过对中国古典诗歌的不断深入研究和译介,不但推动了中西文化的交往,还对现代主义诗歌起到了巨大的推动作用。因此,庞德被人们认为是从中国古典诗歌中发现现代主义诗歌端倪的开创者。以庞德为主要代表的英美诗人直接或间接地受到了中国诗歌的影响,也从中国诗人那里吸取了中国诗歌主题的灵感与写作技巧。他们不仅在一定程度上成功消除了中英文诗歌间的鸿沟,还使中国元素在东西方文化交流史上首次直接影响了欧美文学。② 这对于中国文学、文化"走出去"具有重要的启迪意义。宇文所安在《杜甫诗》译本序中做出了一个跨越整个世纪的呼应和延续。宇文所安指出:"杜甫在其数篇最好的诗作里,将世俗生活与更加宏大的伦理价值和对世界运行的看法相联结。他从来就不是一个道德家,却揭示了他在世间所遇到的道德问题。"③这句话其实表明,杜甫的诗长于从社会现实看问题,而不是进行简单的抽象的说教。显然,中国古典诗歌作为一种异于

---

①   Bradbury, Malcolm, and James McFarlane. *Modernism: A Guide to European Literature* 1890—1930. Harmondsworth: Penguin, 1976: 1-19, 313-323.

②   Gu, Mingdong. Classical Chinese poetry: A catalytic "Other" for Anglo-American modernist. *Canadian Review of Comparative Literature/Revue Canadienne de Littérature Comparée*, 1996(4): 993-1024.

③   Owen, Stephen. *The Poetry of Du Fu*. Paul W. Kroll and Ding Xiang Warner (eds.). Berlin: De Gruyter Inc., 2016: lv (Introduction).

西方文学的中国古典文学表现形式,以其特有的中国元素给欧美诗歌带来了焕然一新的启迪。宇文所安又说道:"如果翻译所有这些诗需要一个理由,那就是:更加深入地理解杜甫如何融入平凡之物并与之共鸣,而不是让诗作沦为空谈时事的平庸论调。"①从宇文所安的翻译实践清晰可见,翻译家一旦确立了"为什么翻译"确实就会直接决定他"选择翻译什么"。宇文所安对唐诗翻译的一些观点与庞德的见解在许多方面比较相同。他们在翻译中,一般采取抹去英文诗句中用于连缀的词语,采用简单的意象并置的处理方式,或者再在注释中阐明对诗句的理解。如《秋兴八首》("Stirred by autumn")中的两句:

> 【原文】香稻啄余鹦鹉粒,碧梧栖老凤凰枝。
> 【译文】Sweet-smelling rice, pecked the last, for parrots, the grains;
> sapphire tung trees, perch of old, the phoenix's branches.②
> 【回译】地面上可见鹦鹉啄剩的米粒,
> 高大的梧桐上可见栖息的凤凰。

译者采取简单的意象组合,组成了一个别致的有机整体,寥寥几笔便绘出了当时长安物产丰盛、景物美丽的情状,俨然一幅意味悠长的水墨画卷,并留出了大片的空白任由读者发挥想象力。美国华裔学者余国藩(Anthony C. Yu, 1938—2015)就曾指出,宇文所安是一个一丝不苟的译者,不会对简洁的汉语进行过度补偿。③ 宇文所安在翻译中将诗句分解成几个并列的物象,并采用直译的方法将其"罗列"出来,弱化了意象与意象之间内在的联系,避免目的语读者被误导,同时这种译法也可以让译者成功地"隐身"。

宇文所安在论及其撰写博士论文《韩愈和孟郊的诗歌》的动机时说,

---

① Owen, Stephen. *The Poetry of Du Fu*. Paul W. Kroll and Ding Xiang Warner (eds.). Berlin: De Gruyter Inc., 2016: lvi (Introduction).

② Owen, Stephen. *The Poetry of Du Fu*. Vol. 4. Book 17. Paul W. Kroll and Ding Xiang Warner (eds.). Berlin: De Gruyter Inc., 2016: 361.

③ Yu, Anthony C. The golden age of Chinese poetry—A review article. *Journal of Asian Studies*, 1983, 42(3): 599-606.

韩愈和孟郊两位诗人"在中国诗歌史上的地位一直被低估了,他们其实开创了一种新的传统。……我希望通过我的讨论,来对孟郊和韩愈在中国诗歌史上的地位进行重新定位"①。显然,宇文所安在面对中国古典诗歌时,不仅仅是一个翻译家,还是一个评判者。他不仅在西方文化谱系中为中国古典诗歌的经典化发挥了举足轻重的作用,还确立了众多中国古典诗歌在英语世界的"首译之功",长达六卷的《杜甫诗集》就是突出的例子。宇文所安一直鲜明地向读者呈现自己的翻译主张和策略,体现出他意欲在翻译界和汉学界建立自己的专业地位的勃勃雄心。

韦努蒂在《译者的隐身》中提到:

> 译者的隐形在一定程度上也是由个人主义著作观所决定的。长期以来,这种著作观在英美文化中一直大行其道。根据这种著作观,作者在写作中随心所欲地表达自己的思想感情,其作品因而被视为原创的、透明的自我表征,不可能受到任何超个体因素的干预,比方说语言因素、文化因素和社会因素的干预,尽管这些因素会使著作的原创性复杂化。这种著作观对译者有两点不利影响。一方面,翻译被界定为二级表征:唯有原文才是原创的、可信的版本,能够真实地反映作者的个性或意图,而译文则是演绎的、仿造的、可能存在谬误的版本。另一方面,翻译又被要求以透明话语来消除自身的二级表征地位,营造一种作者在场的错觉,从而使人们把译文当作原作。无论个人主义著作观在多大程度上贬损了翻译的价值,但是它无孔不入,影响着译者的自我表征,导致一些译者从心理上把这些表征与原作的关系视为一个认同原作者的过程。②

笔者认为,译者对其译文价值的"影响的焦虑"会导致译者渴望"现身",在原作至上理念的束缚下,译者的"现身"往往是通过在"副文本"中

---

① 钱锡生,季进. 探寻中国文学的"迷楼"——宇文所安教授访谈录. 文艺研究,2010 (9):64.

② Venuti, Lawrence. *The Translator's Invisibility: A History of Translation*. London: Routledge,2008:6-7.

表达自己的观念与看法来实现的。"副文本"这一概念最早是由法国文艺理论家热拉尔·热奈特(Gérald Genette，1930—2018)提出的，包括"标题、副标题、前言、跋、告读者、插图等部分"①。每个文本都会在某种程度上存在副文本，热奈特认为，"不曾存在而且永远不会存在没有副文本的文本"②。

"副文本是将作者、译者、出版商和读者联系起来的重要纽带"③，对读者产生的影响在某种程度上甚至可能超过文本本身，因为副文本相对于文本本身来说，更先被读者所接触，能揭示文本隐匿的信息。④ 中国古典文学与中国现当代文学在国外的译介，有一个值得注意的重要差异：中国古典文学的译本，往往有长篇的译本序，这类序言凝聚着专家或译者对作品的深度研究与较为全面的阐释，而中国现当代文学的译本，译序不多，即使有，也往往是重政治性解读而轻文学性解读。⑤ 宇文所安作为中国古典诗歌翻译的先行者，同样十分重视副文本的作用；他对原作的思考和阐释，以及翻译的动机和原则，也是通过译本序言、注释等副文本体现出来的。宇文所安几乎每部著作都有序，甚至是一书多序，对一些中文译本宇文所安还会专门撰写中文版序言。如《杜甫诗》的译本序长达 33 页。译者使用副文本的动机也很明显，"作为翻译家，其译作及翻译副文本不能不关注目标读者的可接受性"，其实，正是这些副文本充分彰显了译作的

---

① Genette，Gérald. Introduction to the paratext. Marie Maclean (trans.). *New Literary History*，1991，22(2)：261-272.

② Genette，Gérard. *Paratexts: Thresholds of Interpretation*. Lewin，J. E. (trans.). Cambridge：Cambridge University Press，1997：3.

③ Içlklar，Koçak M. Problematizing Translated Popular Texts on Women's Sexuality：A New Perspective on the Modernization Project in Turkey from 1931 to 1959. Istanbul：Bogaziçi University Institute of Social Sciences (Doctoral Dissertation)，2007：171.

④ Tahir-Güraglar，Sehnaz. What texts don't tell：The uses of paratexts in translation research. In Theo Hermans. *Crosscultural Transgressions—Research Models in Translation Studies II：Historical and Ideological Issues*. Beijing：Foreign Language Teaching and Research Press，2007：44-60.

⑤ 许多. 中国当代文学在西方译介与接受的障碍及其原因探析. 外国语，2017(4)：102.

"独特魅力及其不朽的时代意义"。① 如宇文所安在《杜甫诗》的译本序中就借自己翻译的《入衡州》（"Entering Hengzhou"）中的六句译文分析了翻译的感受和体会。

> 【原文】销魂避飞镝，累足穿豺狼。
>
> 隐忍枳棘刺，迁延胝趼疮。
>
> 远归儿侍侧，犹乳女在旁。
>
> 【译文】My soul melted, escaping the flying arrows,
>
> I crept fearfully through those wolves and jackals.
>
> I made myself endure the prick of thornbushes,
>
> I kept on going with wounds from blisters.
>
> My son, coming from afar, attended us closely,
>
> a girl, still nursing, wax next to us. ②

在宇文所安的眼中，这就是借助于诗句中的"平凡事物"捕捉作者"人生中惊心动魄的瞬间"。宇文所安谈到了他的翻译体会："安史之乱后，杜甫带着家人翻山越岭，颠沛辗转。……在如此仓皇的逃难过程中，很难想象有人要随身带着至少1400多首诗，而且还不是简单的抄写本，而是60卷，每卷都包裹好。'累足'我对应的译文是'crept fearfully'，字面意思是'两脚交叠，一脚在另一脚上'——一种极度恐惧的迹象。"③宇文所安这样翻译的目的是想表现当事人极度害怕的状况。

　　显然，副文本不仅是与译本相辅相成的一部分，也是读者理解译本的渠道之一。译本序在宇文所安译本中具有重要地位，他在序言中多次表示了他的翻译动机，即通向世界文学的理想：在全球化语境下，以更宏大的思维框架来思考，用精巧的翻译作为媒介，使中国文学和文化不再是传

---

① 许钧. 傅雷译作的文化意义. 外语教学与研究, 2011(1)：439.

② Owen, Stephen. *The Poetry of Du Fu*. Vol. 6. Book 23. Paul W. Kroll and Ding Xiang Warner (eds.). Berlin：De Gruyter Inc., 2016：201.

③ Owen, Stephen. *The Poetry of Du Fu*. Paul W. Kroll and Ding Xiang Warner (eds.). Berlin：De Gruyter Inc., 2016：lvi (Introduction).

统的国别文学视域下的地方性知识,而是世界文学视域下的普遍的知识。任何一种民族文学都会有独具"民族性"和"地方性知识","民族性"和"地方性知识"越突出,普遍性就越会被遮蔽,中国文学也不例外。对于凸显"民族性"和"地方性知识"的一些内容,翻译起来自然困难重重,无论从语言角度还是从诗学角度,都难以操纵,即使强行翻译也易产生翻译腔,从而招致异域读者的排斥。当今的中国文学外译,多是多元的文本因素和非文本因素联合运作的结果。除了自然流畅的翻译是作品成为必读佳作的前提之外,我们的文学作品固然需要立足"中国立场"来书写"中国经验",但也不能忽视一个最重要的因素:突出和传递出具备跨文化性和世界性的主题。显然,副文本不仅是宇文所安实现译者"现身"的路径,也是他阐述原作深层次含义、翻译理想和"移动读者"的场域。

宇文所安在西方汉学界享有盛誉,45 岁时就当选为美国人文与科学院院士。从 1997 年至 2018 年,他任哈佛大学最高级别的詹姆斯·布莱恩特·柯南德(James Bryant Conant)特聘教授。2005 年,宇文所安获得"梅隆杰出成就奖",此奖也成为宇文所安翻译《杜甫诗》的赞助基金。宇文所安计划用此资助出版一套"中华经典文库"系列,《杜甫诗》就是这个系列的第一部。出版机构是德国柏林的德古意特(De Gruyter)出版社,该出版社是一家长期致力于翻译和传播中国文学、文化经典的学术性出版社。2018 年,宇文所安又获得唐奖汉学奖,确立了他在海外中国古典文学翻译和研究领域坚实的地位。翻译家显赫的声名、财力雄厚的赞助方、出版商的大力推介以及评论界的高度评价等因素都对译本的接受和中国古典诗歌在海外的传播起到了积极的推进作用。探索宇文所安独特的翻译路径,也让我们更加明晰他能为中国古典文学在世界范围内的传播做出如此突出贡献的原因所在。

按照韦努蒂的观点,"西方出版商一向倾向于选择易于被目标语文化同化的作品"①,而翻译书籍"所占的比例极低,仅占出版书籍总数的

---

① Venuti, Lawrence. *The Scandals of Translation: Towards an Ethics of Difference*. New York: Routledge, 1998: 48.

2%—4%"①。中国文学外译的实际情况也是"图书的外译、发行渠道、接受状况等都不尽如人意"②。又如《解密》在英国的出版商——企鹅出版公司执行总编亚历克斯·科什鲍姆(Alexis Kirschbaum)认为,"中国文化对大多数西方人而言仍然是十分陌生的概念。一位中国作家通常得拿到诺贝尔奖才能在西方被人认知"③。如果按照这个说法,中国古典文学显然因为不能获得诺贝尔文学奖,也就难以走进卡萨诺瓦(Pascale Casanova,1959—2018)笔下的"文学世界共和国"(La république mondiale des lettres)。还有一个不容忽视的事实,从明清时期起至今,中国文学在西方译介和传播的重点不是作品文学性的内容,而是其中反映的中国的风俗人情,即"着眼点并非文学"④。这也意味着,中国文学的外译尚"没有在国际的文学场域建立起属于中国文学自己的象征地位和实质地位"⑤。在这样的背景下,海外享有世界性声誉的汉学家和翻译家对中国古典文学进行外译和传播的意义就显得尤为重要。宇文所安一生致力于中国古典诗歌的译介和研究,他的译文既忠实于原文,又兼顾了文学性和学术性,不仅为更有效地在世界文学领域中构建中国经典、扩大中国文学的影响力做出了很大的贡献,而且也给我们今天的文学、文化外译提供了新颖而宝贵的启示。

无独有偶,在 1995 年,美国当代著名小说家和评论家约翰·厄普代克(John Updike, 1932—2009)在《纽约客》(The New Yorker)上的一篇译评中高度赞扬了美国翻译家葛浩文(Howard Goldblatt, 1939—   ),认为他引领了当代美国的翻译界。葛浩文基于大量的翻译实践经验与研究认为,中国文学、文化"走出去"的一个因素是"译者要能够参与选择要翻

① Venuti, Lawrence. The Scandals of Translation: Towards an Ethics of Difference. New York: Routledge, 2008: 11.
② 谢天振,陆杏. 译介学与中国文化在当代的传播——访上海外国语大学谢天振教授. 国际汉学,2015(2): 16.
③ 吴赟. 译出之路与文本魅力——解读《解密》的英语传播. 小说评论,2016(6): 114.
④ 孔慧怡. 翻译·文学·文化. 北京: 北京大学出版社,1999: 91.
⑤ 许多. 中国当代文学在西方译介与接受的障碍及其原因探析. 外国语,2017(4): 100.

译的作品"①。可见,中国文学"走出去"选译什么、如何译,在"中学西传"源头的西方译者与时至今日最受西方读者欢迎的汉英翻译家仍有不谋而合之处。这些实例都强调了一点:异域的文学和文化如果能获得在西方广泛的传播和持续的影响,最关键的一点往往是西方主动性的选择和吸收。

第三节　东西方视域中的交错与共识

从中国古典小说的西传中,探讨文学作品的"民族性""普遍人文共性""世界性"等之间的关系,对于我们今天中国文学作品的海外传播必然有深刻的启示。前文探讨了影响中国文学作品真正有效地"走出去"的成功因素以及存在的障碍因素,归结起来,我们还应该从西方的文化与心理结构中寻找答案。按照格式塔心理学"异质同构"的原理,西传中国古典小说中存在的一些"异质素"恰好应和了西方文化的某种深层结构的要求;同时,最初的文本由于受到传播条件和翻译水平的限制,可供西方读者选择和欣赏的译本有限,读者只能接受已经存在的译本。随着历史的发展,西方对中国文化的认识相对早期越来越丰富,文本的选择和翻译水平也越来越高,早期被作为"他者"搁置在"西方自我镜像"视域里的"幻想中国"便会从最初某个隐喻符号变成一个隐喻符号群构成的形象综合体。在异质文化交流中存在着所谓的"合法的偏见",这种"合法的偏见"也可以说是一种"误读",一种有意识地根据"本土经验"找寻自我需求及包含在自身文化中的集体无意识原型的"误读"。②

谈到东方中国文学的翻译应坚持怎样的观念、立场和价值取向,很容易使人想到"东方主义"(Orientalism)或"东方学"这一概念。美国学者爱德华·萨义德(Edward. W. Said, 1935—2003)在《东方学》一书中基于

---

① 李文静. 中国文学英译的合作、协商与文化传播——汉英翻译家葛浩文与林丽君访谈录. 中国翻译,2012(1):60.

② 李娅菲. 镜头定格的"真实幻像"——跨文化语境下的"中国形象"构造. 北京:人民出版社,2011:9.

后殖民主义的解构立场,对西方以往的"东方学"中所带有的偏见进行了有力的批判。萨义德指出:"因为东方学归根到底是从政治的角度察看现实的一种方式,其结构扩大了熟悉的东西(欧洲、西方、'我们')与陌生的东西(东方、'他们')之间的差异。这一想象视野(vision)在某种意义上创造了以这种范式构想出来的两个世界,然后服务于这两个世界。"①这种东方学实质上是"对有关东方的观点进行权威裁断,对东方进行描述、教授、殖民、统治等方式来处理东方的一种机制"②。但是,笔者并不完全认同萨义德的这种观点。其实,西方仍然有一些学者坚持尽量客观和辩证地了解和理解中国文化和中国知识。如美国汉学家史景迁认为:

> 中国四百年来对于西方所具有的却是一种复杂的魅力。……关于中国的庞杂的知识已不仅仅限于天主教会(尤其是耶稣会)所传播的内容,它事实上还包括了通过商人、官员、外交人员甚至水手们传递到欧洲的信息。所以,魅力的一部分是由于真实知识,即欧洲人第一次掌握的关于中国的真实知识。但魅力的第二部分却与此毫不相干。存在于中国魅力背后的第二个因素是关于中国的抽象观念,这种观念在十六世纪和十七世纪似乎触及了欧洲文化想象中的某些因素。在此,我们面临这样一个文化矛盾:四百年来,欧洲人关于中国的真实知识中总掺杂着想象,二者总是混淆在一起,以至我们确实无法轻易地将它们区分开。③

由此可以看出,史景迁十分赞同萨义德的观点,即对中国形象的认知更多地取决于欧洲,而不取决于中国。但是,中西文化确实存在很大的差异,史景迁更倾向于从"文化类同与文化利用"角度分析这种差异,认为欧洲人在认识中国的观念时一直处于摇摆和模糊之间,并受很多因素制约。如英国散文家托马斯·德·昆西(Thomas De Quincey, 1785—1859)在

---

① 萨义德. 东方学. 王宇根,译. 北京:生活·读书·新知三联书店,2007:54.
② 萨义德. 东方学. 王宇根,译. 北京:生活·读书·新知三联书店,2007:4.
③ 史景迁. 文化类同与文化利用——世界文化总体对话中的中国形象. 廖世奇,彭小樵,译. 北京:北京大学出版社,1990:12-13.

其所撰《一个英国瘾君子的自白》中对遥远东方的描绘是如此梦幻：

那个马来人成了我的一个可怕的敌人，已经有数月之久。每天晚上，我都因为他的缘故，被流放到有亚洲情景的梦境中去。我不知道别人在这一点上是否有和我一样的感受，但是我经常想，如果我被迫离开英格兰，转而居住在中国，把自己夹在中国的风俗习惯和生活方式中间的话，我一定会疯。让我产生这种恐惧的原因是根深蒂固的，其中一些一定是和其他人相同的。总的来说，南亚是一个让人产生可怕幻象和联想的地方。作为人类的摇篮，它本身就有一种隐隐约约的令人肃然起敬的感觉。但是还有其他的一些原因。没有人能够假装非洲或者其他未开化部落的原始、野蛮、变幻莫测的异教和迷信给他带来的影响能够与印度斯坦古老、极端、残忍、复杂的宗教给他带来的影响相提并论。单是亚洲的习俗体制、文化历史、信仰模式的古老悠久就如此地迷人。对我来说，这个种族及其名字的高龄就能压倒一个青年人自觉年轻的感觉。一个年轻的中国人在我看来就是一个大洪水以前的人复活了。即便是一个不是在这种习俗体制下长大的英国人，对于经历无数年代的分化和拒绝混合而形成的庄严而神秘的种姓制度，也会不寒而栗。同样，也没有人听到恒河和幼发拉底河的名字而不为之产生敬畏的。南亚，几千年来，始终是地球上人口最为稠密的地区之一，这很大程度上也是人们对它产生这种情感的原因。可以说那里是就是"民族制造厂"。在那一地区的人就如同杂草一般。那些巨大的亚洲帝国，个个人口众多，这也让所有与东方相关联的名字和形象都更使人产生崇敬和敬畏感。在中国，除了它与南亚其他地区相似的地方以外，我总是对那里的生活方式、礼仪习俗感到恐惧不安，彻底的憎恶和同情心的缺乏已成为我们之间的一道障碍。这种感觉深刻到我无法做出分析和解释。我甚至宁愿和疯子或者野兽住在一起，也不愿到那些地方去。所有我上面说的，还有我没能说出来或者是没有时间说的东西，读者一定要了解。只有了解了这些，你才能明白我的梦境中那些和东方相关联的形象和令人感到神秘的痛楚给我带来的无法想象的恐慌，是如何印记在我的头脑中的。热带的高温和直射的阳光给我的连带感觉让我在梦里看见了各种各样的生物:所有能在中国或印度斯坦看到的鸟类、野兽、爬行动物,各种各样的树木、植物,各种各样的习俗、场面,都聚集在我的梦境中。同样,我也在梦境中把埃及和她所有的神明都一并召唤来了。我被猴子、长尾鹦鹉和凤头鹦鹉怒目而视、嬉笑嘲讽、品头论足,于是我跑进了一个塔庙,却最终被封在塔顶或者一个密室里面,长达几个世纪的时间。我成了偶像,成了牧师,我被崇拜,我被献祭。(……)

(……)有时,我逃掉了,然后发现自己走进了中国人的房子,里面有藤条编的桌子和其他东西。这些桌子、沙发等东西的腿瞬间活了起来。鳄鱼那可恶的头和它邪恶的眼睛警觉地,成千上万次地盯着我看。我站在那里,一阵恶心,却无法动弹。这个令人厌恶的爬行动物经常侵扰我的梦境,很多次,这同一个梦都以相同的方式被打断。我听到一阵轻柔的声音(我睡觉的时候依然什么都可以听到)对我说话。于是我立刻就醒了,发现已经是正午时分。我的孩子们站在那里,手拉着手,站在我床边。他们是来给我看他们五颜六色的漂亮鞋子,或者新外衣,或者出门前的穿戴的。可以明确地说,从梦境中看到该死的鳄鱼和其他难以形容的怪物直到梦境的终止,一下子过渡到眼前看到年幼的孩子和人性的天真无邪,这种感觉真的是糟糕极了。在心灵毫无准备地经历了如此急剧的变化之后,我哭了,同时情不自禁地亲吻着孩子们的脸庞。①

虽然母体文化会对汉学家的学术视野和方法论产生一定影响,但从实证的知识论角度来看,并非像萨义德所言是一种完全处于本国文化和意识形态影响之下的"集体想象"。西方的"中国观"的确受到欧洲中心主义的影响,但是客观性的知识也会对"中国观"产生影响。

福柯在《词与物——人文科学考古学》一书中深入探讨了文艺复兴时

---

① 昆西. 一个英国瘾君子的自白. 于中华,译. 北京:中国对外翻译出版有限公司,2011:96-99. 此引文中有几处概念不当,在引用时未予以修改。

期到 20 世纪初西方文化中的知识类型,特别是从"词"与"物"的关系入手
阐明其话语观。他认为:"物(les choses)所特有的组织,物具有的秘密的
脉络(secrètes nervures),把物连接起来的空间,把物产生出来的时间
(temps),接着,将会有表象,一个纯粹的时间序列(succession temporelle),在
这个序列之中,物总是部分地向主体性(subjectivité)、意识、认识的特殊
努力、'心理学'个体显现出来。"①福柯指出,人类语言作为人类社会交往
存在的方式,"这些形式要素被集合成体系,并为声音、章节、词根规定了
一个并非表象所具有的体制"②。它具有更深刻的内涵,是"大写的意识形
态(l'Idéologie)应该成为这样一种知识(connaissance),即其类型应该相
同于那些把自然的存在,或语言的词,或社会的法则当作理念的对象
(objet des idées)。但就大写的意识形态把观念,把在词中检验观念的方
式,在推理中把观念联系起来的方式当作对象而言,意识形态的价值就在
于它是所有可能科学的大写的语法(la Grammaire)和大写的逻辑(la
Logique)"③。

　　福柯将权力和"话语"紧密联系起来,阐明了"话语"在本质上体现出
一种权力的运作。这种话语理论对哲学、文学、新闻学等都产生了重大的
影响。正如有学者指出的那样,"误读"是"中国和西方人之间的'语言不
通'——这并不是说中国话和西方语言之间只能通过翻译来交流,而是更
深刻的一种语言不通,是一种互相之间在精神方面的缺乏理解,在精神方
面的无法互相理解,或者,用现代哲学的术语来说,是'话语'不通。可以
说,语言是话语的形式,而话语则是语言的内容,话语是指以语言形式表
达出来的社会基本价值"④。

　　从上文对文学作品的"民族性""普遍人文共性""世界性"之间的一系
列关系的梳理来看,"中学西传"即中国文学、文化能有效地"走出去"的前
提条件之一就是西方主动以他们的选择方式吸收中国文学、文化。按照

①　福柯.词与物——人文科学考古学.莫伟民,译.上海:上海三联书店,2001:313.
②　福柯.词与物——人文科学考古学.莫伟民,译.上海:上海三联书店,2001:308.
③　福柯.词与物——人文科学考古学.莫伟民,译.上海:上海三联书店,2001:314.
④　陈宣良.伏尔泰与中国文化.北京:首都师范大学出版社,2019:18.

萨义德"东方学"概念的推演逻辑,西方也可以推出与"东方学"一样的"西方学"观念与逻辑,在处理与域外文学、文化的关系时,其参照体系必由自我所决定。那么,他们对于中国文学、文化主动摄取的标准或者说参照体系是什么? 西方的文明可以说是一种"破裂性的文明",它的理论参照体系往往是上帝或一种以"未来"为目标的参照系。其实,在西方,他们常常设立一个不可讨论的理论前提的批评参照系。再如,启蒙时代大思想家伏尔泰对中国文学、文化的推崇,同样也是以西方自身为参照体系的。所以说,西方对于中国文学、文化主动摄取的标准或者说参照体系仍是西方本身。

那么,让西方主动摄取和吸收什么? 是否就是以西方的需求为标准?"走向世界"本身就是一种吊诡的前提预示:世界代表谁? 中国本不就在世界之内吗? 为何还要走向世界? 因为这种吊诡的前提预示说明,如果说"世界"代表西方或者具有强势话语权力的现代化,那么中国以此作为参照,就已然置自身于世界的边缘之外,要通过西方的肯定才能"发扬"自身的文化。但是,如果完全以西方为参照体系,想得到西方完全的认同,最后只会被彻底地"西化"。所以说,中西方文学、文化交集后形成的"中学西传"状态,往往夹杂着很多人的假设与想象,即让西方读者认同异域所推崇的一流作品,并达成西方"有志之士"的"正确共识"。这种追求乃是一种以西方为参照体系的"缺乏自信"的行为。"世界性"本身就绝不是"民族性"简单的叠加,中西之间有交集,也有永不会重合的部分。在历史上,以鸦片战争为分水岭,在此以后,"西学东渐"势头凶猛,西方文化甚至存在一种"霸权"式的输入,中国一直处于"受伤害"的状态。如何有效地找到一种方法与途径去"推广"我们认为的最优质的文化,让西方接受、认同、赞美,并以此说明中国文化"走向世界",对世界文化做出重大贡献呢? 这种思路并非本书研究的目的所在。本书的研究目的并非寻求一种途径,即通过所谓这种"途径"就可以使一些在中国本土被认为是最优质的文学作品,译介到西方并获得和以前在国内被认为是二三流的作品在西方受到追捧的情景一样。显然,这种"中学西传"过程,不仅是基于西方特定历史文化背景下的产物,而且还是一种主动的吸收和摄取,非"我者"能够全然决定的。本研究希望以中国古典小说在西传中被自主性地接受，以一系列翻译、误读、改编活动为切入口，来洞察"中学西传"过程中发生和存在哪些误读和矛盾。如上文所述，"世界性"是"民族性"的有机组合，不是单个"民族性"的简单叠加，而是存在动态的重合和永恒的不重合部分。对于中国文学来说，重合的部分亦不仅仅是"西方性"的，也有"传统性"的和"中国性"的。

综上所述，笔者认为，中国的文学作品如果能够在世界范围内获得广泛的传播和接受，就需要深刻研究和挖掘它所蕴含的普遍的人文价值。中国要有成熟的文化传统，并且能体现出普遍的人文共性和价值，才能使中国文学不是简单地按照西方的参照体系"走出去"，而是真正"走出去"，并得到西方的主动接受和认同。西方 18 世纪曾经有过"中国热"的巅峰，除了因为传入西方的中国文学、文化契合了当时西方的时代背景精神，让西方人有一种"既熟悉又陌生"的感觉，最重要的是当时中国有着成熟的传统文化，成熟的传统文化中又蕴含着丰富、普遍的人文共性。虽然推动中国文学"走出去"的因素有很多，但是文学的"民族性"与"世界性"之间的关系恰恰是中国文学与世界文学关系的关键之所在。"现在，我们应该做的，是走出这样一种宿命。并不是说，我们应该简单地摒弃以西方作为理想参照系的做法，而人为地设立起一个所谓自身的理想目标，那是不现实的，是空想的，因为现在的世界走向一体化的构成是一种历史趋势。"①"当我们不再刻意地去'保卫'传统，而是认真地开始批判传统的时候，我们的传统也许反而得救了。"②

越是民族的不一定就是世界的，中国文化中一些民族性十分突出的东西，在普遍人文性方面就未必明显了。当我们表述一部文学作品具备了"世界文学的特征"时，必须以其在世界范围内的"影响力"作为评判标准，否则表述就会沦为经不起时间检验的"商业评论"。如果以西方为参照，仅仅是为了迎合西方对中国固有的"他者形象"甚至偏见，而不顾文学

---

① 陈宣良. 伏尔泰与中国文化. 北京：首都师范大学出版社，2019：21-22.
② 陈宣良. 伏尔泰与中国文化. 北京：首都师范大学出版社，2019：22.

作品本身的文学性,那么这种民族文学只会沦为民族劣根性的展示;"民族性"也绝不是"丑陋性"和违背"人性"。否则,从长久的角度而言,便与世界品格格格不入,不仅不利于中国文学自身的发展,反而会阻碍它在世界范围内的传播。

哈贝马斯(Jürgen Habermas, 1929—   )有一段话,对本书关于文学作品所蕴含的普遍人文价值的观点很有启发:

> 普遍主义究竟意味着什么?它意味着在认同别的生活方式乃合法要求的同时,人们将自己的生活方式相对化;意味着对陌生者及其他所有人的容让,包括他们的脾性和无法理解的行为,并将此视作与自己相同的权利;意味着人们并不孤意固执地将自己的特性普遍化;意味着并不简单地将异己者排斥在外;意味着包容的范围必然比今天更为广泛。道德普遍主义意味着这一切。①

只有深入挖掘中国文学的"民族性"与"现代性",并充分结合好,才能实现真正"走出去",去追求"世界性",即普遍的人文价值;只有这样,中国文学才能消除西方的"误读",彰显具有东方魅力的"民族性"和"现代性"。这也正是本研究目的之所在。

---

① 李安东,段怀清. 现代性的地平线——哈贝马斯访谈录. 上海:上海人民出版社,2007:137.

主要参考文献

一、中文参考文献

（一）著作类

爱克曼．歌德谈话录．朱光潜,译．北京:人民文学出版社,1978.

巴罗．我看乾隆盛世．李国庆,欧阳少春,译．北京:北京图书馆出版社,2007.

柏拉图．理想国．郭斌和,张竹明,译．北京:商务印书馆,1985.

抱瓮老人．今古奇观．清光绪戊子(1888)茂苑萃珍书屋版.

抱瓮老人．今古奇观．上海:上海古籍出版社,2005.

鲍康宁．好逑传(*The Fortunate Union*)．上海:美华书馆,1904.

伯林．自由论．胡传胜,译．南京:译林出版社,2003.

陈季同．巴黎印象记．段映虹,译．桂林:广西师范大学出版社,2006.

陈季同．中国人自画像．段映红,译．桂林:广西师范大学出版社,2006.

陈铨．中德文学研究．沈阳:辽宁教育出版社,1997.

陈宣良．伏尔泰与中国文化．北京:首都师范大学出版社,2019.

道森．中国变色龙:对于欧洲中国文明观的分析．常绍民,明毅,译．北京:中华书局,2006.

荻岸山人．玉娇梨．北京:中国经济出版社,2010.

段怀清,周俐伶．《中国评论》与晚清中英文学交流．广州:广东人民出版社,2005.

范存忠．中国文化在启蒙时期的英国．上海:上海外语教育出版社,1991.

梵第根. 比较文学论. 戴望舒,译. 长春:吉林出版集团有限责任公司,2010.

方豪. 中国天主教史人物传. 北京:宗教文化出版社,2008.

费赖之. 在华耶稣会士列传及书目. 冯承钧,译. 北京:中华书局,1995.

冯志杰. 中国近代翻译史·晚清卷. 北京:九州出版社,2011.

福柯. 词与物——人文科学考古学. 莫伟民,译. 上海:上海三联书店,2001.

伽达默尔. 真理与方法. 洪汉鼎,译. 上海:上海译文出版社,2004.

顾钧. 卫三畏与美国早期汉学. 北京:外语教学与研究出版社,2009.

郭建中. 当代美国翻译理论. 武汉:湖北教育出版社,1999.

哈耶克. 自由秩序原理. 邓正来,译. 北京:生活·读书·新知三联书店,1997.

何寅,许光华. 国外汉学史. 上海:上海外语教育出版社,2000.

黑格尔. 历史哲学. 王造时,译. 北京:生活·读书·新知三联书店,1956.

侯维瑞,李维屏. 英国小说史. 南京:译林出版社,2005.

后藤末雄. 支那思想のフランス西渐. 东京:平凡社,1969.

黄鸣奋. 英语世界中国古典文学之传播. 上海:学林出版社,1997.

康德. 实践理性批判. 韩水法,译. 北京:商务印书馆,1999.

康德. 纯粹理性批判. 邓晓芒,译. 北京:人民出版社,2004.

康德. 康德著作全集(第5卷). 北京:中国人民大学出版社,2005.

康德. 康德著作全集(第8卷). 北京:中国人民大学出版社,2010.

柯蒂埃(考狄). 18世纪法国视野里的中国. 唐玉清,译. 上海:上海书店出版社,2006.

孔慧怡. 翻译·文学·文化. 北京:北京大学出版社,1999.

昆西. 一个英国瘾君子的自白. 于中华,译. 北京:中国对外翻译出版有限公司,2011.

雷慕沙. 论《玉娇梨》. 杨剑,钱林森,译//钱林森. 法国汉学家论中国文学:古典戏剧和小说. 北京:外语教学与研究出版社,2007:64-90.

李安东,段怀清. 现代性的地平线——哈贝马斯访谈录. 上海:上海人民出版社,2007.

李赋宁. 欧洲文学史. 北京:商务印书馆,2001.

李华川. 晚清一个外交官的文化历程. 北京:北京大学出版社,2004.

李平. 西方人眼中的东方文学艺术. 上海:上海教育出版社,2004.

李天纲．中国礼仪之争：历史·文献和意义．上海：上海古籍出版社，1998．

李维屏．英国小说艺术史．上海：上海外语教育出版社，2003．

李娅菲．镜头定格的"真实幻像"——跨文化语境下的"中国形象"构造．北京：人民出版社，2011．

李贽．焚书·续焚书．北京：中华书局，1975．

利奇温．十八世纪中国与欧洲文化的接触．朱杰勤，译．北京：商务印书馆，1991．

林辰．才子佳人小说集成．沈阳：辽宁古籍出版社，1997．

刘相雨．儒学与中国古代小说关系论稿．中国：中国社会科学出版社，2010．

刘耘华．诠释的圆环——明末清初传教士对儒家经典的解释及其本土回应．北京：北京大学出版社，2005．

鲁迅．中国小说史略．北京：中华书局，2010．

罗光．教廷与中国使节史．台北：传记文学出版社，1969．

罗溥洛．中国小说的艺术特色//罗溥洛．美国学者论中国文化．包伟民，陈晓燕，译．北京：中国广播电视出版社，1994：295-322．

马伯乐．汉学//阎纯德．汉学研究（第 3 集）．北京：中国和平出版社，1999：47-63．

马克思．评普鲁士最近的书报检查令//马克思恩格斯全集（第 1 卷）．北京：人民出版社，1956：3-31．

马克思．1844 年经济学哲学手稿．刘丕坤，译．北京：人民出版社，1979．

马森．西方的中国及中国人观念：1840—1876．杨德山，译．北京：中华书局，2006．

马祖毅，任荣珍．汉籍外译史．武汉：湖北教育出版社，1997．

孟德斯鸠．论法的精神．张雁深，译．北京：商务印书馆，1995．

名教中人．好逑传．北京：中国经济出版社，2011．

钱林森．中国文学在法国．广州：花城出版社，1990．

钱青．英国 19 世纪文学史．北京：外语教学与研究出版社，2005．

钱中文，译．巴赫金答《新世界》编辑部问//巴赫金．巴赫金全集．石家庄：河北教育出版社，1998．

钱锺书．七缀集．北京：生活·读书·新知三联书店，2002．

青心才人．金云翘传．北京：中国经济出版社，2010．

儒莲．《平山冷燕》法译本序．邱海婴，译//钱林森．法国汉学家论中国文学：

古典戏剧和小说.北京:外语教学与研究出版社,2007:91-99.

萨义德.东方学.王宇根,译.北京:生活·读书·新知三联书店,2007.

赛珍珠.赛珍珠论中国小说.姚君伟,编.南京:南京大学出版社,2012.

史景迁.文化类同与文化利用——世界文化总体对话中的中国形象.廖世奇,彭小樵,译.北京:北京大学出版社,1990.

史景迁.16世纪后期至今西方人心目中的中国//罗溥洛.美国学者论中国文化.包伟民,陈晓燕,译.北京:中国广播电视出版社,1994:1-16.

宋柏年.中国古典文学在国外.北京:北京语言学院出版社,1994.

宋莉华.明清时期的小说传播.北京:中国社会科学出版社,2004.

谭学纯,朱玲.广义修辞学.合肥:安徽教育出版社,2001.

托尔金.魔戒三部曲.朱学恒,译.台北:联经出版事业股份有限公司,2012.

托尔金.魔戒(第一部):魔戒再现.丁棣,译.南京:译林出版社,2001.

托尔金.魔戒.邓嘉宛,石中歌,杜蕴慈,译.上海:上海人民出版社,2016.

王尔敏.中国文献西译书目.台北:台湾商务印书馆,1975.

王国维.《红楼梦》评论.杭州:浙江古籍出版社,2012.

王海明.人性论.北京:商务印书馆,2005.

王立新.美国传教士与晚清中国近代化.天津:天津人民出版社,2008.

王丽娜.中国古典小说戏曲名著在国外.上海:学林出版社,1988.

王宁,葛桂录.神奇的想象:南北欧作家与中国文化.银川:宁夏人民出版社,2005.

王宁.中国文化对欧洲的影响.石家庄:河北人民出版社,1999.

王佐良.严复的用心//商务印书馆编辑部.论严复与严译名著.北京:商务印书馆,1982:22-27.

卫茂平.中国对德国文学影响史述.上海:上海外语教育出版社,1996.

卫茂平,等.异域的召唤.银川:宁夏人民出版社,2002.

卫三畏.中国总论.陈俱,译.上海:上海古籍出版社,2014.

吴莉苇.当诺亚方舟遭遇伏羲神农:启蒙时代欧洲的中国上古史论争.北京:中国人民大学出版社,2005.

伍蠡甫.欧洲文论简史.北京:人民文学出版社,1985.

夏克尔顿.孟德斯鸠评传.刘明臣,等译.北京:中国社会科学出版社,1991.

肖伟胜. 欧洲文学与文化. 重庆:西南师范大学出版社,2008.

萧天佑. 三世因果经. 台北:益大书局出版社,2006.

谢和耐. 法兰西学院的汉学讲座. 耿昇,译//阎纯德. 汉学研究(第 1 集). 北京:中国和平出版社,1996:55-60.

谢天振. 译介学. 上海:上海外语教育出版社,1999.

修晓波. 色目商人. 北京:北京图书馆出版社,1998.

严复. 天演论·译例言//徐雪英. 中华译学馆·中华翻译家代表性译文库·严复卷. 杭州:浙江大学出版社,2020:29-31.

严建强. 18 世纪中国文化在西欧的传播及其反应. 杭州:中国美术学院出版社,2002.

姚斯. 接受美学与接受理论. 周宁,金元浦,译. 沈阳:辽宁人民出版社,1987.

伊萨克斯. 美国的中国形象. 于殿利,陆日宇,译. 北京:时事出版社,1999.

宇文所安. 他山的石头记——宇文所安自选集. 田晓菲,译. 南京:江苏人民出版社,2006.

宇文所安. 中国传统诗歌与诗学:世界的征象. 陈小亮,译. 北京:中国社会科学出版社,2013.

宇文所安. 诗的引诱. 贾晋华,等译. 南京:译林出版社,2019.

张国刚. 明清传教士与欧洲汉学. 北京:中国社会科学出版社,2001.

张国刚,吴莉苇. 启蒙时代欧洲的中国观:一个历史的巡礼与反思. 上海:上海古籍出版社,2006.

张国刚,吴莉苇. 中西文化关系史. 北京:高等教育出版社,2006.

张俊. 清代小说史. 杭州:浙江古籍出版社,1997.

赵毅衡. 诗神远游:中国如何改变了美国现代诗. 上海:上海译文出版社,2003.

周发祥. 中国古典小说西播述略//任继愈. 国际汉学(第 4 辑). 郑州:大象出版社,1999:318-342.

朱光潜. 西方美学史资料选编(下卷). 上海:上海人民出版社,1987.

朱立元. 接受美学导论. 合肥:安徽教育出版社,2004.

朱立元. 西方美学范畴史(第一卷). 太原:山西教育出版社,2006.

朱谦之. 中国哲学对欧洲的影响. 上海:上海人民出版社,2005.

(二)学术论文类

艾利克,陈婷婷. 从外部世界看中国——艾利克教授访谈录. 国际比较文学, 2019(4):791-802.

陈婷婷. 中国小说中的中国人:《阅微草堂笔记》的最早西译本研究. 深圳大学学报(人文社会科学版),2013(2):127-134.

陈婷婷.《今古奇观》:中国文学走向世界最早的典范与启示. 安徽大学学报(哲学社会科学版),2013(4):44-51.

陈婷婷,Reinders, Eric. 本土经验与域外传播不对等问题:以《今古奇观》、《好逑传》《玉娇梨》的西传为中心. 求索,2016(10):135-141.

陈婷婷. 明清时期中国古典小说西传的误释问题:以《玉娇梨》1830 年英译本为中心. 国际汉学,2018(3):72-82,206.

陈婷婷. 中国古典诗歌英译的探索者:宇文所安的诗歌译介路径与特质. 中国翻译,2020(3):91-99.

陈婷婷. "中学西传"的先行者——20 世纪 90 年代以来中国国内陈季同研究述评与思考. 沈阳大学学报,2020(6):786-790.

陈婷婷,周仕德. 五十年来国内《赵氏孤儿》研究回眸与反思. 宁夏大学学报(人文社会科学版),2011(5):93-99.

陈众议. "陌生化"与经典之路. 中国比较文学,2006(4):11-22.

达姆罗什. 世界文学是跨文化理解之桥. 李庆本,译. 山东社会科学,2012(3):34-42.

高玉. 本土经验与外国文学接受. 外国文学研究,2008(4):130-139.

耿纪永. 远游的寒山:英译第一首寒山诗. 中国比较文学,2012(2):41-50.

郭沫若.《再生缘》前十七卷和它的作者陈端生. 光明日报,1961-05-04.

黄兴涛. 近代中西文化交流史上不应被遗忘的人物——陈季同其人其书. 中国文化研究,2000(2):39-45,145.

李文静. 中国文学英译的合作、协商与文化传播——汉英翻译家葛浩文与林丽君访谈录. 中国翻译,2012(1):57-60.

刘红. 陈季同与中法文化交流. 法国研究,2012(3):38-43.

刘云虹. 试论文学翻译的生成性. 外语教学与研究,2017(4):608-618, 641.

孟繁华. 民族传统与"文学的世界性"——以陈季同的《黄衫客传奇》为例. 南方文坛,2010(6):14-18.

潘正文. "东学西渐"与中国"世界文学"观的发生. 浙江师范大学学报(社会科学版),2007(1):15-19.

钱锡生,季进. 探寻中国文学的"迷楼"——宇文所安教授访谈录. 文艺研究,2010(9):63-70.

桑兵. 陈季同述论. 近代史研究,1999(4):113-141.

宋丽娟,孙逊. "中学西传"与中国古典小说的早期翻译(1735—1911)——以英语世界为中心. 中国社会科学,2009(6):185-200,208.

孙景尧. 关于比较文学研究可比性问题的刍议. 外国文学研究,1984(4):125-129.

孙轶旻. 上海美华书馆与中国文学的英文传播. 上海师范大学学报(哲学社会科学版),2012(3):102-107.

孙轶旻,孙逊. 来华新教传教士眼中的中国小说——以《教务杂志》刊载的评论为中心. 学术研究,2011(10):152-158,160.

王东风. 归化与异化:矛与盾的交锋?. 中国翻译,2002(5):24-26.

王忠阁. 明清之际文学中的自由人格理想. 信阳师范学院学报(哲学社会科学版),1988(3):37-40.

吴赟. 译出之路与文本魅力——解读《解密》的英语传播. 小说评论,2016(6):114-120.

谢天振,陆杏. 译介学与中国文化在当代的传播——访上海外国语大学谢天振教授. 国际汉学,2015(2):16-18.

辛红娟. 旅行与文学翻译的象似性研究. 社会科学家,2009(1):149-152,156.

徐志啸. 异域女学者的独特视角. 苏州大学学报,2009(2):81-85.

许多. 中国当代文学在西方译介与接受的障碍及其原因探析. 外国语,2017(4):97-103.

许钧. 试论译作与原作的关系. 外语教学与研究,2002(1):15-21.

许钧. "创造性叛逆"和翻译主体性的确立. 中国翻译,2003(1):8-13.

许钧. 翻译动机、翻译观念与翻译活动. 外语研究,2004(1):51-55.

许钧. 简论理解和阐释的空间与限度. 外国语,2004(1):57-61.

许钧. 傅雷译作的文化意义. 外语教学与研究, 2011(1):437-444, 481.

许明龙. 中法文化交流的先驱黄嘉略. 社会科学战线, 1986(3):244-255.

严家炎. "五四"文学思潮探源. 北京大学学报(哲学社会科学版), 2009(4): 21-25.

严绍璗. 文化的传递与不正确理解的形态——18世纪中国儒学与欧亚文化 关系的解析. 中国比较文学, 1998(4):1-11.

张西平. 欧洲早期汉学研究的奠基之作——写在《神奇的土地》出版之际. 中 国图书评论, 2009(10):80-84.

朱水涌, 严昕. 文化转型初期的一种中国想象——论《中国人自画像》《中国人 的精神》《吾国吾民》的中国形象塑造. 浙江大学学报(人文社会科学版), 2010(6):17-24.

(三)博士论文

马平平. 明清小说与英国近代小说海洋意象比较研究. 扬州:扬州大学, 2019.

安娜. 明代时文阅读研究. 长春:东北师范大学, 2018.

成文艳. 中国古典小说在俄罗斯的翻译与研究(明清以前). 天津:南开大学, 2017.

石松. 中国话本小说与英美民间故事的比较研究. 扬州:扬州大学, 2016.

杨洪敏. 当代中国语境中的西方叙事学本土化问题研究. 兰州:兰州大学, 2016.

沈叶娟. 十七世纪世情小说的伦理研究. 苏州:苏州大学, 2014.

金秀玹. 明清小说插图研究——叙事的视觉再现及文人化、商品化. 北京:北 京大学, 2013.

肖爱云. 晚清四大小说杂志现代性研究. 西安:陕西师范大学, 2012.

丁合林. 近代小说传播研究. 保定:河北大学, 2012.

张德让. 翻译会通研究——从徐光启到严复. 上海:华东师范大学, 2012.

郭辉. 明清小说中尼僧形象之文学与文化研究. 天津:南开大学, 2010.

宋丽娟. "中学西传"与中国古典小说的早期翻译(1735—1911)——以英语世 界为中心. 上海:上海师范大学, 2009.

王昊. 中国域外题材小说研究. 苏州:苏州大学,2009.

潘智丹. 淡妆浓抹总相宜:明清传奇的英译. 苏州:苏州大学,2009.

外文参考文献

(一)著作类

Birch, C. (ed.). *Anthology of Chinese Literature: From Early Times to the Fourteenth Century*. New York: Grove Press, 1965.

Bloom, Harold. *The Western Canon: The Books and School of Ages*. New York: Harcourt Brace, 1994.

Bradbury, Malcolm, and James McFarlane. *Modernism: A Guide to European Literature* 1890—1930. Harmondsworth: Penguin, 1976.

Butler, Joseph. *Fifteen Sermons Preached at the Rolls Chapel* (2nd ed.). To which is added a Preface. London: 1729.

Cordier, Henri. *Bibliotheca sinica: Dictionnaire bibliographique des ouvrages relatifs à l'empire chinois*. Paris: E. Leroux, 1878—1895.

Damrosch, David. *What Is World Literature?*. Princeton: Princeton University Press, 2003.

Davidson, Martha. *A List of Published Translations from Chinese into English, French, and German*. New Haven: Far Eastern Publications, 1957.

Francis Davis, John. *Poeseos Sinensis Commentarii: On the Poetry of the Chinese*. London: J. L. Cox, 1829.

Francis Davis, John. *The Fortunate Union*. London: J. Murray, 1829.

Francis Davis, John. *Chinese Miscellanies: A Collection of Essays and Notes*. London: J. Murray, 1865.

Francis Davis, John. *Chinese Novels: Translated from the Originals*. New York: Scholars' Facsimiles & Reprints Press, 1976.

De Magalhaes, Gabriel. *Nouvelle Relation de la Chine. The History of*

China. Paris: Claude Barbin, 1688.

Diderot, D. *Oeuvres Complètes*. J. Asséat and M. Tourneux (eds.). Pairs: Garnier Frères, 1875—1876.

Adams, Hazard. (ed.). *Critical Theory since Plato*. New York: Harcourt Brace Jovanovich, 1992.

Fowler, Alastair. *Kinds of Literature: An Introduction to the Theory of Genres and Modes*. Cambridge: Oxford University Press, 1982.

Genette, Gérald. *Paratexts: Thresholds of Interpretation*. Lewin, Jane E. (trans.). Cambridge: Cambridge University Press, 1997.

Goldsmith, Oliver. *The Citizen of the World; or Letters from a Chinese Philosopher, Residing in London to His Friends in the East*. Philadelphia: James B. Smith & Co., 1856.

Hall, Stuart, and Bram Gieben (eds.). *Formations of Modernity*. Cambridge: Polity, 1992.

Von Hallberg, Robert (ed.). *Canons*. Chicago: University of Chicago Press, 1983.

Hart, Henry H. *Poems of the Hundred Names*. Stanford: Stanford University Press, 1954.

Iu-Kiao-Li, or, The Two Fair Cousins. A Chinese Novel. From the French of M. Abel-Rémusat. London: Hunt and Clarke, 1830.

Johnson, Samuel. *The Vanity of Human Wishes*. London: R. Dodsley Press, 1749.

Kant, Immanuel. *Foundations of the Metaphysics of Morals, and What Is Enlightenment?*. Lewis White (trans.). New York: Liberal Arts Press, 1959.

Kelly, G. Romantic fiction. In Stuart Curran (ed.). *British Romanticism*. Cambridge: Cambridge University Press, 1993: 187-208.

Kolbas, E. Dean. *Critical Theory and the Literary Canons*. Boulder: Westview, 2001.

Korsmeyer, Carolyn (ed.). *Aesthetics: The Big Questions*. Oxford:

Blackwell, 1998.

Le Faye, D. (ed.). *Jane Austen's Letters* (3rd ed.). Oxford: Oxford University Press, 1995.

Lefevere, André. *Translation, Rewriting and the Manipulation of the Literary Fame*. London & New York: Routledge Press, 1992.

Lentricchia, Frank, and Thomas McLaughlin (eds.). *Critical Terms for Literary Study*. Chicago: University of Chicago Press, 1995.

Lister, A. An hour with a Chinese romance. In *The China Review: or Notes and Queries on Far East, 1872—1901* (*1873*). 北京:国家图书馆出版社,2010: 284-293.

Foucault, Michel. *Discipline and Punish: The Birth of the Prison*. New York: Random House, 1979.

Morrison, Robert. *Horae Sinicae: Translations from the Popular Literature of the Chinese*. London, 1812.

Owen, Stephen. *The Poetry of Du Fu*. Paul W. K. and Ding Xiang Warner (eds.). Berlin: De Gruyter Inc., 2016.

Percy, Thomas, and James Wilkinson. *Hau Kiou Choaan, or The Pleasing History. A Translation from the Chinese Language*. London: R. and J. Dodsley, 1761.

Plaks, Andrew H. Towards a critical theory of Chinese narrative. In Andrew H. Plaks (ed.). *Chinese Narrative: Critical and Theoretical Essays*. Princeton: Princeton University Press, 1977: 309-352.

Polo, Marco. *The Description of the World*. A. C. Moule and Paul Pelliot (trans.). New York: AMS Press, 1976.

Rambelli, Fabio, and Eric Reinders. *Buddhism and Iconoclasm in East Asia*. New York: Bloomsbury, 2015.

Reinders, Eric. *Borrowed Gods and Foreign Bodies: Christian Missionaries Imagine Chinese Religion*. Berkeley: University of California Press, 2004.

Reinders, Eric. *The Moral Narrative of Hayao Miyazaki*. Jefferson, NC: McFarland & Company Inc., 2016.

Selden, George. *The Cricket in Times Square*. Beijing: Yearling, 1960.

St. Clair, William. *The Reading Nation in the Romantic Period*. Cambridge: Cambridge University Press, 2004.

Tahir-Güraglar, Sehnaz. What texts don't tell: The uses of paratexts in translation research. In Theo Hermans. *Crosscultural Transgressions— Research Models in Translation Studies II: Historical and Ideological Issues*. Beijing: Foreign Language Teaching and Research Press, 2007.

Thoms, Peter Perring. *The Affectionate Pair, or the History of Sung-Kin: a Chinese Tale*. London: Black, Kingsbury, Parbury, and Allen Press, 1820.

Toury, Gideon. *Descriptive Translation Studies and Beyond*. Amsterdam & Philadelphia: John Benjamins, 1995.

Venuti, Lawrence. *The Scandals of Translation: Towards an Ethics of Difference*. New York: Routledge, 1998.

Venuti, Lawrence. *The Translator's Invisibility: A History of Translation*. London & New York: Routledge, 1995.

Venuti, Lawrence. *The Translator's Invisibility: A History of Translation*. London: Routledge, 2008.

Venturi, Pietro Tacchi. *Opere storiche del P. Matteo Ricci S. I.* Macerata: Premiato Stab. tip. F. Giorgetti, 1911—1913.

Wardle, M. L. Alice in Busi-Land: The reciprocal relation between text and paratext. In A. G. Bardaji, P. Orero, and A. S. Rovira-Esteva (eds.). *Translation Peripheries: Paratextual Elements in Translation*. Bern: Peter Lang, 2012.

Watson, B. *The Columbia Book of Chinese Poetry*. New York: Columbia University Press, 1984.

Watts, J. *The General History of China*. London, 1736.

Waugh, Patrucia (ed.). *Literary Theory and Criticism: An Oxford Guide*. Oxford: Oxford University Press, 2006.

Williams, Samuel Wells. *The Middle Kingdom*. New York & London: Wiley and Putnam Press, 1848.

Winterbotham, William. *An Historical, Geographical, and Philosophical View of the Chinese Empire*. London: J. Ridgway, 1795.

Wittgenstein, Ludwig. *Preliminary Studies for the "Philosophical Investigations" Generally Known as the Blue and Brown Books*. Oxford: Blackwell, 1965.

（二）学术论文类

Darroch, John Litt. The Fortunate Union. *The Chinese Recorder and Missionary Journal*, 1905, 36.

Genette, Gérald. Introduction to the paratext. Marie Maclean (trans.). *New Literary History*, 1991, 22(2): 261-272.

Gu, Mingdong. Classical Chinese poetry: A catalytic "Other" for Anglo-American modernist. *Canadian Review of Comparative Literature / Revue Canadienne de Littérature Comparée*, 1996(4): 993-1024.

Herbert, Penny A. *The End of the Chinese "Middle Ages": Essays in Mid-Tang Literary Culture* by Stephen Owen. *China Review International*, 1998(1): 221-225.

Içlklar, Koçak M. Problematizing Translated Popular Texts on Women's Sexuality: A New Perspective on the Modernization Project in Turkey from 1931 to 1959. Istanbul: Bogaziçi University Institute of Social Sciences (Doctoral Dissertation), 2007.

Yu, Anthony C. The Golden Age of Chinese Poetry—A review article. *Journal of Asian Studies*, 1983, 42(3): 599-606.

附 录

从外部世界看中国
——艾利克教授访谈录①

    艾利克(Eric Reinders，1960—)，美国埃默里(Emory)大学东亚系及宗教学系教授，美国研究中国明清时期文学、文化、宗教的专家。出版有《宗教、魔幻和翻译：阅读中文中的托尔金》(*Religion, Fantasy, Translation: Reading Tolkien in Chinese*)(2017)、《佛教徒和基督教徒对中国"跪头"问题的不同反应》(*Buddhist and Christian Responses to the Kowtow Problem in China*)(2015)、《东亚的佛教和偶像破坏运动》(*Buddhism and Iconoclasm in East Asia*)(2013)等。笔者于2016年2月至2017年2月在美国埃默里大学与其合作进行翻译及研究期间完成了这篇访谈录。访谈分6次完成，采访地点为美国埃默里大学艾利克教授的办公室。访谈录基本按照艾利克教授的录音翻译整理，并未进行过多的编辑与修改。本访谈录的所有图表为艾利克教授在草稿上手绘，由笔者录入。

    陈婷婷(以下简称"陈")：艾利克教授，我此次作为国家公派的访问学者来到埃默里大学，加入您的工作团队做为期一年的研究工作，并为有机会拜访西方学界名家深感荣幸。今天我就有关学术问题向您请教探讨，我希望这个访谈能为读者提供下述信息：您的学术经历和研究方法上的

---

① 本文已发表于《国际比较文学》2019年第4期。

特点;您研究成果中的创新性内容;您对于中国文学以及中国传统文化在西方的传播的研究的体会和经验等。谢谢。

一、跨越"界限":从西方哲学到中国古典文学

陈:请问您与中国文学、文化西传的研究的"缘分"是如何建立起来的呢?

艾利克(以下简称"艾"):我最开始研究中国文学和文化,缘起于对哲学问题的思考、追问和求解。对一些哲学问题的思考让我转向了去现实世界进行实证研究的道路。在我做博士论文期间,我需要对一系列哲学问题进行分析,如"disobedience"(对权力的反抗)。为了解决这个小困惑,我发现了大约在唐高宗龙朔二年(662 年)曾发生过的一个具有相当影响力的社会性争论,即僧人应不应对皇上行跪拜之礼的问题。其实,僧人对皇帝是否要行跪拜礼之争,在东晋成帝年间就发生过。这种"跪拜之礼"之争直到宋代才彻底改变。我认为,在西方人的眼中,中国皇帝是帝国绝对至高无上的权力代表,而唐代的中国处于鼎盛时期,甚至可以说中国皇帝是同时代整个世界最有权势的人。佛教僧人的理由是佛教由印度传入中国,这里有一个关键词"外方之宾",即他们认为僧人本属于外来之"客",不属于这种权力体系所产生的利益规范之中。当然,这在当时引起了两种不同声音的对抗,儒家学派也反对僧人不拜帝王的说法。这种对于强权的反抗形象很吸引我,于是我对中国的研究由此开始。这里涉及一个表象和实质的关系,福柯在其著作《规训与惩罚》中曾说过,"权力是赋予身体的"(Power is invested in the body)①,即任何对于权力的反抗必须用身体体现。此处和中国唐朝的"跪拜之礼"之争有着异曲同工之妙。"外方之宾"中的"外"(即"foreign")这个词有时会带来"麻烦",但有时又会解决很多问题。外来的宗教会带来"礼仪之争",但恰恰是这个关

---

① Foucault, Michel. *Discipline and Punish: The Birth of the Prison*. New York: Random House, 1979: 25.

键词"外方之宾"又帮助僧人们合理地解决了所有的问题。然后,顺着时间发展向下延伸,将这一现象与明清时间段中,西方对跪拜问题不同的反映联系了起来,这个问题可以参见我的专著《东亚的佛教和偶像破坏运动》①。而我开始做中国小说翻译的起因,则是中国明清时期著名的"译名之争"。对于这段历史的表述已经太多了,在我另一本著作《借来的上帝和外来的身体》②中也曾专门探讨,故此处我无意加以赘述,但我想把这个作为我接下来内容的一个引子。西方的天主教传教士在明朝时期进入中国之后,开始为传教学习中文,而他们最感兴趣的莫过于如何翻译"God"及其拉丁文表述"Deus"。在明朝的一致译法是"天主",至清初,在华的传教士主要转为基督教传教士,他们自然是不同意先前的译法。与此同时,基督教教会内部亦存在分歧,分为两派主流意见,分别将其译为"上帝"和"神"。这样,同一个事物表述的单词就有了三个不同的译名。这里的一个关键原因是,"God"即"上帝"无法立即呈现给受众一个具象,而只能是一种想象。我在读《西游记》的英译本时,同样发现此类有趣而相似的现象。比如"仙"这个字在不同的译本和不同情况之中,会出现不同的译法甚至不同的词性,如"fairy""angel""divine"等。

陈:您认为中西翻译中这样的现象应该如何解决呢?

艾:我自始至终都不认为这是个"问题",也不觉得必须从翻译方法或翻译技巧上寻求译法的统一。恰恰相反,我认为正是中西方语言的不同和想象的差异,让世界丰富多彩,让原文获得新的生命力。而这里,"想象"(imagination)是一个至关重要的因素,当我作为一个读者开始了解中国人的想象世界,我感觉我仿佛完全进入了一个新的天地。

陈:您通过多年的翻译实践和对中国问题的研究,对于中国文学在海外的传播有怎样的看法和建议?

艾:回答这个问题,我觉得首先应该厘清一个问题,即究竟何为"文

---

① Rambelli, Fabio, and Eric Reinders. *Buddhism and Iconoclasm in East Asia*. New York: Bloomsbury, 2015.

② Reinders, Eric. *Borrowed Gods and Foreign Bodies: Christian Missionaries Imagine Chinese Religion*. London: University of California Press, 2004: 76.

学",何为"中国文学"？在海外传播的"中国文学"是在中国本土被认为的那些"文学经典",还是可以包括一些故事在内的其他作品呢？我不赞成对一个事物用特定定义的方式来界限,如文学(literature)无法用一个范围予之一个完整的逻辑定义,即文学是包括 x、y、z 等在内的一个含义(如附录图 1 所示)。

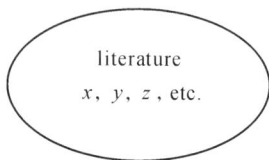

附录图 1　文学的定义

同理,又如"上帝"(God),基督徒们认为它存在于现实中,然而它有时又会存在于小说故事、流行文化、宗教仪式,甚至电子游戏中。所以,一个事物给予它的逻辑定义的范围不应该是封闭的,而应是开放的(如附录图 2 所示)。

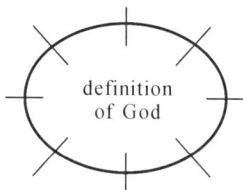

附录图 2　开放的范围

文学的界限存在于文学中,但它不能代表文学。我认为,一个事物会和其他事物有交集,这些不同定义之间的相交部分是永远存在、无法忽视的,而两者的重叠部分往往特别具有研究价值。如宗教和现实物质之间也会有交集,即一些具有象征性的具象,如十字架、神像等。但这些实实在在的物质又是用来表现非物质性的事物即"非物质的现实"(immaterial reality)的(如附录图 3 所示)。

文学作品同样和很多包括宗教在内的概念存在交集。如《西游记》,在西方人眼中,其中的很多形象既可以属于文学也可以属于宗教(尤其是

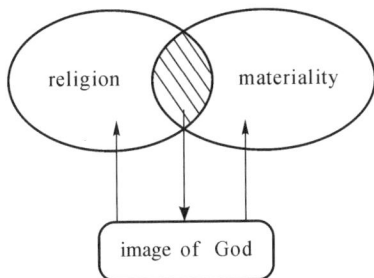

附录图 3　宗教和现实物质的交集

佛教)。文学和现实世界亦会处处相交,这些相交,充满了挣扎、对抗、冲突与融合。这些交集处会让我们体会良多,如让我们体会到读小说的目的究竟是什么,即用小说赋予的精神力量去面对很多问题,直至最终独自面对个体的消亡。

宗教必须被其门下的信徒们认为是真实的,而文学则不同,文学可以是超越现实而非真实的创作。实际上,读者也并不需要文学作品中的内容一定是真实的,因为文学的非真实内容确实会产生真实的效用。当然,无论这种真实性是否存在,交集处还是相当重要的。如对于基督徒而言,对于上帝是否存在是毫无疑问的。但是在上帝是否用了六日而"创世纪"这个问题上,在基督徒中间则有两种回答。一种是肯定的,另一种则是否定的。对于前者而言,这不仅为真实的,而且字面上亦为真实(It's true and it's literally true);而对于后者,则亦为真,但非字面上的真实(It's true but it's not literally true),即"创世纪"的完成经历了绝对远超六日的时间段。同理,《西游记》《红楼梦》等中国古典小说,我们明白它字面并非真实,但是其重要性仍然存在于我们心中。又如《中华帝国全志》(The General History of China)中的《吕大郎还金完骨肉》的故事,西方读者明白它亦非字面真实,不过在这个非真实的故事中,却有一种真实的道德教化力量。①

---

① 陈婷婷,Reinders,Eric. 本土经验与域外传播不对等问题:以《今古奇观》《好逑传》《玉娇梨》的西传为中心. 求索,2016(10):135.

综上所述,首先,我们从一个事物的基本定义中了解其含义,但是如果你确想深究这个问题,则很有必要了解它与其他定义的交集之处。其次,实际上我现在有一种新的想法,由于这种不同概念间跨界交集的内容实在过于丰富,那么非交集空间是否还存在呢?我们可以提出一种假设,那就是这种空间也许早已不存在了(如附录图4所示)。

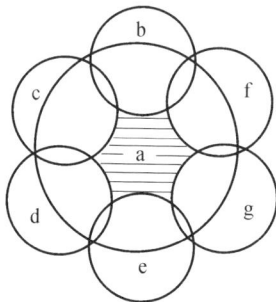

附录图 4　非交集的空间是否存在

二、由翻译到解释:何为"文学经典"

陈:那您认为"文学经典"之所以能够成为"经典",需要具备哪些要素呢?

艾:我的观点可能与当下主流观点的研究视角不同。首先,我认为文学作品成为"经典"的最重要原则是"此时此地此符号"的原则,即它真正符合了当下读者的阅读旨趣和审美需求。以我为例,我最喜爱的一部小说是由英国小说家洛德·邓萨尼(Lord Dunsany,1878—1957)于 1924年创作的一部魔幻小说《精灵国国王的女儿》(*The King of Elfland's Daughter*)。我喜爱这部小说的原因,是在小说阅读完毕后,我的世界观里很多东西都被彻底地改变了。但是对于很多人尤其是中国读者而言,它算不上一部名著甚至知名的小说。所以,有时"经典"一词不该成为文学作品固有的界限甚至"牢笼",让它成为一个界限,即可以根据这个界限简单地列出一个书单,指出哪些是经典如莎士比亚等,而哪些则不是。这个界限究竟是由谁划定的,是否适合当下的这个特定读者群,这个界限的标准将来又是否会改变呢?

其次,我认为,以传播和交流为目的的文学作品的创作应先确定这部文学作品的读者即受众是谁,如果目标读者是西方读者,那么在文学作品创作之初,就需要考虑符合西方人的思维方式和阅读习惯。创作者一定要了解西方读者对很多问题的理解方式,什么事物会让我们感兴趣以及我们为何会对此感兴趣。撰写语言亦无须局限为中文或英语。其实,我认为中国学者研究本民族文学创作的模式同样也很重要。毕竟在中国所涉及的"西学东渐"的文学作品,比西方人所接触的"中学西传"的文学作品无论是在数量上还是在规模上都要多很多倍。当然,是否可以为了"适应"西方读者的阅读口味而选择进行创作的方式,会引来关于这个方式的对与错的争论,但不可否认,这样的实践和研究是具备相当的意义的。

对于"何为经典"这个问题的追问,是一种相当保守的提法。因为一部文学作品即使在后世被奉为"经典",但是在创作同期也仅为流行文学。如莎士比亚的作品,在16、17世纪的时候,并不被看作文学经典,而是流行文学,直到19世纪其作品的声名才达到今日这样的高度。而简·奥斯汀在创作同期甚至被文学界误认为是"垃圾作品",但在后世亦被看作"经典",具有相当大的影响力。所以,并不是说过去的文学作品就一定是好的,但"文学经典"一定来自过去,这个固有"牢笼"是需要摆脱的。如古典小说《红楼梦》与当代科幻小说《三体》,在西方读者的眼中,这两部都可以说是来自中国的相当优秀的文学作品,而相对于《三体》,《红楼梦》从保守的意义上而言是"文学经典",但从销量和知名度上看,西方读者更喜爱《三体》这样的流行小说。

陈:您认为符合当下西方学者和读者阅读趣味的中国文学作品应该具备哪些特征?如果我们的文学作品外译期望在将来获得更广泛的西方读者的认可,应该从哪些方面着手呢?

艾:这个问题我们可以小说《三体》为例,这个例子在西方相当具有代表性。2017年1月17日,美国前总统奥巴马在接受《纽约时报》首席文学评论员角谷美智子(Michiko Kakutani, 1955—　)的独家采访时声称,他也是个"三体迷",而且这部来自中国的科幻小说让他改变了自己对很多问题的思维方式。确实,《三体》在美国非常受欢迎,这一点就连诺贝尔奖获得者莫言的作品也是无法匹敌的。我认为这里的原因是多面的:首先,《三体》是科幻小说,这就意味着它的想象空间角度更广泛。而科幻小说在西方一直非常有市场,这又是一本来自中国的科幻小说,因而使读者在本已形成的默契中更增新鲜感。其次,这部作品的时间点始于"文革",西方读者一向对这个话题比较感兴趣,从表面上看是因为这个特殊的历史背景在西方广为人知,影响力比较持久,但其深层次的原因是它体现了对痛苦的承担和超越,即英文中的"suffering"。这和西方许多伟大的作品所体现的情感有跨越中西的相似之处,真正好的故事不是对人物内心痛苦的畏惧,而是对它的超越。追溯到西方文化、宗教、文学的很多核心问题,这一点都能找到其渊源与根据。一个西方读者感兴趣的话题,自然会有好的市场和颇佳的销量。最后,《三体》中的女性形象的塑造相当有吸引力。中国女性的形象在西方人眼中一向颇具好评,放置在文学作品中亦然。因为中国的女性在历史中压抑与承受痛苦太久,如缠足等等,但是她们并未沉沦,体现了人性力量的强大。

陈:您认为文学作品中,"痛苦的超越"这个主题对西方读者很具吸引力的原因是什么?

艾:"suffering"这个词类似另一个词"doom"(宿命),在西方文化中有着很悠久的历史和深刻的含义。它始于 10 世纪,要知道美国的历史和中国相比要短很多,所以"10 世纪"已经是一个很有历史分量的数字。"suffering"和"doom"能孕育出很好的故事,如《哈姆雷特》《麦克白》《白鲸》等。因为此主题会衍生出很多东西,如爱、希望、忍耐等。这些都是一部小说成为经典所不可或缺的元素。关于"suffering",我需要阐明我的观点:现实世界的"suffering"和小说中是不同的,现实世界中每个人或多或少地都要承受痛苦,其原因多种多样,可能是病痛,亦可能是任何让人不悦的事情,甚至很多我们都很可能不知道原因,也不会追究它的意义。如同在西方我们直接将其归于上帝的安排,它们没有任何道德秩序(moral order)。但是文学作品则不同,最终整个故事的格局会犹如图画般呈现,故它们必须具备意义。① 如《哈姆雷特》中,奥菲莉亚的死让人悲伤,但作为读者,我们很清楚,作品安排这个角色死亡会让这个故事更精彩。现实生活中人们对死亡有所忌讳却必须面对,小说也离不开死亡的情节,或者说我们能从小说的死亡情节中感受到主人公的痛苦和悲伤。而读者却不用真的付出如此沉重的代价,就能获得一种情感的宣泄(catharsis)。如鲁迅的小说,在美国的译本并不少,但读者很少,愿意主动去读的少之又少。这可能是因为文章风格不太符合西方读者的阅读趣味。还有一些反映中国文化的中国影视作品,如在西方获奖的《菊豆》《蓝风筝》《活着》等,但这些都是专业影评人的选择,他们仅代表少数专业人士的视角,不能代表广大的西方受众的真正感受,因为这些电影太压抑,太多情感无法从苦难中超越。普通美国观众更喜爱《卧虎藏龙》《功夫熊猫》这样的电影,因为其中既有我们喜欢的主题,又有西方人乐于接受的形式。关键在于,它们能够使很多普通人释放情感,并在影片中得到共鸣。

  陈:您认为中国文学的外译在翻译中应注意哪些问题?

  艾:我认为翻译问题从来没有一劳永逸的解决方案。翻译中会出现"归化"和"异化"现象,如果前者太多,会让西方读者认为缺乏中国特色即"中国味",甚至让人怀疑这是否是源自中国的文学作品;如果后者太多,会让西方读者无法认同甚至产生抗拒,因为这不是他们希望的中国文化。每一部翻译作品都会有它特定的文化市场,如有些中国的古典小说在中国非常有市场。这一点中西是有共通性的,如同莎士比亚的经典在西方一样。当我还是一个儿童时,和很多美国孩子一样,每个假期都会看莎士比亚的戏剧或根据其戏剧改编拍成的电影。《西游记》在美国是比较有市场的,这当然和它的卡通读物、影视作品无法分开;而《红楼梦》的读者非常少,可以说只有对中国文化非常渴求的人才会去读《红楼梦》。这不是读者阅读层次的问题,而是作品的内容产生的效应。有些内容和情节永

---

① Reinders,Eric. *The Moral Narrative of Hayao Miyazaki*. Jefferson,NC: McFarland & Company Inc.,2016:5-7(Introduction).

远无法引起读者的兴趣,如贾宝玉的爱情故事读起来让人感觉其"无所事事",而且冗长枯燥。

当然有些翻译环节还是可以改善的,这对提起读者的阅读兴趣也非常有益。如把译本写得简洁,符合当下的阅读趣味,或者借助影视的力量也很不错。其实,很多问题不是孤立的,很多其他亚洲国家的文学、文化西传的过程中,也会遇到相同的问题。如日本的《源氏物语》在西方和《红楼梦》的遭遇相似。日本的文化起源比中国晚很多,但向西方输出时间比中国长。在美国,村上春树的小说非常流行,他的小说的内容不是传统的,而是现代的,甚至可以说是后现代的。

三、再发现与补白:中国传统文化在西方的传播

陈:您能结合您的翻译实践和研究举例说明吗?

艾:我对翻译的研究和实践是从哲学问题的解答开始的,即用哲学方法思考语言。西方有一句话:"If you only know the language, you don't know any language."(如果你只会一门语言,那么说明你不懂任何语言。)因为不去比较不同的语言,就无法跳出母语固有的思维框架去思考很多问题。不同的语言会呈现不同的特点,即所谓的"你有我无"或"你无我有"。如英文中有首字母大写而表示特定的意义,如"Man"的意思是人类,而"man"的意思是人。这个例子说明,以字母组成的语言与中文这种象形文字语言差异巨大。但有些情况下,中文可以做到而英文却无法体现。我不想讨论诸如像可译或不可译这样宏大的问题,我想讨论一些更基础的翻译问题。举个例子,《魔戒》中有一段诗:

> Seek for the Sword that was broken
>
> In Imladris it dwells
>
> There shall be shown a token
>
> That Doom is near at hand
>
> For Isildur's Bane shall waken
>
> And the halfling forth shall stand.

其中"For Isildur's Bane shall waken",译林版将其译为"伊尔德的灾星将醒"①。"灾星将醒","醒"中的这个偏旁"星",就是用读音"xing"将两者联系起来的"纽带",这是我一个以英语为母语的人一点独特的视角。我不是一个"大英语主义者",我只想说每种语言各有千秋,拿中、英文而言,两者皆有特点,可以引用一句话来代表我的观点,即"all translation is negotiation"(所有的翻译都是妥协)。因为翻译一旦涉及文化想象都会变得十分复杂,如一个实物,当它有一个具象时,我们很好沟通,如"狗"(dog)、"食物"(food)等。但是涉及一些非具象时,就很难完全展现这种文化中的想象。我记得 *Journal of the Fantastic in the Arts* 期刊的主编 Brian Attebery(1951—)教授曾对我发表在该刊物的一篇文章给过这样的点评,当时我认为一个中文词汇"不可译"(untranslatable),他则写道:"Either all words are untranslatable, or none of them."(要不都不可译,否则都可译。)诚然,这句话是很中肯的,初听如同中国的禅宗"公案",让人不知所云,但一语道破翻译是一场"谈判与妥协"的实质。中西方学者在研究方法上有很多不同。西方学者一般不预设结论,而是用推导的方法得到结论。于我而言,我做翻译研究用的是用基础的实证方法"back translation",即"回译"。我希望达到的理想效果是,可以用翻译的手段去比较不同文化中想象的区别,希望能在英语语言中展示在翻译中发生了什么,即解决了哪些问题,又产生了哪些新的问题。

陈:我们合作了《中华帝国全志》(*The General History of China*)的最早译本的回译,您能谈谈这场合作的感受吗?

艾:首先,当我在阅读 John Watts 根据 DuHalde 的法文版编译的英文版 *The General History of China* 时,虽然我的母语是英语,但是我好像开始了一场翻译——同一语种中的解码,因为这部英译本出现在 1736 年。对 18 世纪的文本语言驾驭还是其次,重要的是译介者的思维方式,要理解,就要实现古典和现代的跨越。如同 L. P. Hartley(1895—1972)在其小说 *The Go-Between*(1953)中的一句名言:"The past is a foreign

---

① 托尔金. 魔戒(第一部):魔戒再现. 丁棣,译. 南京:译林出版社,2001:299.

county: they do things differently there. "("过去是一个陌生的国度:他们在那里如此不同。")。

陈:最早期的中国古典小说译本均将性描写全部隐去,您怎么看这个问题?

艾:我认为这是时代背景的原因。同期的西方维多利亚时期,很多西方小说也禁忌较多。如那时的西方小说,甚至不能直接提到女性的腿部。但是 20 世纪是一个分界线,进入 20 世纪后西方的小说在某种程度上,无论创作还是翻译,在"性"尺度上都放开了很多。如劳伦斯(D. H. Lawrence, 1885—1930)的很多小说,如《儿子与情人》(1913)、《查莱特夫人的情人》(1928)等对性的描述,可以说非常"赤裸"。

陈:您认为这些最早西传的中国古典小说,被西方译者选中的原因是因为它的道德教化功能吗?

艾:是的,这是一个重要的原因,但不全是。我认为,所有文学作品,包括小说,都是现实生活"浓缩"而成的一个"图像",并且其所蕴含的情感力量比现实更强大。我想说的是所有小说必须具备意义,我在我的著作中用的单词是"moral"①。

陈:"moral"这个单词不能简单地翻译为"道德",对吗?

艾:是的。这里"moral"所指的是小说的意义和作用。如果译为"道德",那么便是褒义词了;不过,这里这个词是中性的,它可能含有积极或消极两种因素(如附录图 5 所示)。

小说和现实生活始终有别,现实生活中存在着各式各样的问题,但是小说不应该仅仅告诉我们应该做什么、怎么做。我认为,一个故事越是体现出直接说教的特征,其所收到的效果也就越差。比如中国的"善书",我曾经浏览过中国善书如《三世因果经》②,我认为它就不是一部好的文学作品。至于另一部善书《玉历宝钞》里关于地狱的"血腥"描述,更会让人在情感上不适。一部好的文学作品需要扣人心弦的故事情节和哲学思辨的

---

① Reinders, Eric. *The Moral Narrative of Hayao Miyazaki*. Jefferson, NC: McFarland & Company Inc., 2016: 4 (Introduction).

② 萧天佑. 三世因果经. 台北:益大书局出版社,2006.

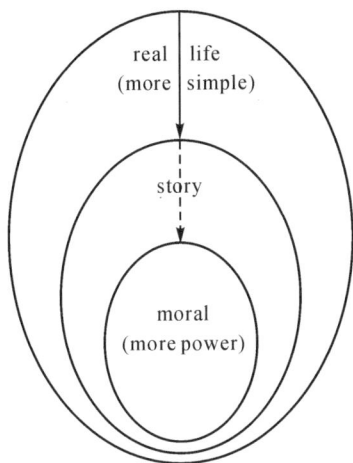

附录图 5　小说的意义和作用

深度,以引发读者的深思,而非直接或间接地说教。我认为,能列为文学"经典"的作品,无不满足这些特点。当然,这样的例子西方同样存在,如英国小说家斯特普尔斯·刘易斯(C. S. Lewis, 1898—1963)的小说可能因他本人乃基督徒之故而显得说教性太直白,读他的小说犹如在读传教士的宣教;而阅读身为天主教徒的托尔金的小说则不会产生这种感受。其实两者在宗教立场上有很多相似之处,但是运用在作品中的手法不同,效果就大相径庭。我可以这样说,太直白的说教(即文学作品的教诲功能)会让读者很难忍受。

　　我也创作过小说,我想谈一下站在小说作者而非一个学者立场时的感受。小说往往源于生活,所以当作者在创作时,他的脑海中总是构架着一个小说主题所希望达到的意义。但是创作过程中,故事里的人物似乎并不那么"主动配合"。而读者在阅读小说时,会在脑海中调动记忆的关联性,将不同的小说相联系,其中最有趣的联系莫过于联系到自身的经历和感受。如我在幼时读过的第一本关于中国的故事,名为《时代广场的蟋蟀》(*The Cricket in Times Square*)①。这本书让我第一次间接了解了中国的元素,形成了有关中国的最初印象,此后再接触中国的文本,最初的

____

① Selden, George. *The Cricket in Times Square*. Beijing: Yearling, 1960.

中国形象总会起到一定关联性。所以,对于读者而言,即使是一些主题思想消极的小说,如阿尔贝·加缪(Albert Camus,1913—1960)的小说《局外人》(*The Stranger*,1942),读者读完之后,往往会产生一种生命无意义感,但恰恰是这种"无意义"能够激起读者反思生命的意义。

有些现实中遭遇到的问题无法激起我们内心的情感,如同情、愤怒、悲伤等,但我们完整地阅读完一部小说受到的激发可能超乎想象。读小说,尤其是"经典"小说的作用和力量就在于故事情节虽然结束,但向人们揭示的人生启迪却没有结束,你可以回过头来进行思考,将人物的悲欢离合放在一个故事整体背景中来看。有时你甚至会发现,故事中的人物的痛苦和死亡让读者同样地悲伤,但是进一步思考,他的死在故事中是必然的。如《魔戒》中的人物博罗米尔(Boromir),他的死让故事的进展蒙上一层阴影,但是,你能说没有这一情节的故事会好吗? 所以,我们可以将小说的意义延伸一下,那就是"moral"让我们能坦然面对很多生命的意义。如哈罗德·布鲁姆(Harold Bloom,1930—2019)在《西方正典》中也曾提及:"经典的全部意义在于使人善用孤独,这一孤独的最终形式是一个人和自己的死亡相遇。"①

陈:中国小说的英译本"回译"如此,那么您能谈谈英文底本的中译本"回译"后的研究吗?

艾:我以我们正在合作的另一部文本——托尔金的《魔戒》中译的研究为例。我的论文包括新书是用英文撰写的,目的是让英文读者了解中国,而你对我论文的翻译是用中文撰写,目的是让中文读者了解西方的著作与研究。我认为必然会发生一些变化。在我进行翻译实践的同时,有时这些变化会让原著"失语"。英国著名哲学家路德维希·维特根斯坦(Ludwig Wittgenstein,1889—1951)在其著作《蓝皮书与褐皮书》中有这样一句话:"Philosophy, as we use the word, is a fight against the

---

① Bloom,Harold. *The Western Canon*:*The Books and School of Ages*. New York:Harcourt Brace,1994:31-32.

fascination which forms of expression exert upon us. "①我的理解是："哲学基本上是与我们喜爱的某一种语言方式的对抗,即哲学是一种抵抗语言的力量。"比如,一个在英语思维下用英文撰写的相当出众的观点或理论,一旦译成其他语种,就存在两种可能性:第一种可能性,就是仍然是很棒的观点;第二种可能性是其中蕴含的一切可贵之处可能消失。这就说明,一个优秀的文学观点或理论受到不同种语言或语种的制约,会产生不同的影响。很多理论在英文语系思维中很深入透彻,但是一旦进入中文语系就会变得很肤浅;反之亦然。如法国的哲学大致是建立在法语的"模棱两可"(ambiguous)之上的,法语中"tu"和"vous"都可以表示英语中的"you"即"你"。但是实际上,"vous"还有"您"或者"你们"的意味。很多法国哲学问题都是建立在诸如此类的法语语法的模棱两可上的,而中文或英文中并没有对应的"模棱两可",所以在翻译时,有必要用括号标注清楚。很多观点和理论的标准会在翻译中削弱甚至消失,但是另一些则"屹立不倒",那么我们可以说其真正具备优秀甚至可以说"伟大"的内涵(即普遍的价值)。

翻译在有些情况下可谓是"试金石"。如"善有善报,恶有恶报"这个观念,在小说的翻译中能够很有效地保留,并具有跨越中西方的表述力。又如在中西方口碑及销量俱佳的《廊桥遗梦》,它所展现的女主人公在家庭与爱情之间强烈挣扎的主题,虽然中国读者也许无法理解一些细节,但是对于主题的渲染很容易达到"共振"。这些在翻译中都是未丢失的。但一些在中国本土被认为一流的经典小说,如《红楼梦》,在西方的受欢迎程度就很有限。确实有一部分西方读者是希望了解和阅读这部中国名著的,但因在翻译中改变太多,让这种尝试望而却步。而《三体》则不同,科幻小说在西方本来就阅读基础甚广,而且其中的外星人等早已出现在西方的小说、电影中,可谓家喻户晓。相比之下,"宝玉"以及他的"爱情"实在离美国的生活太遥远了,会让读者觉得既陌生又枯燥。

① Wittgenstein, Ludwig. *The Blue and Brown Books: Preliminary Studies for the "Philosophical Investigations"*. Oxford: Blackwell, 1965: 207.

再比如莎士比亚的作品,因为他的写作实属上承,他的作品带给读者的不仅是故事内容,还有语言的表述和写作风格。但一经翻译,如《仲夏夜之梦》的中译本,我认为语言很平实,但很多风味已经丧失了。这种现象很好理解。西方读者在阅读中国小说的英文版时,不仅关注这个故事,还关注它的表述方式。如果语言流失不多,原著与译本似乎差不多"等重",那么译本兼顾了内容和表述方式。如托尔金的《魔戒》,实际上他是为了让这个故事展现旧日风貌而使用英文旧文体撰写的。如他会使用很多名词加形容词再加形容词的方式,而这在现代英语中早已是抛弃不用的,现代英语通常是形容词置于名词前起修饰作用,见下表。

新旧表述方式的对比

表述方式	Old fashion style	Modern English
语法	*n.* + *adj.* + *adj.*	*adj.* + *adj.* + *n.*
例子	a land great and wide	a great and wide land

又如现代英语中"I go to Rivendell"(Rivendell:瑞文戴尔,即《魔戒》中的地名"幽谷",又译为"林谷")在托尔金的著作中变成了"to Rivendell I go"。这是一种古体英语风格和"味道"的保留,但在中译本中很难再现。当然,在一些优秀的中译本中,译者会用相应的中文古语或文法来弥补这一不足,如成语。如有两部中文译本①,为了保留这种古文风,译者用中文古语做了相应的替代。

陈:这些对中国文学、文化的"走出去",尤其是传统文化在西方的传播有怎样的启示呢?

艾:这个问题我想试举一例说明。我每次到中国,都会强烈感受到一个问题:中国的魔幻小说是为儿童而作的儿童作品,绝大部分中国的魔幻小说归在儿童文学范畴内。2001 年,我在北京大学讲学,就这个疑问请教了一位中国学者。他回答说,因为魔幻小说的目标读者群就是儿童。但

---

① 两部译本为:托尔金. 魔戒三部曲. 朱学恒,译. 台北:联经出版事业股份有限公司,2012;托尔金. 魔戒. 邓嘉宛,石中歌,杜蕴慈,译. 上海:上海人民出版社,2016.

是这一点,在西方则完全不同。这里需要厘清西方的科幻小说和魔幻小说,西方的科幻小说是在 19 世纪开始真正繁荣的。这一时期的代表作如儒勒·凡尔纳(Jules Gabriel Verne, 1828—1905)的《海底两万里》(1870)和乔治·威尔斯(H. G. Wells, 1866—1946)的《时间机器》(1895)及《星际战争》(1897)等,这些小说在中国也非常著名。但它们不是为儿童而作的,而是成人的读物,在科幻与想象之下是深刻的含义。这一点西方比中国有先行性。而西方魔幻小说兴起的转折点是 1937 年《魔戒》的出现,这种转变恰恰是一个重要信号的释放:读者阅读口味的变化。实际上,在西方读者眼中,《西游记》由于它的内容而被归为儿童文学范畴下的魔幻小说。西方的科幻及魔幻小说往往有一个宏大的想象视野,可以扩展至整个宇宙。而来自中国的科幻小说,更有一股新鲜的异国风情,这对于中国文学"走出去"是一个很现实而确切的启发。

还有一点早已成为共识,即如果受众是英语读者,即中译英,那么英文为母语的译者更佳;反之,如果受众为中文读者,即英译中,那么中文为母语的译者更佳。我认为,任何一种语言都只建立在一种生活方式之上。如中国古典小说所描述的生活方式当然亦非现代人的生活方式,但是年代并不那么久远,有一些甚至能让我们觉得离现代生活方式较接近。而另一些作品的"距离"则会让读者阅读颇费周折,以致可能"望而却步""退避三舍"。一部真正优秀的文学作品,它所蕴含的核心价值和意义不仅能经历不同语种的变迁,甚至还应该在这种变迁中被赋予新的内容及价值。换言之,只有具备了这样的核心价值和意义的中国传统文学、文化才能经得起时间的检验。

后　记

　　本书的选题是我在获得国家社科基金资助后的研究过程中逐渐确立的。对本书选题的这一领域，国内外学者已有不少成果出版了，其中，有些成果十分显著，产生了一定的影响力，但是，在系统性、全面性方面还有待进一步提升。事实上，在国内做以西传文本为专题的研究的最大困难是资料的搜集与整理，因为研究的场景在西方，而且耶稣会士来华以后，从中国带入西方的各种著作与文献数量十分惊人。为了弥补一些不足，我在平时研究中，尤其注意搜集和整理学术前辈与自己从国外访学所得的各类资料，以及西方学者关于传教士西传著作的资源，并特别注重对中国古典小说的西传实貌与这一时期西方人对这个现象的叙述进行系统性的归类与整理，从而使本研究不至于成为无源之水。但是，仍然有很多散落在欧洲各图书馆的一手资料至今未被国内学者充分利用，这对本研究来说也是一个遗留的话题，它也许只是一个起点，它的终点和目标，将是一个向前不断延伸的未来。正如《庄子·秋水》篇所记载的"濠梁之辩"：

　　　　庄子曰："儵鱼出游从容，是鱼之乐也？"

　　　　惠子曰："子非鱼，焉知鱼之乐也？"

　　　　庄子曰："子非我，安知我不知鱼之乐？"

　　我深深明白，学术研究往往是孤独的，甚至是孤寂的，要经常经历长久的苦苦寻觅与思考，甚至经常躲进小楼，陷于一隅，但是，即便这样也绝不能孤芳自赏，拒绝他人，拒绝社会，决绝世界，否则就会不由自主地故步自封，坐井观天，很可能缺乏自我否定，容不得学术争鸣，更容不得他人的批评,学术生命也将走向尽头。在学术研究中,人们必然渴望取得一点进步和成绩,渴望获得小小的发现和他人的赞誉,但是,人类社会长期的发展与积累如大海一样浩瀚,个人的一点小东西终究只是沧海一粟。如果一个人顾影自怜于自我的一点小发现或成绩,而不愿意置于一个更广阔的学术范围中进行审视与思考,以一种偏执应对另个一种偏执,以一种愚蠢应对另一种愚蠢,最终伤害的必定是自我。

一个阶段的芳香与成果,只能在随后的阶段被闻到和享受。这也时刻警醒着我,必须不断突破自我,不断促进自我成长,通过不断的肯定与否定的结合,走出自我,又回归自我,彰显自我又高于自我。早在民国时期,梁启超先生就指出:"学问是拿来致用的,不单是为学问而学问而已。"真正的学术研究从来不是冰冷的学术过程,而是充满理想、热情、灵感与追求的不断探索。

借这次书稿完成之际,我要感谢我的博导孙景尧教授,是先生引导我逐渐确定了明确的研究方向。先生在人生的最后时光,给我指引了一条学术路径,给了我一个学术方向,并且深深感染了我,让我对学术人格有了重新的认识与树立。我还要感谢刘耘华、季进、宋莉华等老师。正是这些老师,他们犹如指路明灯,在我的学术道路上给予启迪和鼓励。我还要感恩我的亲人朋友,正是他们用无私的爱和奉献为我营造了良好的学习环境。我相信,有你们的支持,我必然会战胜诸多困难,也必定会赢得更多的成功,人生也会更加精彩。在我的生命里,还有很多我一直在心底很珍惜的恩师、知己、同学与好友。我无法一一列出他们的名字,但他们早已构成了我生命的点点滴滴,这些我如此珍惜的人,很多瞬间早已定格成了永恒,让我穷其一生,慢慢地品味吧。

最后,我还要特别感谢浙江大学文科资深教授许钧先生对书稿的选择和修改意见,许教授的修改意见对本书稿的提升起到了重要的启示作用和指导作用。我还要特别感谢浙江大学出版社的资深编辑张颖琪先生,他在负责编辑我这本书稿的时候付出了艰辛的努力,承蒙张先生不弃,秉承一个编辑高尚的道德品质与情怀,耐心地一点点校对、修改、润色、补充与完善,张先生的匠心精神、精益求精的工作理念以及超人的耐心、专心、初心的工作品质都值得我敬仰与学习。

学术不我欺,唯有世人欺学术。我在写作中忽然觉得这个过程不仅给我带来懊悔、遗憾,还有快乐和享受。懊悔的是早时用功太少,以致可惜,可阐之处未阐,可掘之处而无眼力。快乐和享受之处在于,我发现了学术的乐趣,原来静静思考的人可以如此地精神自由,抛开一切世俗烦恼专心做一件事的时候,人原来可以如此简单地快乐。

记得米兰·昆德拉曾经说过类似生命中不能承受之轻的话。这句话表示生命中有太多事,看似轻如鸿毛,却让人难以承受。事实上,人生中充满了无数看似轻如鸿毛的小事、琐事和碎事,但往往无力解决。在生活中,有时候我们无可逃遁又必须逃遁,无可隐藏又必须隐藏,无可选择又必须选择。人生重要的是追求和实现美好的结果,但并非人人都能如愿。其实,过程也是值得珍惜的,要好好体验:我曾攀登过,酸甜苦辣我皆尝试了。躲世情俗务,埋首于书海已有多年,春播秋收,是不断的追求。一切皆可能入梦,梦也会很快惊醒,余生会不会不断回味梦之余味,还是唯盼再度入梦?

中华译学馆·中华翻译研究文库

许　钧◎总主编

第一辑

第二辑

第三辑

第四辑

图书在版编目（CIP）数据

明清时期西传中国小说英译研究 / 陈婷婷著. —杭
州：浙江大学出版社，2021.12
（中华翻译研究文库 / 许钧总主编）
ISBN 978-7-308-21892-4

Ⅰ.①明… Ⅱ.①陈… Ⅲ.①古典小说－英语－文学
翻译－研究－中国－明清时代 Ⅳ.①H315.9

中国版本图书馆 CIP 数据核字(2021)第 221722 号

明清时期西传中国小说英译研究

陈婷婷 著

出 品 人	褚超孚
丛书策划	张　琛　包灵灵
责任编辑	张颖琪
责任校对	陆雅娟
封面设计	程　晨
出版发行	浙江大学出版社
	（杭州市天目山路 148 号　邮政编码 310007）
	（网址：http://www.zjupress.com）
排　　版	浙江时代出版服务有限公司
印　　刷	杭州高腾印务有限公司
开　　本	710mm×1000mm　1/16
印　　张	16.5
字　　数	270 千
版 印 次	2021 年 12 月第 1 版　2021 年 12 月第 1 次印刷
书　　号	ISBN 978-7-308-21892-4
定　　价	58.00 元